Transitionen in der
Bildungsbiographie

Jeanette Roos • Hermann Schöler (Hrsg.)

Transitionen in der Bildungsbiographie

Der Übergang vom Primar- zum Sekundarbereich

Springer VS

Herausgeber
Jeanette Roos
Hermann Schöler

Pädagogische Hochschule Heidelberg, Deutschland

ISBN 978-3-531-17655-0   ISBN 978-3-531-93269-9 (eBook)
DOI 10.1007/978-3-531-93269-9

Die Deutsche Nationalbibliothek verzeichnet diese Publikation in der Deutschen Nationalbibliografie; detaillierte bibliografische Daten sind im Internet über http://dnb.d-nb.de
abrufbar.

Springer VS

Springer VS ist eine Marke von Springer DE. Springer DE ist Teil der Fachverlagsgruppe
Springer Science+Business Media.
www.springer-vs.de

Inhaltsverzeichnis

1 Einleitung

Im vorliegenden Buch werden die Ergebnisse des Längsschnittprojektes PRISE (Übergang vom *Pri*mar- zum *Se*kundarbereich) berichtet, welches im Rahmen des Programms „Bildungsforschung" der Baden-Württemberg Stiftung durchgeführt wurde. Die Baden-Württemberg Stiftung hatte dieses Programm im Jahr 2005 zur Stärkung der empirischen Bildungsforschung in Baden-Württemberg aufgelegt. Ein Schwerpunkt des Programms lag auf der Analyse von Übergängen im Bildungssystem. Erfreulicherweise erfolgte die Ausschreibung zu einem Zeitpunkt, zu dem wir gerade eine Längsschnittstudie mit Kindern der Einschulungsjahrgänge 2001 und 2002 vom 1. bis zum 4. Grundschuljahr in Heidelberg abgeschlossen hatten.[1] Da diese Kinder nun am Übergang zur Sekundarstufe standen, lag es nahe, diese Kinder beim Übergang in das mehrgliedrige Schulsystem der Sekundarstufe I weiter zu begleiten. Dankenswerterweise bewilligte die Baden-Württemberg Stiftung unseren Antrag auf eine solche Verlängerung der Längsschnittstudie. Bei einer Programmlaufzeit von drei Jahren konnten die beiden Einschulungsjahrgänge nun sowohl im Übergang als auch zwei zusätzliche Jahre in der Sekundarstufe I weiter untersucht werden.

1.1 Inhalte, Untersuchungsfragen und Aufbau des Buches

Der Übergang von der Grundschule in die Sekundarstufe stellt einen Einschnitt in die individuelle Bildungsbiographie dar. Die damit einhergehenden Veränderungen der schulischen Lernumwelt erfordern zahlreiche Anpassungsprozesse auf Seiten der Schülerinnen und Schüler. Hauptziel der PRISE-Studie war es, die Reaktionen der Schülerinnen und Schüler auf diese veränderten schulischen Bedingungen zu untersuchen. Anhand der Schulnoten in den verschiedenen Fächern und der Leistungen in normierten Schulleistungstests sollte geprüft werden, ob sich Veränderungen und Unterschiede in der schulischen Leistungsentwicklung, Leistungsmotivation sowie im Fähigkeitsselbstkonzept der Schülerinnen und Schüler in Abhängigkeit von individuellen, soziokulturellen und soziographischen Faktoren ergeben. Rückblickend galt es zudem, die prognostische

---

[1] Der Bericht darüber liegt mit dem von Roos und Schöler 2009 im selben Verlag publizierten Buch „Entwicklung des Schriftspracherwerbs in der Grundschule" vor.

Validität der Grundschulempfehlung zu bewerten.[2] Die bereits vorhandenen Daten und Analysen aus der Grundschulzeit (s. Roos & Schöler, 2009) boten eine ideale Ausgangsbasis für weitere längsschnittliche Betrachtungen der mit dem Übergang in die weiterführende Schule einhergehenden Entwicklungen. Teile der bereits von der 1. bis 4. Grundschulklasse untersuchten zwei Heidelberger Einschulungskohorten wurden nun in der PRISE-Studie weitere zwei Jahre (bis einschließlich der 6. bzw. 7. Klasse) begleitet und regelmäßig untersucht. Das gewählte Längsschnittdesign ermöglichte zum einen die Untersuchung der Entwicklung der Einschulungskohorte 2002, die im Herbst 2006 den Übergang in die weiterführenden Schulen vollzog. Der Jahrgang 2001 wechselte bereits im Herbst 2005 in die weiterführenden Schulen und befand sich zum Zeitpunkt des Beginns der Studie, im Januar 2007, bereits in der 6. Klasse. Der Einbezug dieses Einschulungsjahrganges ermöglichte es, auch die Klasse 7 in die Analysen zu integrieren und den mehr als ein Jahr zurückliegenden Übergang in die Sekundarstufe retrospektiv und unter Berücksichtigung der Erfahrungen in der fünften Klasse zu untersuchen. Da für alle diese Schülerinnen und Schülern bereits detaillierte Informationen über individuelle Merkmale, schulische Leistungen sowie soziokulturelle und soziographische Faktoren vorlagen, war es erstmals im deutschsprachigen Raum möglich, die schulische Leistungsentwicklung während der gesamten Grundschulzeit, der Übergangsphase in die Sekundarstufe I sowie im 5. und 6. (Jahrgang 2002) bzw. 6. und 7. Schuljahr (Jahrgang 2001) zu untersuchen und die gewonnenen Daten aus Grundschule und Sekundarstufe zueinander in Beziehung zu setzen. Das vorliegende Längsschnittdesign erweitert und ergänzt damit in wichtigen Feldern bisher vorliegende Befunde zum Übergang vom Primar- in den Sekundarbereich I: Zum ersten Mal wurden in einer solch großen Untersuchungsgruppe eine Verknüpfung der individuellen Leistungsfähigkeit mit Faktoren des sozialen (familiären) und schulischen Umfeldes sowie eine detaillierte Analyse der Wirkungsweisen der bislang als bedeutsam erkannten Einflussgrößen auf schulische Leistungsentwicklungen möglich.

Das Buch umfasst insgesamt acht Kapitel. Der Forschungsstand zum Übergang von der Grundschule zur Sekundarstufe I sowie die Ziele und Methoden der PRISE-Studie werden in Kapitel 2 dargestellt.

Die Beschreibung der schulischen Leistungsentwicklung in Abhängigkeit von individuellen Schülermerkmalen sowie soziokulturellen und soziographischen Variablen ist Thema von Kapitel 3. Die bereits im Rahmen der EVES-Studie erhobenen Leistungsdaten bieten dabei eine optimale Grundlage für eine

---

[2]   Aus methodischen Gründen war es allerdings nicht möglich, diese Frage im Rahmen der
       vorliegenden Studie zufrieden stellend beantworten zu können (vgl. Kap. 2).

Analyse der Leistungsentwicklungen am Übergang von der Primar- in die Sekundarstufe.

Der Übergang in die weiterführende Schule ist mit Veränderungen und Umformungen der sozialen und schulischen Lernumwelt verbunden, die auf Seiten des betroffenen Kindes zahlreiche Anpassungsprozesse erforderlich machen und die Lern- und Leistungsmotivation bzw. das Fähigkeitsselbstkonzept sowohl positiv als auch negativ beeinflussen können. Die Gewinnung wissenschaftlich fundierter Erkenntnisse über die Auswirkungen des Übertritts in die weiterführende Schule auf das schulische Selbstkonzept sowie die Lern- bzw. Leistungsmotivation war daher ein Ziel der PRISE-Studie. Die Ergebnisse dazu werden in den Kapiteln 4 (Lern- und Leistungsmotivation) und 5 (Fähigkeitsselbstkonzept) beschrieben und analysiert.

Da in Heidelberg die Einzelschule innerhalb einer Schulart von den Eltern frei gewählt werden kann, interessierte ferner, ob die Eltern von Kindern aller Schularten von ihrer Wahlmöglichkeit Gebrauch machen und ob sich die Gründe für die Wahl einer bestimmten Einzelschule über die Schulformen hinweg ähneln oder unterscheiden. Vor dem Hintergrund, dass die meisten Kinder auf dem Gymnasium aus Akademikerfamilien kommen, während sich die Schülerschaft der Haupt- und Realschulen überwiegend aus Kindern bildungsfernerer Familien zusammensetzt, konnte vermutet werden, dass sich die Entscheidungskriterien für die Wahl einer Einzelschule in vielerlei Hinsicht unterscheiden. Beweggründe, die Eltern dazu veranlassen, sich innerhalb eines Bildungszweiges (Hauptschule, Realschule, Gymnasium) für eine bestimmte Einzelschule zu entscheiden, enthält Kapitel 6.

Ergebnisse eines Dortmunder Projektes (Institut für Schulentwicklungsforschung, 2006) zeigen, dass die Vorfreude auf die weiterführende Schule deutlich höher ausgeprägt ist als die Besorgnis. Vorfreude bezieht sich dabei insbesondere auf neue Unterrichtsfächer, nette neue Lehrkräfte sowie Mitschülerinnen und Mitschüler. Besorgnis äußerten die Schülerinnen und Schüler eher hinsichtlich der zu erwartenden Leistungsanforderungen (wie schwierigere Arbeiten, mehr Hausaufgaben, Erwartung schlechtere Noten). Wie die Schülerinnen und Schüler den Übergang von der Grundschule in die Sekundarschule erleben, ist Thema des Kapitels 7. Auch die Erfahrungen der Eltern mit dem Übergang werden in diesem Kapitel dargestellt.

Eine zusammenfassende Diskussion und Wertung der Befunde der PRISE-Studie in Kapitel 8 schließt das Buch ab.

Beim Start des Projektes lagen wenige Studien zu einzelnen Fragestellungen vor (s. Forschungsüberblick in Kapitel 2). Die Thematik ist aber gerade in den letzten Jahren zunehmend in den Fokus pädagogisch-psychologischer For-

schung gelangt, so wurden in den letzten Jahren ebenfalls Projekte zu Fragen des
Übergangs in die Sekundarstufe I am Max-Planck-Institut in Berlin (s.
Maaz, Baumert, Gresch & McElvany, 2010) und im Projekt „Bildungsprozesse, Kompetenzentwicklung und Selektionsentscheidungen im Vor- und Grundschulalter"
(BiKS, 2010) an den Universität Bamberg, am Institut für Schulentwicklungsforschung (2006) der Universität Dortmund, und am Graduiertenkolleg 1195 (2010)
an der Universität Göttingen durchgeführt. Ein Vergleich dieser Studien ist allerdings nicht ohne weiteres möglich, denn es standen inhaltlich jeweils verschiedene Fragen im Vordergrund, auch sind aufgrund der Länderhoheit die Über-
gangsregelungen in den einzelnen Bundesländern sehr unterschiedlich. Dennoch
deutet die vermehrte wissenschaftliche Beschäftigung und Auseinandersetzung
mit der Thematik neben der individuellen Bedeutung des Übergangs von der
Primar- in die Sekundarstufe auch auf seine gesellschaftliche Relevanz hin. Hat
sich doch mehr und mehr herausgestellt, dass es sich um eine sehr frühe Sta-
tuspassage im Lebenslauf handelt, die für viele der Schülerinnen und Schüler
aufs Engste mit dem späteren Schul- wie auch Bildungsabschluss und damit der
künftigen Postion in der Gesellschaft verbunden ist.

1.2 Dank

Der Baden-Württemberg Stiftung vor allem dem Abteilungsleiter Bildung, Herrn
Dr. Andreas Weber und seiner Mitarbeiterin Ulrike Vogelmann M. A., Referen-
tin für Bildung, möchten wir zum einen für die Finanzierung des Projektes danken und zum anderen für die konstruktive Unterstützung, die detaillierten Rück-
meldungen und die Hilfe bei den auftretenden organisatorischen Problemen. Die
Projektträgerschaft für die Baden-Württemberg Stiftung im Programm Bildungsforschung hatte seit Oktober 2005 das Landesinstitut für Schulentwicklung über-
nommen. Hier gilt unser Dank Prof. Reinhard Bayer, dem Leiter des Referat 33:
Sekundarbereich – Weiterführende allgemein bildende und berufliche Schulen,
und seinem Mitarbeiter Dipl.-Päd. Frank Pfänder. Beide haben unsere Projektar-
beiten immer kritisch und konstruktiv begleitet und waren ebenfalls bei Problemen immer bereit, mit uns gemeinsam Lösungen zu finden.

Die Baden-Württemberg Stiftung lud mehrfach zu Tagungen nach Stuttgart.
Dabei wurden die Forschungsergebnisse aus den acht im Programm Bildungsforschung durchgeführten Projekten präsentiert und diskutiert. Für diese Möglichkeit der Präsentation vor der Fachwelt und des wissenschaftlichen Diskurses
möchten wir danken.

Unser Dank geht des Weiteren an die Rektorate und Kollegien der vielen
Schulen, die unser Vorhaben unterstützt haben und uns zu Elternabenden einlu-
den, damit wir unser Vorhaben präsentieren und für das Projekt werben konnten,

und die ermöglichten, dass wir den überwiegenden Teil der Schülerinnen und Schüler an ihren Schulen untersuchen konnten. Danken möchten wir auch den Schulaufsichtsbehörden, wie dem Staatlichen Schulamt Heidelberg und dem Oberschulamt im Regierungspräsidium Karlsruhe, welche die Genehmigung erteilten, diese Studie an den Schulen durchführen zu können.

Dank gilt auch der Pädagogischen Hochschule Heidelberg, die nicht nur für dieses, sondern auch für etliche weitere unserer Projekte, Räume und Arbeitsplatzausstattungen zur Verfügung stellte.

Ohne studentische und wissenschaftliche Hilfskräfte wäre eine Untersuchung solchen Ausmaßes nicht durchführbar. Wir bedanken uns bei Oliver Arnold, Sebastian Beilharz, Mona Bekhiet, Wiebke Brauner, Sarah Decker, Annika Gerrmann, Nina Hecker, Anke Helber, Corinna Horlebein, Claudia Huber, Claudia Hüther, Ina Kallfaß, Jana Kiesel, Julia Knörzer, Anika Kühn, Annette Lackenbauer, Theresia Linsler, Nicole Mattes, Alexandra Meergans, Christian Mertens, Anja Metzler, Anja Meyner, Kathrin Moosmann, Eva Müller, Julia Neumann, Karen Pregizer, Laurent Schoder, Julia Schöler, Johannes Schuler, Anne Siegmund, Markus Silz, Tabea Stephan, Anne Sutter, Ina Ulzhöfer, Max Vetter, Greta Wagner, Anja Walter, Ruth Weber, Alexandra Weiss und Beatrice Wunsch, die die Untersuchungen durchgeführt haben und die uns durch die Auswertung der Untersuchungsprotokolle und die Eingabe der Daten überhaupt erst Deskriptionen und Analysen der vielen Daten ermöglichten.

Nicht zuletzt gilt unser Dank den Eltern und ihren teilnehmenden Kindern, denn ohne ihre Unterstützung und Teilnahme sowie ihr Vertrauen wäre das Projekt nicht möglich gewesen. Ein besonderer Dank gilt auch den Eltern, die – wenn die Untersuchungen nicht an den Schulen möglich waren – ihre Kinder am Nachmittag zu den Untersuchungen an die Pädagogische Hochschule haben gehen lassen.

Heidelberg, im November 2010

Jeanette Roos und Hermann Schöler

Nachtrag

Die Publikation des Buches hat sich verzögert, sodass inzwischen einige wenige weitere Forschungsbefunde (s. u. a. Maaz et al., 2010) hinzugekommen und politische Entscheidungen in Baden-Württemberg getroffen worden sind, die zu einer etwas veränderten Situation des Überganges von der Primar- zur Sekundarstufe geführt haben. Die für Eltern bindende Entscheidung der Grundschule für den Übergang in das dreigliedrige Sekundarschulsystem wurde aufgehoben, die Eltern wählen künftig die Schulform selbst, die ihre Kinder nach der Grundschule besuchen. Darüber hinaus wurde die Gemeinschaftsschule als Regelschule im Sekundärbereich eingeführt und das achtjährige Gymnasium teilweise wieder durch das alte neunjährige Gymnasium ergänzt und als „Schulversuch" mit „Modellschulen" deklariert. Durch diese rechtlichen und schulorganisatorischen Änderungen werden möglicherweise einige wenige der vorliegenden Befunde der PRISE-Studie, die sich auf die Schulformen beziehen, ihre bildungspolitische Relevanz verlieren. Die entwicklungspsychologischen Ergebnisse, die den Schwerpunkt der Studie darstellen, verlieren ihre Bedeutung nicht. Sie liefern Erkenntnisse über das Lern- und Leistungsverhalten und die Motivationsentwicklung von 10- bis 14-jährigen Schülerinnen und Schülern im Anschluss an die Grundschule. Institutionell vorgegebene Lernumgebungen wirken als differenzielle Entwicklungsmilieus, die unterschiedlich effektiv sind. Sie bieten oder vorenthalten jungen Menschen bestimmte Herausforderungen und Chancen, die zunächst unabhängig von und zusätzlich zu ihren unterschiedlichen persönlichen, intellektuellen und kulturellen Entwicklungsbedingungen interagieren.

1.3 Literatur

Projekt BiKS. (2010). *Website*. Verfügbar unter: http://www.uni-bamberg.de/biks/ [13.11.2010]

Graduiertenkolleg 1195 (2010). *Website*. Verfügbar unter: http://www.psych.uni-goettingen.de/special/grk1195/projekte/e/ [13.11.2010].

Institut für Schulentwicklungsforschung. (2006). *Website. Projekt Grundschulübergang*. Verfügbar unter: www.ifs.uni-dortmund.de/gsue/index.htm [06.02.2006].

Maaz, K., Baumert, J., Gresch, C. & McElvany, N. (2010). *Der Übergang von der Grundschule in die weiterführende Schule*. Verfügbar unter: http://www.bmbf.de/pub/bildungsforschung_band_vierunddreissig.pdf [02.11.2010].

Roos, J. & Schöler, H. (Hrsg.). (2009). *Entwicklung des Schriftspracherwerbs in der Grundschule*. Wiesbaden: VS.

2 Übergang vom Primar- zum Sekundarbereich

Mit dem Übergang von der Grundschule in die weiterführende Schule erfolgt eine erste Weichenstellung in der schulischen Ausbildung, die nicht nur die Schul- sondern vielfach auch die spätere Berufslaufbahn eines Schülers bzw. einer Schülerin nachhaltig beeinflusst. Insbesondere vor dem Hintergrund des dreigliedrigen Schulsystems wird in der Wissenschaft und Öffentlichkeit daher diskutiert, ob eine Weichenstellung mit derart weit reichenden Konsequenzen am Ende der 4. Klasse eventuell zu früh erfolgt. Selbstverständlich kann eine Klärung dieser Frage nicht losgelöst von einer genauen Analyse der mit dem Wechsel einhergehenden Veränderungen und Lernbedingungen betrachtet werden. Durch die Weiterführung der EVES-Studie (Roos & Schöler, 2009) konnte dieser Übergang von der Grundschule auf die weiterführende Schule im Rahmen der PRISE-Studie längsschnittlich untersucht und analysiert werden.

2.1 Forschungsstand

Der Übergang von der Primarstufe in die weiterführenden Schulen hängt maßgeblich von den Leistungen und Leistungsbeurteilungen durch die Grundschullehrkräfte bzw. je nach Bundesland von deren Bildungsempfehlungen ab. Die mit dem Übergang verbundenen Fragen und Zielsetzungen sind daher nur im Rahmen einer Längsschnittstudie befriedigend beantwortbar. Längsschnittliche Analysen generell, insbesondere aber solche, die sich der Leistungsentwicklung während und nach der Grundschulzeit widmen, sind allerdings ausgesprochen selten (Meckelmann, 2004; Valtin & Wagner, 2004). Sie beleuchten den Schulwechsel zudem vorrangig unter dem Aspekt der Belastung und dem Erleben sowie den Erwartungen aus Sicht der Eltern, Kinder und Lehrkräfte (z. B. Büchner & Koch, 2002; Koch, 2004). Dabei wird der Schulwechsel häufig als normativ kritisches Lebensereignis (Pekrun & Helmke, 1993; Sirsch, 2000) oder Entwicklungsaufgabe (Wessels & Morgenroth, 1999) angesehen, welche sowohl positive als auch negative Konsequenzen haben können. Systematische Erhebungen (fachspezifischer) Schulleistungen durch Urteile von Lehrpersonen (Schulnoten) oder gar in Form des Einsatzes standardisierter Schulleistungstests stellen bislang die Ausnahme dar (LOGIK, Weinert & Schneider, 1999; SCHOLASTIK,

Weinert & Helmke, 1997; Projekt Grundschulübergang, Institut für Schulentwicklungsforschung, 2006). Nach Roeder (1997, S. 405) kann die schulische Entwicklung eines Kindes kaum behandelt werden, ohne auf den zentralen und grundlegenden Stellenwert der am Ende der Grundschulzeit zu fällenden Schullaufbahnentscheidung zu verweisen, die mit der Vergabe von Bildungs- und letztlich auch Lebenschancen verbunden sind. Mit dem Übergang in die weiterführende Schule geht eine Vielzahl von Veränderungen einher, welche in einem komplexen Bedingungsgefüge zu schulischen, individuellen und familiären Variablen stehen. Eine entsprechende Wechselwirkung zeigt sich bereits an den Übergangsquoten in die einzelnen Bildungseinrichtungen. Pro Jahr vollziehen bundesweit ca. 850.000 Schüler/-innen den Übergang von der Grundschule zu einer weiterführenden Schule. Nach den Angaben des Statistischen Landesamtes Baden-Württemberg wechselten von den rund 111.000 baden-württembergischen Viertklässlerinnen und -klässlern zum Schuljahresbeginn 2004/05 30.5 % auf eine Hauptschule, 32 % auf eine Realschule und 36.1 % erstmals auf ein achtjähriges Gymnasium (G 8), das in jenem Schuljahr flächendeckend eingeführt wurde. Die Übergangsquoten variieren zwischen den einzelnen Stadt- und Landkreisen erheblich. Heidelberg als akademisch geprägter Stadtkreis weist mit 55 % die höchste gymnasiale Übergangsquote in Baden-Württemberg auf. Entsprechend wenige Schüler/ -innen wechseln auf die Haupt- (20 %) bzw. Realschule (18 %).

Unterschiede in den Übergangsquoten zeigen sich jedoch nicht nur in regionaler Hinsicht sondern auch im Hinblick auf familiäre Variablen: Im Bundesdurchschnitt wechseln ca. 38 % der Kinder mit Migrationshintergrund auf die Hauptschule und je 17 % auf Realschule bzw. Gymnasium, während nur 16 % der Kinder ohne Migrationshintergrund auf die Hauptschule und 22 % auf die Realschule bzw. 40 % auf das Gymnasium wechseln (Weißhuhn & Rövekamp, 2004). Damit sind Kinder ausländischer Herkunft auf der Hauptschule über- und auf dem Gymnasium deutlich unterrepräsentiert. Ein ähnliches Ungleichgewicht findet sich für das elterliche Bildungsniveau: In der 1995 mit der Untersuchung der 5. Klassen begonnenen Hamburger Längsschnittstudie „Aspekte der Lernausgangslage und Lernentwicklung" (LAU), die mit der Erhebung der 13. Klassen einen vorläufigen Abschluss fand (Lehmann, Vieluf, Nikolova & Ivanov, 2006), wurde 1996 auch auf die Übergangsprozesse zwischen Grundschule und Sekundarstufe I fokussiert (Lehmann & Peek, 1997). Dabei ist die Grundschulempfehlung sowohl mit den Testleistungen am Ende des 4. Schuljahres, der Wahl der weiterführenden Schule als auch Faktoren des sozialen Kontextes in Beziehung gesetzt worden. Im Ergebnis zeigt sich, dass die Gymnasialempfehlung bei Kindern aus bildungsfernen Familien an höhere Leistungsanforderungen geknüpft ist als bei Kindern aus bildungsnahen Elternhäusern. Zu einem ver gleichbaren Ergebnis kommen die Autoren der Berliner ELEMENT-Studie (Lehmann & Nikolova, 2005), und auch im Rahmen der IGLU-Studie konnte der Einfluss des elterlichen Bildungsniveaus auf die Bildungsempfehlung am Ende der 4. Klasse belegt werden: So haben etwa Schüler/-innen aus Elternhäusern der oberen Dienstklasse eine 2.7-mal größere Chance auf eine Gymnasialempfehlung als Kinder mit Bezugspersonen aus der Klasse der Routinedienstleistenden (Weißhuhn & Rövekamp, 2004).

Nicht erst seit Veröffentlichung der PISA-Ergebnisse wird in der bildungspolitischen Öffentlichkeit heftig über den geeigneten Zeitpunkt des Übergangs von der Grundschule in die Sekundarstufe I und dessen organisatorische Form gestritten. Wie Weinert und Stefanek (1997) betonen, liegt das für Deutschland typische Übergangsalter von der Grundschule in das Sekundarschulsystem in keiner besonders auffälligen oder gar kritischen Entwicklungsphase. Sie merken dazu an: „In sehr unterschiedlichen Theorietraditionen wird der Zeitraum vom 7. Lebensjahr bis zum Beginn der Pubertät als eine mehr oder minder kontinuierliche Wachstums- und Bildungsperiode körperlicher, geistiger wie persönlicher Merkmale angesehen" (Weinert & Stefanek, 1997, S. 439), die keine besonderen ontogenetischen Einschnitte mit sich bringt. Ein solcher Einschnitt ergibt sich jedoch durch die Gestaltung des Schulsystems, das in einigen Bundesländern am Ende der 4. Klasse, also im Allgemeinen um das 10. Lebensjahr herum, eine Weichenstellung für den weiteren Bildungsweg fordert und bis auf wenige Ausnahmen auch vollzieht (Weinert & Stefanek, 1997).

Der Übergang von der Grundschule in die Sekundarstufe geht mit tiefgreifenden Veränderungen der sozialen und schulischen Lernumwelt einher, die zahlreiche Anpassungsprozesse auf Seiten der Schüler/-innen erfordern. In diesem Zusammenhang stellt sich die Frage, wann Kinder das nötige Entwicklungspotenzial besitzen, um sich derartigen Veränderungen zu stellen, bzw. ob das Ende der 4. Klasse bei allen Schülerinnen und Schülern den optimale Zeitpunkt für einen Übergang darstellt. Aus ontogenetischer Sicht ist von großen interindividuellen Variationen insbesondere in Bezug auf die kognitive Entwicklung auszugehen. Dies bedeutet zum einen, dass nicht alle Kinder dasselbe Fähigkeitsniveau erreichen, und zum anderen, dass die Entwicklung einzelner Fähigkeitsbereiche bei unterschiedlichen Kindern zu verschiedenen Zeitpunkten erfolgen kann. Hinzu kommt, dass bei vielen Kindern aufgrund mangelnder Stabilität der intellektuellen Leistungsfähigkeiten vor dem 12. bis 13. Lebensjahr noch keine valide Prognose über den zukünftigen Bildungslebenslauf gegeben werden kann. Damit würde für so genannte „late-bloomer" bei einem Übergang nach Klasse 4 die Tür für höhere Bildungsabschlüsse zu früh zugeschlagen. Insofern ist darüber nachzudenken, wie dieser zeitlich eher willkürliche Einschnitt in den Entwicklungsverlauf der Schüler/-innen durch organisatorische Ausgleichsmaßnahmen abgemildert werden kann.

Eine Möglichkeit, im dreigliedrigen System die Wahlentscheidung in die weiterführende Schule zu verlagern, stellt die zweijährige Orientierungsstufe (5. und 6. Klasse) dar. Die Orientierungsstufe als verlängerte Übergangsphase erfüllt allerdings nur dann ihren Zweck, wenn die organisatorischen und curricularen Voraussetzungen in den Klassenstufen 5 und 6 einen problemlosen Wechsel zwischen den Schularten zulassen. Eine solche Durchlässigkeit ist im dreigliedrigen Schulsystem durchaus vorgesehen. Nicht nur in der Orientierungsstufe sondern auch zu einem späteren Zeitpunkt in der Schullaufbahn besteht prinzipiell die Möglichkeit, auf einen höheren oder niedrigeren Bildungsgang zu wechseln, wenn sich herausstellt, dass die jeweiligen Leistungsanforderungen den Fähigkeiten und Leistungsmöglichkeiten eines Kindes nicht entsprechen. Dies klingt, als stünden Bildungsaufstiege und -abstiege dabei in einem ausgewogenen Verhältnis zueinander. Dies ist allerdings nicht der Fall. „Gewechselt wird vor allem nach unten. In Nordrhein-Westfalen kommen auf fünf ‚Aufsteiger/ -innen' 100 ‚Absteiger/-innen', so eine Untersuchung des Dortmunder Instituts für Schulentwicklungsforschung. Vor zwanzig Jahren waren es achtmal mehr Aufsteiger" (Kowalczyk & Ottich, 2005). Als mögliche Ursache für dieses Ungleichgewicht kommen Unterschiede in der schulischen Leistungsentwicklung in Betracht, die sich aufgrund abweichender Curricula (insbesondere in der Abfolge und Anzahl der Fremdsprachen) und divergierender Leistungsanforderungen ergeben können. So hat sich nicht zuletzt in der LAU-Studie (Lehmann & Peek, 1997) gezeigt, dass die Leistungsentwicklung in den einzelnen Schulformen unterschiedlich verläuft. Während es im Leseverständnis und in Mathematik geringe Schulformunterschiede gibt, zeigen sich in den Bereichen Sprachverständnis und Englisch ausgeprägte Unterschiede in Abhängigkeit von der Schulform. Kinder mit anfänglich gleichem Leistungsstand werden auf dem Gymnasium wirksamer gefördert, ein lern- und leistungsorientierterer Klassenkontext mag ebenfalls dazu beitragen. Im Verlauf der 5. und 6. Klasse kommt es daher zu einer Erhöhung der Leistungsunterschiede zwischen den Schulformen. Je weiter allerdings die Leistungsschere zwischen den einzelnen Schularten aufgeht, desto schwieriger wird es für das einzelne Kind bei einem Wechsel, den Anschluss an die neue Klasse zu finden. Insbesondere die Kosten für einen Wechsel nach oben können dann sehr hoch sein, so z. B. wenn der Anschluss an das Leistungsniveau der höheren Schulform nur noch durch die Wiederholung einer Klasse gewährleistet werden kann.

Eng verknüpft mit Fragen zur Durchlässigkeit des dreigliedrigen Bildungssystems sind Diskussionen über die prognostische Validität der Grundschulempfehlung, denn erst dann, wenn sich die ursprüngliche Bildungsempfehlung als unzutreffend erweist, wird eine Durchlässigkeit im Bildungssystem erforderlich. Mit der Güte von Grundschulempfehlungen hat sich unter anderem Caspar (2001) beschäftigt. Er schätzt die Treffsicherheit von Grundschulempfehlungen anhand der amtlichen Schulstatistik und kommt zu dem Ergebnis, dass sich die Grundschulempfehlung in 90-96 % aller Fälle als zutreffend erweist. Für die verbleibenden Fälle nimmt er an, dass die ursprüngliche Grundschulempfehlung fehlerhaft war. Diese Ergebnisse basieren jedoch nicht auf einer längsschnittlichen Betrachtung der schulischen Leistungsentwicklung und erlauben somit keine Aussage darüber, wie viele der 90-96 % ihr Potenzial möglicherweise nicht voll entfalten und den einmal eingeschlagenen Bildungsweg fortsetzen, obwohl sie auf einer anderen Schulart besser aufgehoben wären. Gemäß den Ergebnissen der LAU-Studie (Lehmann & Peek, 1997) machen von den 14 % der Haupt- und Realschüler, bei denen ein Übergang aufs Gymnasium begründbar wäre, nur 4 % von dieser Möglichkeit Gebrauch. Die anderen 10 % verbleiben im ursprünglichen Bildungsgang und würden nach Caspar (2001) fälschlicherweise der Gruppe korrekt platzierter Schüler/-innen zugeordnet werden. Darüber hinaus konnte im Rahmen der LAU-Studie gezeigt werden, dass immerhin 33 % der Haupt- und Realschüler/-innen in der 5. Klasse Leistungen auf gymnasialem Niveau erzielen. In der 6. Klasse hat sich dieser Anteil bereits auf 14 % reduziert. 19 % der Kinder scheinen sich also trotz höherem Potenzial an das Leistungsniveau ihrer Klassenkameraden anzupassen und somit leistungsmäßig jene Erwartungen zu erfüllen, die mit der jeweiligen Bildungsempfehlung an sie gestellt werden (Lehmann & Peek, 1997).

Die bisherigen Forschungsergebnisse belegen, dass objektiv gute Leistungen nicht ausreichen, um in der Schule Erfolg zu haben. Das vorhandene Potenzial eines Kindes muss von Schule und Elternhaus auch erkannt und angemessen gefördert werden. Hierbei scheinen soziokulturelle Variablen eine bedeutende Rolle zu spielen. Vielfach konnte gezeigt werden, dass die finanziellen und familiären Lebensverhältnisse, in denen ein Kind aufwächst, die aktuellen schulischen Leistungen und auf lange Sicht auch die Bildungslaufbahn eines Kindes entscheidend beeinflussen können (Ditton, 1992; Esser, 1990; Lehmann & Nikolova, 2005; Meulemann, 1979). Ein hoher sozioökonomischer Status gepaart mit einem hohen Bildungsniveau der Eltern geht in aller Regel einher mit günstigeren Wohnverhältnissen, einem erleichterten Zugang zu lernrelevanten Medien und kulturellen Erfahrungen, die sich über das hierbei erworbene Wissen positiv auf die schulische Kompetenz- und Wissensentwicklung der Kinder auswirken (u. a. Bos & Pietsch, 2004; Bourdieu, 1982, 1983; Ehmke, Hohensee, Heidemeier & Prenzel, 2004; Helmke, Hosenfeld, Schrader & Wagner, 2002; Lehmann & Nikolova, 2005; OECD, 2004; Schnabel & Schwippert, 2000; Schwippert, Bos & Lankes, 2003; Stanat, 2003; Zöller, Roos & Schöler, 2006).

Die LAU-Studie (Lehmann & Peek, 1997) konnte zeigen, dass die Leistungsentwicklung von Kindern mit gleichen Lernausgangslagen und vergleichbarem Lernpotenzial umso günstiger verläuft, je höher das Bildungsniveau der Eltern ist. Hinzu kommt, dass Kinder aus bildungsnahen Familien bei objektiv gleicher Leistung (Leistungstests) im Unterricht bessere Noten erhalten. Es bestehen somit in mehrfacher Hinsicht Vorteile für Kinder aus bildungsnahen Familien, die sich letztlich in besseren Bildungs- und Berufschancen äußern. Kinder aus bildungsnahen Familien sind daher auf dem Gymnasium überrepräsentiert. Bei vergleichbaren Leistungen wird ihnen also eher eine anspruchsvollere Lernumwelt geboten als Kindern aus bildungsferneren Familien.

Neben soziokulturellen Variablen gelten in der wissenschaftlichen Forschung auch emotionale und motivatonale Faktoren als wichtige Determinanten des Schulerfolges (vgl. u. a. Helmke & Weinert, 1997). Veränderungen in der emotionalen und motivationalen Struktur einer Schülerin bzw. eines Schülers dürften sich insbesondere in Zusammenhang mit einschneidenden Ereignissen wie etwa einem Schulwechsel ergeben. Durch die Verzahnung der beiden Längsschnittuntersuchungen LOGIK (Weinert & Schneider, 1999) und SCHOLASTIK (Weinert & Helmke, 1997) konnte der Einfluss der Entwicklung im Grundschulalter auf die Entwicklung in der Sekundarschulzeit untersucht werden. Danach ergeben sich „mit der für Bayern typischen Gabelung der Schulwege nach der 4. Grundschulklasse in Hauptschule und Gymnasium vom 5. Schuljahr an zwei Subpopulationen, die sich in [...] sozialen, kognitiven und motivationalen Merkmalen zugunsten der Gymnasiasten unterscheiden" (Weinert & Stefanek, 1997, S. 451). Gymnasiastinnen und Gymnasiasten weisen ein höheres Selbstkonzept eigener Leistungsfähigkeit auf, die Lerneinstellung ist positiver, das Lernverhalten robuster und Versagensängstlichkeit ist deutlich seltener vorhanden als bei Hauptschülerinnen und -schülern. Allerdings konnte diese Analyse nur mit einer eher kleinen, so genannten „Überlappungsstichprobe" von 135 Kindern erfolgen, sodass sich eine Verallgemeinerung der Befunde selbst nach Aussage von Weinert und Stefanek (1997) verbietet. „Ließe sich allerdings das Ergebnis bei größeren Stichproben replizieren, so wäre es von großer theoretischer Tragweite" (1997, S. 449). Interessant sind in diesem Zusammenhang auch die Ergebnisse aus der Forschung zum Big-Fish-Little-Pond-Effekt (Köller, 2004; Marsh, 2005; Trautwein & Baeriswyl, 2007; Treutlein, Roos & Schöler, 2008; Treutlein & Schöler, 2009). Entgegen der obigen Vermutung, dass Gymnasiasten im Vergleich zu Haupt- und Realschülern generell ein positiveres Selbstkonzept aufweisen, geht dieses Modell davon aus, dass unter gleichermaßen befähigten Kindern jene ein besonders positives Fähigkeitsselbstkonzept entwickeln, die in einem (verglichen mit ihrem Begabungspotenzial) niedrigen Bildungsgang beschult werden. Als „Ausnahmebegabung" unter weniger befähigten Schülerinnen und Schülern nimmt der „Big Fish" eine Sonderstellung ein, die ihm viel Aufmerksamkeit und positive Erfahrungen (z. B. in Form guter Noten oder Bewunderung) verschafft und so die Entwicklung eines positiven Selbstkonzepts fördert.

In dem seit 2004 laufenden DFG-Projekt „Von der Grundschule zur weiterführenden Schule: Individuelle Entwicklungen von Schülerinnen und Schülern und deren kontextuelle Bedingungen" (Institut für Schulentwicklungsforschung, 2006) wird auf die Identifikation typischer Veränderungsmuster in der Übergangssituation und darüber hinaus fokussiert. Erste Ergebnisse zeigen, dass die Vorfreude auf die weiterführende Schule deutlich höher ausgeprägt ist als die Besorgnis. Vorfreude bezieht sich dabei insbesondere auf neue Unterrichtsfächer, nette neue Lehrkräfte sowie Mitschüler/-innen. Besorgnis äußerten die Schülerinnen und Schüler hinsichtlich der zu erwartenden Leistungsanforderungen (wie schwierigere Arbeiten, mehr Hausaufgaben, schlechtere Noten). Dies könnte sich durch die in Baden-Württemberg inzwischen eingeführte achtjährige Gymnasialstufe verstärken und sollte in weiterführenden Studien näher betrachtet werden.

Unabhängig davon, ob der Übergang von der Grundschule in die Sekundarstufe eher positiv, negativ oder neutral, theoretisch als Herausforderung, als Entwicklungsaufgabe (Havighurst, 1948; Oerter, 1995), als Entwicklungs- bzw. ökologischer Übergang (Bronfenbrenner, 1981), als Lebensereignis (Montada, 1995) oder sogar als kritisches Lebensereignis (Filipp, 1995) bewertet wird, bedingt er unbestritten multiple individuelle Anpassungsprozesse als Reaktionen auf veränderte schulische Bedingungen. Die Komplexität des Bedingungsgefüges erfordert eine umfassende wissenschaftliche Beschäftigung mit diesem Thema. Bereits 1993 forderten Pekrun und Helmke daher, verstärkt Grundlagenforschung zu Entwicklungswirkungen des Schuleintritts sowie des Übergangs in die weiterführenden Schulen zu betreiben. Dennoch liegen im deutschsprachigen Raum bislang nur wenige Studien vor. Dieses Forschungsdefizit, so lässt sich spekulieren, könnte auch dadurch zustande kommen, dass solche längsschnittlich angelegten Forschungsvorhaben sehr ressourcenintensiv sind und dafür häufig keine ausreichenden Mittel zur Verfügung stehen.

Durch das Programm „Bildungsforschung" der Landesstiftung Baden-Württemberg eröffnete sich die Möglichkeit, die Grundschullängsschnittuntersuchung EVES (Roos & Schöler, 2009) fortzuführen und die beteiligen Kinder beim Übergang auf die weiterführende Schule für weitere zwei Jahre zu begleiten. Durch die Weiterführung der EVES-Studie lässt sich nunmehr auch der Übergang längsschnittlich von der 1. Klasse bis in die weiterführenden Schulen untersuchen, in der Hoffnung damit zur Erfüllung der von Pekrun und Helmke geäußerten Forderung nach weiteren empirischen Studien beizutragen.

2.2 Ziele

Schulische Leistungen werden von einer Vielzahl an Faktoren beeinflusst (vgl. u. a. Helmke & Schrader, 2006; Helmke & Weinert, 1997; Jerusalem, 1997). Eine hohe Intelligenz alleine reicht nicht aus, um in der Schule Erfolg zu haben. Neben den individuellen Lernvoraussetzungen (insbesondere Intelligenz, Sprachfertigkeit und Vorwissen) spielen vor allem die soziokulturellen und soziographischen Rahmenbedingungen eine entscheidende Rolle für das Lernen. Ebenfalls von Bedeutung sind die Leistungsbeurteilungen durch Lehrerinnen und Lehrer im Verlauf der Grundschule, insbesondere aber in der 4. Klasse, da diese als Grundlage für die Vergabe der Bildungsempfehlungen dienen und damit letztlich über den weiteren Bildungsweg eines Kindes entscheiden. Anders als in vielen anderen Bundesländern ist in Baden-Württemberg die Bildungsempfehlung der Lehrerkräfte bindend. Vor diesem Hintergrund ist es von besonderem Interesse, nicht nur jene Faktoren genauer zu betrachten, die auf den Erhalt einer bestimmten Bildungsempfehlung Einfluss nehmen, sondern darüber hinaus längsschnittlich zu untersuchen, wie sich die Leistungen der Schüler/-innen in Abhängigkeit von lernrelevanten Faktoren auf den einzelnen Schularten entwickeln.

Vor diesem Hintergrund besteht das erste Ziel der PRISE-Studie darin, einen genaueren Blick auf die Güte der Bildungsempfehlungen zu richten. Aus methodischen Gründen ist – wie oben bereits angemerkt – diese Fragestellung nicht zufriedenstellend zu klären. Eine grundlegende Schwierigkeit ergibt sich in der Festlegung einer „richtigen" bzw. einer „zu guten" oder „zu schlechten" Platzierung: Werden die Schulleistungen als Kriterium herangezogen, ist nicht auszuschließen, dass diese durch die Bedingungen der jeweiligen Schulform mitgeprägt sind. Eine Annäherung an diese Fragestellung anhand der Leistungsentwicklung von Kindern, die eine andere als die empfohlene Schulform besuchten, sowie anhand von Überlappungen der Leistungen auf den einzelnen Schulformen erfolgte im Rahmen der Abschlussveranstaltung (Baden-Württemberg-Stiftung, 2011, S. 55ff.).

Zweites Ziel stellt die Beschreibung der schulischen Leistungsentwicklung in Abhängigkeit von individuellen Schülermerkmalen sowie soziokulturellen und soziographischen Variablen dar. Bereits im Rahmen der EVES-Studie erhobene Leistungsdaten bieten dabei eine ergiebige Grundlage für die Analyse der Leistungsentwicklungen am Übergang von der Primar- in die Sekundarstufe. Auf Basis dieser bereits vorhandenen Informationen wird es überhaupt erst möglich, auch spezifische Fragen zum Verlauf individueller Bildungskarrieren zu beleuchten.

So soll beispielsweise betrachtet werden (drittes Ziel), ob Kinder, die eine unterschiedliche Schulart besuchen, aber hinsichtlich bestimmter Merkmale (z.

B. Intelligenz, Sprachfertigkeit oder Migrationshintergrund) vergleichbar sind, sich in ihrer Leistungsentwicklung unterscheiden. Tatsächlich ist im schulischen Alltag davon auszugehen, dass sich die Leistungsanforderungen sowie Art und Umfang der Stoffvermittlung zwischen den einzelnen Bildungsgängen in der 5. und 6. Klasse, deutlich unterscheiden und gleichbefähigte Kinder in den einzelnen Bildungseinrichtungen somit nicht vergleichbar gefordert und gefördert werden. Es zeigte sich, dass bereits die Bildungsempfehlungen so ausfallen, dass selbst vergleichbare Kinder auf unterschiedlichen Schulformen zu finden sind. Aus diesem Grund konnten nur Einzelfälle in ihrer Leistungsentwicklung betrachtet werden, auf deren Darstellung in diesem Buch verzichtet wird (zentrale Ergebnisse s. Baden-Württemberg-Stiftung, 2011, S. 55ff.).

Neben einer allgemeinen Analyse des Bedingungsgefüges schulischer Leistungen ist die Frage interessant (viertes Ziel), warum es einigen Kindern besser gelingt als anderen, sich auf die Veränderungen im Rahmen des Übertritts in die Sekundarstufe einzustellen. In diesem Zusammenhang lässt sich insbesondere untersuchen, welche Bedingungen („Schutzfaktoren") es Kindern ermöglichen, trotz widriger Umweltfaktoren und Leistungsprognosen gute schulische Leistungen zu erzielen. In der Praxis besteht jedoch das Problem, an welchen Kriterien sich eine „besonders gute Bewältigung" des Übergangs festmachen lässt. . Auch die umgekehrte Herangehensweise – Kinder mit einem gewissen Risiko für eine ungünstige Leistungsentwicklung zu suchen, die dem vorliegenden Risiko widerstehen – erweist sich als schwierig: Kinder mit einem im Rahmen unserer Stichprobe auffallend geringen Vorwissen, geringer Intelligenz, geringem sozioökonomischen Hintergrund oder Wortschatz weisen von ihren absoluten Werten her Ausprägungen im unteren Durchschnittsbereich auf, wodurch das vermeintlich vorhandene „Risko" relativiert und eher bedeutungslos wird. Entsprechende Analysen werden daher nicht vorgestellt.

Unabhängig davon, in welche Schulart ein Kind letztlich wechselt, geht der Übergang in die weiterführende Schule stets mit Veränderungen der sozialen und schulischen (Lern-)Umwelt einher, die auf Seiten des betroffenen Kindes zahlreiche Anpassungsprozesse erfordern und die Lern- und Leistungsmotivation bzw. das Fähigkeitsselbstkonzept sowohl positiv als auch negativ beeinflussen können. Fünftes Ziel der Untersuchung ist daher die Gewinnung wissenschaftlich fundierter Erkenntnisse über die Auswirkungen des Übertritts in die weiterführende Schule auf schulisches Selbstkonzept wie auch die Lern- bzw. Leistungsmotivation. Es wird angenommen, dass sich die Lern- und Leistungsmotivation je nach Schulart und schulartspezifischen Leistungsanforderungen unterschiedlich entwickelt. Nicht nur zwischen den Schularten finden sich Unterschiede zwischen Kindern, sondern auch innerhalb eines Bildungsganges kann es zu verschiedenen Entwicklungsverläufen trotz vergleichbarer Lernausgangslagen kommen.

Da in Heidelberg die Einzelschule innerhalb einer Schulart von den Eltern frei gewählt werden kann, interessiert ferner, ob Eltern von Kindern aller Schularten von ihrer Wahlmöglichkeit Gebrauch machen und ob sich die Gründe für die Wahl einer bestimmten Einzelschule über Schulformen hinweg ähneln. Vor dem Hintergrund, dass die Mehrzahl der Gymnasiastinnen und Gymnasiasten aus Akademikerfamilien kommen, während sich die Klientel der Haupt- und Realschulen überwiegend aus Kindern bildungsfernerer Familien zusammensetzt, ist zu vermuten, dass sich die zugrunde liegenden Entscheidungskriterien für die Wahl einer Einzelschule unterscheiden. Die Anlayse der Beweggründe, die Eltern dazu veranlassen, sich innerhalb eines Bildungszweiges (Hauptschule, Realschule, Gymnasium) für eine bestimmte Einzelschule zu entscheiden, ist somit das sechste Ziel.

Durch den Übergang auf die weiterführende Schule ergeben sich für die Schüler/-innen vielfältige Änderungen, die z. B. den Schulwegs, das Schulgebäudes, aber auch Klassenkameradinnen und -kameraden, Unterrichtsinhalte und Leistungsanforderungen betreffen. Selbst wenn objektiv keine unerwarteten Veränderungen mit dem Übergang einhergehen, kann der Übergang subjektiv ganz verschieden erlebt und bewertet werden. Als siebtes Ziel sollen daher die Einschätzungen des Übergangs aus Sicht der Schüler/-innen und der Eltern analysiert werden. Dabei gilt es, auch mögliche Veränderungen der ursprünglichen Bildungsaspirationen zu erfassen.

2.3 Methoden

2.3.1 Untersuchungsgruppe

Die Untersuchungsgruppe besteht zum einen aus Schülerinnen und Schülern der Einschulungsjahrgänge 2001 und 2002 in Heidelberg, deren schulische Leistungsentwicklung bereits im Rahmen des Projektes EVES beobachtet wurde. Diese Kinder befinden sich in der 5. und 6. bzw. 6. und 7. Klasse der weiterführenden Schulen. Zum anderen wird die Untersuchungsgruppe durch zahlreiche Schüler/-innen ergänzt, die überwiegend aus den umliegenden Gemeinden, und somit erst nach Beendigung der ortsansässigen Grundschule auf eine Heidelberger weiterführende Schule gewechselt sind. Für diese Kinder liegen keine längsschnittlichen Informationen vom 1. Schuljahr an vor, lediglich die Noten der 4. Klasse konnten nacherhoben werden. Eine Beteiligung dieser Schüler/-innen an den Untersuchungen ist insofern sinnvoll, da sie den Klassenkontext mitbestimmen und dieser einen Einfluss auf die Leistungen einzelner Schüler/-

innen hat. Eine Verteilung der teilnehmenden Schüler/-innen auf die einzelnen
Schularten kann Tabelle 1 entnommen werden.

Tabelle 1 Beschreibung der Untersuchungsgruppe (Zahl der teilnehmenden
Schüler/-innen nach Schulart sowie Anteil an der geschätzten
Grundgesamtheit in Heidelberg)

	Gesamt-schule	Haupt-schule	Real-schule	Gymna-sium	Gesamt
Grundschule (1.-4. Klasse) und weiterführende Schule (EVES & PRISE)	10 (2 %)	38 (8 %)	106 (22 %)	327 (68 %)	481 (55 %)
Nur weiterführende Schule (PRISE)	5 (1 %)	30 (8 %)	103 (26 %)	262 (66 %)	400 (45 %)
Untersuchungsgruppe	15 (2 %)	68 (8 %)	209 (24 %)	589 (66 %)	881
Anteil an den geschätzten Grundgesamtheiten in Heidelberg	7 %	24 %	44 %	38 %	35 %
Geschätzte Grundgesamtheit in Heidelberg	220 (9 %)	287 (11 %)	476 (19 %)	1 544 (61 %)	2 527

Etwa 35 % aller Schüler/-innen der beiden untersuchten Jahrgänge nehmen
an den Erhebungen teil (s. Tabelle 1). Dabei entspricht die Verteilung der Schü-
ler/-innen auf die einzelnen Schularten prozentual gesehen in etwa dem Anteil
der Schüler/-innen der verschiedenen Schularten in der Grundgesamtheit: Die
Gruppe der Gesamt- und Hauptschüler/-innen fällt im Vergleich zur Grundgesamtheit allerdings etwas kleiner, die der Realschüler/-innen und Gymnasias-
ten/Gymnasiastinnen etwas größer aus.

Tabelle 2 enthält eine Beschreibung der Untersuchungsgruppe nach individuellen Merkmalen der teilnehmenden Schüler/-innen: Geschlecht, kognitive
Leistungsfähigkeit, Sprachsituation (einsprachig, mehrsprachig) und sozioökonomischer Hintergrund (HISEI). Diese Merkmale hatten sich als besonders relevant für die Erklärung schulischer Leistungsunterschiede erwiesen (s. Roos &
Schöler, 2009). Zum Vergleich sind die Werte der EVES-Studie angeführt.

Tabelle 2 Individuelle Merkmale der Untersuchungsgruppe (zum HISEI s. u.)

	PRISE-Studie	EVES-Studie
Mädchen	52.3 %	48.6 %
Jungen	47.7 %	51.4 %
Intelligenz	56.7	55.1
(*T*-Werte: *M* und *SD*)	8.7	8.6
einsprachig	81.5 %	71.7 %
mehrsprachig	18.5 %	28.3 %
Sozioökonomischer Hintergrund	62.6	60.0
(HISEI: *M* und *SD*)	17.0	18.3

An der EVES-Studie nahmen ca. 80 % der Schüler/-innen der Einschulungsjahrgänge 2001 und 2002 teil, wobei die Zusammensetzung dieser Untersuchungsgruppe im Hinblick auf die in Tabelle 2 aufgeführten Merkmale als repräsentativ für die Heidelberger Schülerschaft angesehen werden kann (s. Zöller, Link, Roos, Treutlein & Schöler, 2009). Der Vergleich der EVES- und PRISE-Teilnehmer/-innen zeigt, dass sich zwar statistisch signifikante, in ihrer Höhe allerdings nicht bedeutsame Unterschiede zwischen den Untersuchungsgruppen ergeben. Eine detaillierte Beschreibung von Schülerinnen und Schülern unterschiedlicher Schularten unter Berücksichtigung der genannten Merkmale kann Tabelle 4 und Tabelle 5 im Anhang entnommen werden.

2.3.2 Design

Im Rahmen der PRISE-Studie wurden die Untersuchungen der Heidelberger Einschulungsjahrgänge 2002 und 2001 über die Grundschulzeit hinaus für zwei Jahre weitergeführt (vgl. Abbildung 1). Da die Untersuchung des Jahrgangs 2001 bereits im Sommer 2005 abgeschlossen wurde, die PRISE-Studie jedoch erst im Frühjahr 2006 begonnen werden konnte, befanden sich diese Kinder zum Zeitpunkt des Beginns der PRISE-Studie bereits in der 6. Klassenstufe, sodass eine Erhebung im 5. Schuljahr nicht mehr möglich war. Die Erhebungen erfolgten jeweils am Ende eines jeden Schuljahres.

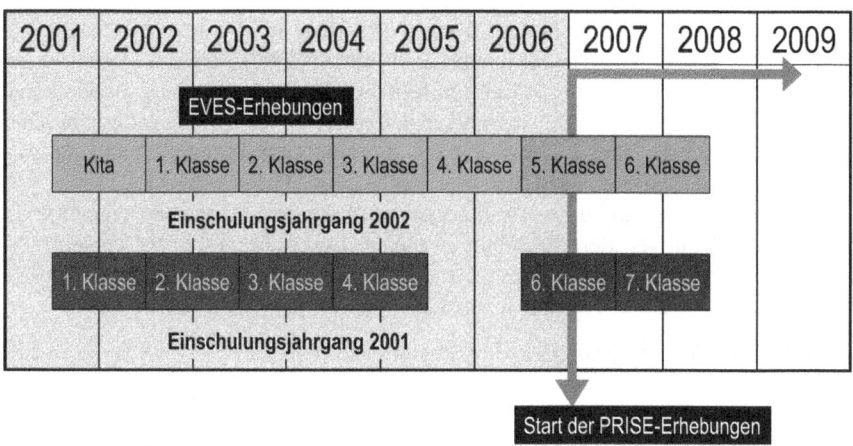

Abbildung 1 Untersuchungsdesign

2.3.3 Eingesetzte Verfahren

Die schulischen und kognitiven Leistungen sowie die Motivation der teilnehmenden Schüler/-innen wurden am Ende der Schuljahre 2006/2007 und
2007/2008 mittels normierter Verfahren erfasst. Bei der Auswahl der Verfahren
wurde einerseits auf die Möglichkeit einer Untersuchung im Klassenverband geachtet und zum anderen auf die Möglichkeit, dasselbe Verfahren in allen Klassenstufen einzusetzen. Mangels geeigneter Verfahren konnte letzteres jedoch
nicht in allen Fällen sichergestellt werden. In diesen Fällen erfolgte ein Vergleich
der Leistungen zu den einzelnen Erhebungszeitpunkten nicht über die Rohwerte,
sondern über die klassenstufenspezifischen Normen.

Leistungsstand in Deutsch, Mathematik und Englisch

Rechtschreiben: Die Rechtschreibleistungen in den Klassen fünf bis sieben wurden mittels der Hamburger Schreib-Probe 5-9 (*HSP 5-9 B*; May, 2001) erfasst.
Die *HSP* besteht aus einem Diktat mit 14 Wörtern und fünf Sätzen.

   In der EVES-Studie mussten die Rechtschreibleistungen jeweils mit verschiedenen Tests erfasst werden, da kein gemeinsamer Test für alle vier Grundschulklassen existiert: Am Ende der 1. und 2. Klasse wurde die Rechtschreibleistung mittels des Weingartener Grundwortschatz-Rechtschreib-Tests (*WRT 1+*;
Birkel, 1995; *WRT 2+*; Birkel, 1994) und am Ende der 3. und 4. Klasse mit dem
Diagnostischen Rechtschreibtest für 3. Klassen (*DRT 3*; Müller, 2004) bzw. 4.
Klassen (*DRT 4*; Grund, Haug & Naumann, 2004) erfasst.

Lesegeschwindigkeit und Leseverständnis: Mit dem Salzburger Lese-Screening 5-8 (*SLS 5-8*; Auer, Gruber, Mayringer & Wimmer, 2006) steht ein Verfahren zu Verfügung, das in den Jahrgangsstufen fünf bis sieben Anwendung finden kann und damit eine längsschnittliche Analyse der gewonnenen Daten ermöglicht. Das *SLS 5-8* erfasst die basale Lesefertigkeit, die eine Grundvoraussetzung für das sinnerfassende Textlesen darstellt.

In der EVES-Studie konnte die Lesegeschwindigkeit in allen vier Grundschulklassen mittels der Würzburger Leise Leseprobe (*WLLP*; Küspert & Schneider, 1998) und das Leseverstehen mit Knuspels Leseaufgaben (*KNUSPEL-L*; Marx, 1998, 2007) erfasst werden.

Mathematik: Zur Erfassung der Mathematikleistung in der 5. bis 7. Klasse wurde der *DEMAT 5+/6+* (Deutscher Mathematiktest für fünfte und sechste Klassen; Marx & Opitz-Karig, in Vorb.) eingesetzt. Im *DEMAT* werden klassenstufenspezifische Aufgaben aus den Bereichen ‚Reproduktion', ‚Anwendung' und ‚Komplexe Aufgaben' vorgegeben. Da für den *DEMAT 5+/6+* zum Auswertungszeitpunkt keine Normen vorlagen, wurden diese anhand der Untersuchungsgruppe erstellt. Diese „Normen" basieren daher vor allem auf den Leistungen von Gymnasiastinnen und Gymnasiasten, und vermitteln daher den Eindruck eines eher geringen Leistungsniveaus. Bei der Interpretation der Testleistungen ist dies zu berücksichtigen.

Englisch: In Anlehnung an die Kompetenzstufen im Gemeinsamen Europäischen Referenzrahmen (GERR) für den Erwerb von Fremdsprachen wurde ein bereits verfügbarer Einstufungstest der Reihe „English network – new edition" (Langenscheidt, 2006) an die Lebenswelt von Kindern angepasst. Die Zahl der zu bearbeitenden Items nimmt von der 5. bis zur 7. Klasse zu, wobei in der 6. Klasse die Items der Klassenstufen fünf und sechs und in der 7. Klasse die Items der Klassenstufen fünf bis sieben vorgegeben wurden. Die jeweiligen Überschneidungen ermöglichen eine präzisere Bestimmung des Lernzuwachses. Auch für dieses Verfahren wurden anhand der Untersuchungsgruppe Normen erstellt (s. oben).

Leistungsbewertungen durch die Lehrkräfte (Zeugnisnoten): Neben den Testleistungen wurden die Noten am Ende der Klassenstufen vier bis sechs bzw. vier bis sieben erfasst. Da die im Zeugnis beurteilten Fächer nicht nur zwischen den Schularten sondern auch von Schule zu Schule variieren, gilt das Augenmerk vor allem den Noten in den Hauptfächern Deutsch, Mathematik und Englisch.

Erfassung individueller Einflussfaktoren

Kognitive Leistungsfähigkeit. Die kognitive Leistungsfähigkeit der Schüler/-innen wurde jeweils zweimal erfasst, in den Klassenstufen fünf und sechs mit dem

Prüfsystem für Schul- und Bildungsberatung für 4. bis 6. Klassen (*PSB-R 4-6*, Horn, Lukesch, Kormann & Mayrhofer, 2002), in der 7. Klasse mit dem *PSB-R 6-13* (Lukesch, Mayrhofer & Kormann, 2003). Das Prüfsystem für Schul- und Bildungsberatung ist einer der gebräuchlichsten mehrdimensionalen Intelligenztests im deutschen Sprachraum. Neben logisch-mathematischen Kompetenzen werden die Wahrnehmungsgeschwindigkeit und Konzentrationsfähigkeit sowie wichtige Aspekte des räumlichen Vorstellungsvermögens und der sprachlichen Intelligenz erfasst.

In der EVES-Studie wurde die kognitive Leistungsfähigkeit am Ende der 1. und der 2. Klasse jeweils mittels der Grundintelligenztest Skala 1 (*CFT 1*; Cattell, Weiß & Osterland, 1997) und am Ende der 4. Klasse ebenfalls mit dem *PSB-R 4-6* untersucht.

Wortschatz: Im Rahmen der EVES-Studie wurde die Sprachfertigkeit der Kinder in den Bereichen Wortschatz, Grammatik, Ausdrucksvermögen und Verständnis durch die Lehrkräfte eingeschätzt. Hierbei erwies sich der Wortschatz als bester Prädiktor für die Lese-/Rechtschreibtestleistungen sowie die Deutschnote. Leistungseinschätzungen der Lehrkräfte haben jedoch den Nachteil, dass die Beurteilung vielfach durch das Leistungsniveau der jeweiligen Bezugsgruppe (zumeist der eigenen Klasse) beeinflusst wird. Daher wurde mit dem Wortschatz-Test (*WS*), einem Ergänzungstest zum Grundintelligenztest *CFT 20* (Weiß, 1998), ein objektives Verfahren zur Beurteilung des Wortschatzes gewählt. Der Test wurde jeweils zweimal durchgeführt, d. h. beim Jahrgang 2002 am Ende der 5. und 6. Klasse, beim Jahrgang 2001 am Ende der 6. und 7. Klasse.

Lern- und Leistungsmotivation: Um einen direkten Vergleich mit den Ergebnissen der EVES-Studie (Zöller & Roos, 2009) zu ermöglichen, erfolgte die Erhebung der Lern- und Leistungsmotivation mittels der Skalen zur Erfassung der Lern- und Leistungsmotivation (*SELLMO-S*; Spinath, Stiensmeier-Pelster, Schöne & Dickhäuser, 2002). Der *SELLMO-S* besteht aus insgesamt 40 Fragen, die sich den vier Subskalen Lernziele (LZ), Annäherungsleistungsziele (AL), Vermeidungsleistungsziele (VL) und Arbeitsvermeidung (AV) zuordnen lassen. Erfasst wurde die Lern- und Leistungsmotivation der Schüler/-innen jeweils zweimal: beim Jahrgang 2002 am Ende der 5. und 6. Klasse, beim Jahrgang 2001 am Ende der 6. und 7. Klasse (Jahrgang 2001).

Fähigkeitsselbstkonzept: Das fächerspezifische Fähigkeitsselbstkonzept der Schüler/-innen wurde am Ende der 6. (Jahrgang 2002) bzw. 7. Klasse (Jahrgang 2001) mittels einer erweiterten Form des Differentiellen schulischen Selbstkonzept-Gitters (*DISK*-Gitter; Rost, Sparfeldt & Schilling, 2007) erfasst. Um eine bessere Abstimmung des Verfahrens an das Design der PRISE-Studie zu gewährleisten, wurde zusätzlich zum Selbstkonzept für die Fächer Deutsch, Ma-

thematik und Geschichte auch das Selbstkonzept der Schüler/-innen für das Fach Englisch erfragt.
In der EVES-Studie wurde das Fähigkeitsselbstkonzept der Kinder in der 3. Klasse in den Bereichen Lesen, Schreiben und Rechnen durch einen von Langfeldt und Frühauf am Psychologischen Institut der Johann-Wolfgang-Goethe Universität in Frankfurt entwickelten Fragebogen erfasst (Frühauf, 2008). Pro Selbstkonzeptskala werden dabei 13 Fragen an die Kinder gestellt, die in eine kurze Rahmengeschichte („Freddie Flitzer, der Schulreporter") eingebunden sind.

Soziokulturelle Variablen

Detaillierte Informationen zum Bildungsniveau sowie zum beruflichen Werdegang der Eltern wurden, soweit noch nicht aus der EVES-Studie bekannt, zum ersten Erhebungszeitpunkt (2007) mittels Elternfragebogen erhoben. Diese lehnen sich inhaltlich an die in der PISA-Studie verwendeten Elternfragebogen (Baumert et al., 2001) an. Zunächst werden Fragen zur familiären Situation der Kinder gestellt. Daran schließen sich Fragen zum familiären Sprachhintergrund sowie zum Bildungshintergrund und der beruflichen Stellung der Eltern an.
Angaben zu außerschulischen Lernanregungen bzw. Lerngelegenheiten sowie zur familiären Sprachsituation wurden ebenfalls erbeten. Bezüglich des sprachlichen Umfeldes interessierten insbesondere die Sprachkenntnisse der Eltern im Deutschen sowie in den eventuell abweichenden Muttersprachen, die sprachlichen Fähigkeiten des Kindes in den Muttersprachen der Eltern sowie im Falle eines Migrationshintergrundes der Zeitpunkt einer eventuellen Zuwanderung.
Als Maß für die sozioökonomische Stellung der Familien gilt der von Ganzeboom, De Graaf, Treiman und De Leeuw (1992) entwickelte International Socio-Economic Index of Occupational Status (ISEI). Der ISEI trennt die ökonomische Stellung vom Berufsprestige und berücksichtigt ausschließlich Informationen zur Bildung und zum Einkommen. Beim ISEI handelt es sich um ein nicht normalverteiltes Merkmal mit einem Mittelwert von 51.6 und einer Standardabweichung von 17.5 (Erikson, Goldthorpe, König, Lüttinger & Müller, 1989; Ganzeboom et al., 1992), er variiert zwischen 16 (forstwirtschaftliche Hilfskräfte) und 90 (Richter). Der ISEI wird für jedes Elternteil berechnet, in die Analysen wird der höchste ISEI einer Familie (= HISEI; s. Tabelle 2) einbezogen.

Allgemeine Angaben zum Übergang

Mittels Elternfragebogen wurden auch die Entscheidungskriterien für die Wahl einer bestimmten Schule erfasst sowie die aktuelle Zufriedenheit mit der gewählten Schule und mit den Schulleistungen des Kindes. Bezüglich der Grundschulempfehlung wurden von den Eltern Angaben zu einem eventuellen Beratungsverfahren erbeten. Des Weiteren wurde erfragt, wie der Übergang und die damit verbundenen Veränderungen retrospektiv von den Eltern sowie den Schülerinnen und Schülern beurteilt werden.

Darüber hinaus sollten die Eltern ihre Kriterien für die Wahl der Einzelschule nennen und angeben, welche Informationen sie für die Schulwahlentscheidung genutzt hatten. Hierzu wurden den Eltern verschiedene Alternativen zur Auswahl angeboten (vgl. Abbildung 2).

Wie haben Sie sich im Vorfeld über den Übergang informiert?

- Durch ein Gespräch mit den Lehrerinnen/Lehrern in der Grundschule
  Hat Ihnen dies bei Ihrer Entscheidung geholfen?   ☐ ja   ☐ nein

- Durch eine Informationsveranstaltung mit Vertretern der weiterführenden Schulen an der Grundschule
  Hat Ihnen dies bei Ihrer Entscheidung geholfen?   ☐ ja   ☐ nein

- Durch Schnuppernachmittage/Informationsveranstaltungen an den weiterführenden Schulen
  Hat Ihnen dies bei Ihrer Entscheidung geholfen?   ☐ ja   ☐ nein

Möglicherweise haben Sie als Eltern vor dem Übertritt überlegt, auf welche Schule einer Schulart Sie Ihr Kind schicken werden. Warum haben Sie sich genau für diese Schule entschieden?
Bitte nennen Sie nur den wichtigsten Grund für Ihre Entscheidung:
....

Welche weiteren Gründe haben Ihre Entscheidung beeinflusst?

Nähe zum Wohnort	☐	Sicherheit des Schulwegs	☐
Soziales Umfeld	☐	Ruf der Schule	☐
Schulleitung	☐	Lehrerschaft	☐
Klassengröße	☐	Schulgröße	☐
Fächerprofil	☐	Leistungsanforderungen	☐
Trägerschaft (z. B. privat)	☐	Wunsch des Kindes	☐

Organisationsform (z. B. Ganztagsschule, Mittagstisch, etc.) ☐
Zusatzangebote (z. B. AGs, Schüleraustauschprogramme) ☐
Fördermöglichkeit für leistungsstarke Schüler/-innen ☐
Fördermöglichkeit für leistungsschwache Schüler/-innen ☐
Empfehlung durch Bekannte ☐
Persönliche Erfahrungen (z. B. durch ältere Geschwister oder Freunde) ☐

Abbildung 2   Ausschnitt aus dem Elternfragebogen

Der Fragebogen für Schüler/-innen (s. Abbildung 3) enthielt Subskalen des *FEESS 3-4* (Rauer & Schuck, 2003) sowie des Angstfragebogens für Schüler (*AFS*; Wieczerkowski, Nickel, Janowski, Fittkau & Rauer, 1981). Der *FEESS 3-4* liegt normiert für die 3. und 4. Klasse vor. Auch in der 5., 6. und 7. Klasse wurden die Kinder gebeten, die ausgewählten Items zu bearbeiten. Da Normwerte für die Darstellung von Veränderungen nicht geeignet sind, werden die Rohwerte verwendet.

Nach Rauer und Schuck (2003) werden mit den verwendeten Subskalen folgende Aspekte erfasst:

- Schuleinstellung: „Ausmaß, in dem ein Kind sich in der Schule insgesamt wohl fühlt".

- Gefühl des Angenommenseins: „Ausmaß, in dem ein Kind sich von seinen Lehrern und Lehrerinnen angenommen, verstanden und unterstützt fühlt".

- Lernfreude: „Ausmaß, in dem ein Kind Freude an seiner alltäglichen schulischen Arbeit hat und mit froher Erwartungshaltung an seine Arbeit geht".

- Soziale Integration: „Ausmaß, in dem ein Kind sich durch die Mitschüler und Mitschülerinnen angenommen fühlt und sich selbst als vollwertiges Gruppenmitglied betrachtet".

Der *FEESS 3-4* wurde in einer leicht veränderten und gekürzten Form eingesetzt: Die Subskala Schuleinstellung wurde mit sieben Items (in der 4. Klasse mit sechs Items) und die Subskala Gefühl des Angenommenseins mit sieben Items (in der 4. Klasse mit vier Items) erfasst. Die Subskalen Lernfreude und soziale Integration wurden erst in der weiterführenden Schule mit jeweils sieben Items eingesetzt. Auch das Antwortformat wurde angepasst: Statt der vierstufigen Skala wurde ein dichotomes Antwortformat (stimmt vs. stimmt nicht) gewählt.

Das Erleben von Angst in schulischen Leistungssituationen (Prüfungsangst) wurde über sieben Items erfasst, die zum Teil dem *ASF* (Wieczerkowski et al., 1981) entnommen und zum Teil eigens für die vorliegende Studie konzipiert wurden. Auch hier wurde ein dichotomes Antwortformat gewählt (stimmt/stimmt nicht). Die Skala zur Erfassung der Prüfungsangst kam in den Klassenstufen vier, fünf und sechs (Jahrgang 2002) bzw. vier, sechs und sieben (Jahrgang 2001) zum Einsatz.

Fragebogen für Schülerinnen und Schüler

- Wie zufrieden bist Du mit Deiner neuen Schule?

sehr unzufrieden				sehr zufrieden

- Was magst Du an Deiner Schule lieber als an der Grundschule?
  - Meine Klassenkameraden/Klassenkameradinnen
  - Meine Klassenlehrerin/meinen Klassenlehrer
  - Die Unterrichtsfächer

ja	nein
ja	nein
ja	nein

  - Welches Fach magst du am liebsten?
  - Was gefällt Dir sonst noch besser an Deiner jetzigen Schule?
- Was magst Du an Deiner neuen Schule weniger als an der Grundschule?
  - Meine Klassenkameraden/Klassenkameradinnen
  - Meine Klassenlehrerin/meinen Klassenlehrer
  - Die Unterrichtsfächer

ja	nein
ja	nein
ja	nein

  - Welches Fach magst Du am wenigsten?
  - Was gefällt Dir sonst noch schlechter?
  - Was magst du an Deiner jetzigen Schule am liebsten?
  - Was magst du an Deiner jetzigen Schule überhaupt nicht?
  - Was hat Dir an Deiner Grundschule am besten gefallen?
  - Was hat Dir an Deiner Grundschule überhaupt nicht gefallen?
- Wenn du die Wahl hättest, würdest Du lieber auf eine andere Schule gehen?

ja	nein

  Falls ja: auf welche und warum?
- Wie schnell hast Du nach dem Schulwechsel Freunde/Freundinnen gefunden?
  - Mit meinen neuen Klassenkameraden habe ich mich schnell angefreundet.

stimmt	stimmt nicht

  - Mit den anderen Jungen und Mädchen in der Klasse habe ich mich auf Anhieb gut verstanden.

stimmt	stimmt nicht

  - In meiner neuen Klasse habe ich mich sofort wohl gefühlt.

stimmt	stimmt nicht

  - Auf meiner neuen Schule fand ich es zunächst schwierig, einen Freund bzw. eine Freundin zu finden.

stimmt	stimmt nicht

- Wie viele Deiner Klassenkameraden in der neuen Schule hast du bereits gekannt, bevor Du auf diese Schule gewechselt hast?

niemand	1-2	3-5	5-10	mehr als 10

Forts. nächste Seite

• Warst Du mit einem bzw. mehreren Mitschüler(n) bereits vor dem Wechsel befreundet? Falls ja: mit wie vielen?	ja nein

- Wie schwer ist es auf der neuen Schule?

	stimmt	stimmt nicht
• Auf meiner neuen Schule muss ich mich viel mehr anstrengen, wenn ich eine gute Note haben möchte.	stimmt	stimmt nicht
• Auf der Grundschule war es nicht so schwierig, eine gute Note zu bekommen.	stimmt	stimmt nicht
• Seit ich auf der neuen Schule bin, brauche ich häufiger einmal Hilfe mit den Schularbeiten.	stimmt	stimmt nicht
• Auf der neuen Schule komme ich im Unterricht besser mit.	stimmt	stimmt nicht

Abbildung 3   Fragebogen für Schüler/-innen am Anfang der 5. bzw. 6. Klasse

In Tabelle 3 sind die verschiedenen Leistungsmaße und Merkmale und ihre Erhebungsinstrumente sowie die Erhebungszeitpunkte zusammenfassend dargestellt.

Tabelle 3   Erhobene   Leistungsmaße   und   Merkmale,   ihre Erhebungsinstrumente und -zeitpunkte (enthalten sind auch die entsprechenden Informationen aus der EVES-Studie)

Leistungsmaß bzw. Merkmal	Erhebungsinstrument	Klasse 1	2	3	4	5	6	7
Deutsch: Lesen	*WLLP 1-4*	•	•	•	•			
	SLS 5-8					•	•	•
Deutsch: Rechtschreiben	*WRT 1+*	•						
	WRT 2+		•					
	DRT 3			•				
	DRT 4				•			
	HSP 5-9					•	•	•
	Deutschnote	•	•	•	•	•	•	•
Mathematik	*DEMAT 5+ / DEMAT 6+*					•	•	•
	Mathematiknote	•	•	•	•	•	•	•
Englisch	Englischtest					•	•	•
	Englischnote					•	•	•

(Schulleistung)

Leistungsmaß bzw. Merkmal	Erhebungsinstrument	Klasse 1	2	3	4	5	6	7
Schüler/-in								
Intelligenz	CFT 1			●	●			
	PSB-R 4-6					●	●	
	PSB-R 6-13						●	●
Wortschatz	WS des CFT 20					●	●	●
Sprachfähigkeit	Rating durch Eltern			●	●			
	Rating durch Lehrkraft			●				
Motivation	SELLMO-S			●	●	●	●	●
Fähigkeitsselbstkonzept	Freddie Flitzer			●				
	DISK-Gitter						●	●
Subjektives Erleben des Übergangs	Fragebogen						●	●
Emotionale und soziale Schulerfahrungen	FEESS				●	●	●	●
	Angstfragebogen				●	●	●	●
Familie								
Bildungs- und Sprachhintergrund	Elternfragebogen			●		●	●	●
Subjektives Erleben des Übergangs	Elternfragebogen						●	●
Entscheidungskriterien bei der Schulwahl	Elternfragebogen						●	●

2.3.4 Durchführungsbedingungen

Gewinnung der Untersuchungsgruppe. Die Kontaktaufnahme zu den betroffenen Familien erfolgte weitgehend postalisch über die weiterführenden Schulen. Fünf Heidelberger Schulen lehnten eine Teilnahme an der PRISE-Studie überraschend ab. Als Grund für das Ausscheiden wurde insbesondere die Befürchtung einzelner Schulen angeführt, mit ihrer Teilnahme einer externen Evaluation bzw. einem Schulranking zuzustimmen. Dass ein(e) solche(s) im Rahmen der Studie weder intendiert wurde, noch mit den allgemeinen datenschutzrechtlichen Bestimmungen vereinbar gewesen wäre, wurde von Seiten des Projektes in wiederholten Gesprächen dargelegt, führte letztlich jedoch nicht zu einem Einlenken der Schulen. Darüber hinaus wurde auch die hohe (zeitliche) Belastung für Schüler/-innen und Lehrkräfte genannt sowie die Flut an vergleichbaren Anfragen, denen sich die weiterführenden Schulen gegenübersähen und aus denen ganz automatisch eine Auswahl getroffen werden müsse.

Durch das Ausscheiden der Schulen ergab sich die Notwendigkeit einer Anpassung der ursprünglichen Strategie zur Gewinnung der Untersuchungsgruppe. In Abhängigkeit vom Geburtsdatum wurden vom Einwohnermeldeamt der Stadt Heidelberg Namen und Adressen von potenziellen Fünft- und Sechstklässlern/-innen zusammengestellt. Die Familien dieser Schüler/-innen wurden im Oktober 2007 angeschrieben und um ihre Teilnahme an der PRISE-Studie gebeten. Zeitgleich wurde eine Annonce im Lokalteil der Rhein-Neckar-Zeitung geschaltet, um auch jene Schüler/-innen zu erreichen, die nicht in Heidelberg wohnhaft sind, jedoch dort zur Schule gehen.

Erhebungszeitraum. Die Untersuchungen an den Schulen fanden in der Zeit zwischen Pfingsten und dem Beginn der Sommerferien statt. Im Schuljahr 2006/2007 (erster Erhebungszeitpunkt) ergab sich die Notwendigkeit einer Nacherhebung, da fünf der 22 Heidelberger Schulen kurz vor der geplanten Erhebung eine Teilnahme an der PRISE-Studie ablehnten (s. o.). Da die Räumlichkeiten dieser Schulen nicht genutzt werden konnten, wurden die betroffenen Schüler/-innen zur Untersuchung an die Pädagogische Hochschule eingeladen. Die Nacherhebungen fanden im Zeitraum vom 22.10.2007 bis 09.11.2007 statt.

Im Erhebungszeitraum 2008 wurde von Vornherein all jenen Schülerinnen und Schülern, die nicht an ihrer Schule untersucht werden konnten oder dort einen Termin verpasst hatten, die Möglichkeit gegeben, die Untersuchungen (innerhalb eines Zeitfensters von 3 Wochen) zu einem Wunschtermin an der Pädagogischen Hochschule nachzuholen.

Aufwand für die Schüler/-innen. Der Großteil der Schüler/-innen wurde an ihren Schulen untersucht. Je nach Wunsch der Schule fanden die Untersuchungen während der Unterrichtszeit (z. B. in Freistunden) bzw. außerhalb der Unterrichtszeit statt. Der Zeitaufwand belief sich dabei auf insgesamt vier Unterrichtsstunden pro Klasse. Hinzu kam ca. eine halbe Stunde für das Ausfüllen des Motivationsfragebogens bzw. der Fragen zu den persönlichen Erfahrungen mit dem Übergang in die weiterführende Schule. Diese Fragebogen wurden den Schüler/-innen entweder im Unterricht ausgeteilt oder zugeschickt und konnten von diesen zu Hause bearbeitet werden. Als Aufwandsentschädigung erhielten die Schüler/-innen im Erhebungszeitraum 2007 einen Kugelschreiber sowie einen Kinogutschein. Im Erhebungszeitraum 2008 wurden die Untersuchungen in zwei Blöcken (je 1,5 Stunden) durchgeführt. Für die Teilnahme an einem Block erhielten die Schüler/-innen eine Packung Kekse, Chips oder Gummibärchen, für die Teilnahme an beiden Blöcken wiederum einen Kinogutschein.

2.3.5 Auswertung

Allgemeine Anmerkung. Das hohe Bildungsniveau der Heidelberger Familien (54 % der Schüler/-innen stammen aus Familien, in denen mindestens ein Elternteil einen akademischen Abschluss besitzt) spiegelt sich in den Übergangsquoten wider. Nur 13 % der im Rahmen der EVES-Studie untersuchten Schülerinnen und Schüler erhielten am Ende der 4. Klasse eine Hauptschulempfehlung. 21 % der Kinder wurde der Besuch einer Realschule nahe gelegt und 66 % der Wechsel auf ein Gymnasium. Das Missverhältnis in den Übergangsquoten, insbesondere aber die geringe Anzahl an Hauptschüler/-innen erschwert einen direkten Vergleich von Schülerinnen und Schülern der unterschiedlichen Schularten. Hinzu kommt, dass von den bereits wenigen potenziell vorhandenen Hauptschülerinnen und Hauptschülern nur eine vergleichsweise geringe Anzahl für eine Teilnahme an der Studie gewonnen werden konnte. Dies lässt sich zum einen auf die oftmals geringen Deutschkenntnisse der Eltern zurückführen, die einen effektiven Informationsaustausch erschwerten, und vielfach verhinderten, dass eventuelle Vorbehalte gegenüber der PRISE-Studie im Vorfeld ausgeräumt werden konnten. Darüber hinaus zeigte sich bereits im Rahmen der EVES-Studie, dass Eltern von schulisch erfolgreichen Kindern häufig eher dazu bereit sind, die Leistungen ihrer Kinder offen zu legen als Eltern, deren Kinder Schwierigkeiten haben, die schulischen Anforderungen zu erfüllen.

Entsprechend der oben dargestellten Übertrittsquoten und der insgesamt größeren Grundgesamtheit konnten verhältnismäßig viele Schüler/-innen der Heidelberger Gymnasien für eine Teilnahme an der Studie gewonnen werden. Diese stammen jedoch hauptsächlich von privaten Einrichtungen, da sich erhebliche Schwierigkeiten bei der Gewinnung von Schülerinnen und Schülern der staatlichen Gymnasien ergaben (vgl. Abschnitt 1.3.4). Wesentlich geringer ist die Zahl der teilnehmenden Schüler/-innen von Realschulen und Hauptschulen. Für Schüler/-innen aller Schultypen gilt, dass bei den Analysen nicht immer auf komplette Datensätze zurückgegriffen werden kann: Fehlende Daten wurden z. B. durch krankheitsbedingte Nichtteilnahme an den Untersuchungen verursacht, aber auch durch fehlende Informationen z. B. im Hinblick auf den sozioökonomischen Status. Die Stichprobengrößen in den nachfolgenden Analysen variieren daher in Abhängigkeit von Art und Anzahl der berücksichtigten Variablen. Da die Aussagekraft der Analysen durch die unterschiedlichen Stichprobengrößen variiert und sich im Falle sehr kleiner Vergleichsgruppen Verallgemeinerungen verbieten, werden in den Analysen hauptsächlich Kinder auf Gymnasien oder Realschulen berücksichtigt. Für Hauptschüler/-innen werden – soweit möglich – getrennte Analysen durchgeführt.

2.4 Literaturverzeichnis

Auer, M., Gruber, G., Mayringer, H. & Wimmer, H. (2006). *SLS 5-8 – Salzburger Lese-Screening für die Klassenstufen 5-8*. Bern: Huber.

Baden-Württemberg-Stiftung gGmbH *(2011)*. *Arbeitspapier der Baden-Württemberg Stiftung, Bildung, Nr. 9.* Einsehbar unter http://www.bwstiftung.de/uploads/tx_ffbwspub/Arbeitspapier-Nr-9-Bifor_04.pdf [10.8.2012]

Baumert, J., Klieme, E., Neubrand, M., Prenzel, M., Schiefele, U., Schneider, W., Stanat, P. Tillmann, K.-J. & Weiß, M. (2001). *PISA 2000. Basiskompetenzen von Schülerinnen und Schülern im internationalen Vergleich*. Opladen: Leske + Budrich.

Birkel, P. (1994). *WRT 2+ – Weingartener Grundwortschatz Rechtschreib-Test für zweite und dritte Klassen*. Göttingen: Hogrefe.

Birkel, P. (1995). *WRT 1+ – Weingartener Grundwortschatz Rechtschreib-Test. Rechtschreib-Test für erste und zweite Klassen*. Göttingen: Hogrefe.

Bos, W. & Pietsch, M. (2004). *Erste Ergebnisse aus KESS 4 – Kurzbericht*. Hamburg: Behörde für Bildung und Sport. Einsehbar unter: www.erzwiss.uni-hamburg.de/kess/kurzbericht.pdf [10.07.2006].

Bos, W., Lankes, E.-M., Prenzel, M., Schwippert, K., Walther, G. & Valtin, R. (2003). *Erste Ergebnisse aus IGLU – Schülerleistungen am Ende der vierten Jahrgangsstufe im internationalen Vergleich*. Münster: Waxmann.

Bourdieu, P. (1982). *Die feinen Unterschiede: Kritik der gesellschaftlichen Urteilskraft*. Frankfurt: Suhrkamp.

Bourdieu, P. (1983). Ökonomisches Kapital, kulturelles Kapital, soziales Kapital. In R. Kreckel (Hrsg.), *Soziale Ungleichheiten – Soziale Welt* (Sonderband 2, S. 183–198). Göttingen: Schwartz.

Bronfenbrenner, U. (1981). *Die Ökologie der menschlichen Entwicklung*. Stuttgart: Klett-Cotta.

Büchner, P. & Koch, K. (2002). Von der Grundschule in die Sekundarstufe. *Die Deutsche Schule, 94*, 234–246.

Caspar, R. (2001). *Zur Treffsicherheit von Bildungsempfehlungen der Grundschule in Klasse 4*. Einsehbar unter: www.leu.bw.schule.de/abt1/Kurzfassung_GSE.htm [20.02.2006].

Caspar, R. (2004). *Grundschulempfehlung und Schulverlauf in der Sekundarstufe I seit 1985*. Einsehbar unter: www.leu.bw.schule.de/1/data/schulverlauf_Zusammen fassung.pdf [10.07.2006].

Clausen, M. (2006). Warum wählen Sie genau diese Schule? *Zeitschrift für Pädagogik, 52*, 69–90.

Ditton, H. (1992). *Ungleichheit und Mobilität durch Bildung – Theorie und empirische Untersuchung über sozial-räumliche Aspekte von Bildungsentscheidungen*. Weinheim: Juventa.

Ehmke, T., Hohensee, F., Heidemeier, H. & Prenzel, M. (2004). Familiäre Lebensverhältnisse, Bildungsbeteiligung und Kompetenzerwerb. In M. Prenzel, J. Baumert, W. Blum, R. Lehmann, D. Leutner, M. Neubrand, R. Pekrun, G.-H. Rolff, J. Rost & U. Schiefele (Hrsg.), *PISA 2003. Der Bildungsstand der Jugendlichen in Deutschland –*

Ergebnisse des zweiten internationalen Vergleichs (S. 225−253). Münster: Waxmann.

Erikson, R., Goldthorpe, J. H., König, W., Lüttinger, P. & Müller, W. (1989). *The International Mobility Superfile (IMS) documentation. Casmin-Project.* Mannheim: Institut für Sozialwissenschaften der Universität Mannheim.

Esser, H. (1990). Familienmigration und Schulkarriere ausländischer Kinder und Jugendlicher. In H. Esser & J. Friedrichs (Hrsg.), *Generation und Identität. Theoretische und empirische Beiträge zur Migrationssoziologie* (S. 127−146). Opladen: Westdeutscher Verlag.

Filipp, S.-H. (1995). Ein allgemeines Modell für die Analyse kritischer Lebensereignisse. In S.-H. Filipp (Hrsg.), *Kritische Lebensereignisse* (3., neu ausgestaltete Aufl., S. 3−52). Weinheim: PVU.

Frühauf, S. (2008). *Bereichsspezifische schulische Selbstkonzepte bei Grundschulkindern. Operationalisierung und Validierung eines hypothetischen Konstrukts.* Hamburg: Dr. Kovac.

Ganzeboom, H. B. G., De Graaf, P., Treiman, D. J. & De Leeuw, J. (1992). A standard international socio-economic index of occupational status. *Social Science Research, 21,* 1−56.

Grund, M., Haug, G. & Naumann, C. L. (2004). *DRT 4 − Diagnostischer Rechtschreibtest für 4. Klassen.* Weinheim: Beltz.

Havighurst, R. J. (1948). *Developmental tasks and education.* New York: McKay.

Helmke, A., Hosenfeld, I., Schrader, F.-W. & Wagner, W. (2002). Sozialer und sprachlicher Hintergrund. In A. Helmke & R. S. Jäger (Hrsg.), *Das Projekt MARKUS. Mathematik-Gesamterhebung Rheinland-Pfalz: Kompetenzen, Unterrichtsmerkmale, Schulkontext* (S. 71-153). Landau: Verlag Empirische Pädagogik.

Helmke, A. & Schrader, F.-W. (2006). Determinanten der Schulleistung. In D. H. Rost (Hrsg.), *Handwörterbuch Pädagogische Psychologie* (3., überarb. u. erw. Aufl., S. 83−94). Weinheim: PVU.

Helmke, A. & Weinert, F. E. (1997). Bedingungsfaktoren schulischer Leistungen. In F. E. Weinert (Hrsg.), *Enzyklopädie der Psychologie: Pädagogische Psychologie, Psychologie des Unterrichts und der Schule* (Band 3, S. 71−176). Göttingen: Hogrefe.

Holling, H., Preckel, F. & Vock, M. (2004). *Intelligenzdiagnostik.* Göttingen: Hogrefe.

Institut für Schulentwicklungsforschung. (2006). *Website. Projekt Grundschulübergang.* Einsehbar unter: www.ifs.uni-dortmund.de/gsue/index.htm [06.02.2006].

Jerusalem, M. (1997). Schulklasseneffekte. In F. E. Weinert (Hrsg.), *Enzyklopädie der Psychologie: Psychologie des Unterrichts und der Schule* (Band 3, S. 253−278). Göttingen: Hogrefe.

Koch, K. (2004). Der Übergang in die Sekundarstufe. *Die Deutsche Schule, 96,* 56−67.

Köller, O. (2004). *Konsequenzen von Leistungsgruppierungen.* Münster: Waxmann.

Kowalczyk, W. & Ottich, K. (2005). *Welche Schule ist die richtige für mein Kind? Das Online-Familienhandbuch.* Einsehbar unter: www.familienhandbuch.de/cmain/ f_Aktuelles/a_Schule/s_ 1169.html [29.06.2006].

Küspert, P. & Schneider, W. (1998). *Würzbürger Leise Leseprobe (WLLP).* Göttingen: Hogrefe.

40 Übergang vom Primar- zum Sekundarbereich

Langenscheidt. (Hrsg.). (2006). *English network new edition: Einstufungstest*. Einsehbar unter: http://www.langenscheidt.de/_downloads/lehrwerke/235/a_Einstufungstest_ gesamt.pdf [12.03.2008].

Lehmann, R. H. & Nikolova, R. (2005). *ELEMENT – Erhebung zum Lese- und Mathematikverständnis. Entwicklungen in den Jahrgangsstufen 4 bis 6 in Berlin*. Einsehbar unter: www.senbjs.berlin.de/bildung/qualitaetssicherung/element_untersuchungs bericht_2003.pdf [10.07.2006].

Lehmann, R. H. & Peek, R. (1997). *Aspekte der Lernausgangslage und der Lernentwicklung. Bericht über die Erhebung im September 1996 (LAU 5)*. Einsehbar unter: www.hamburger-bildungsserver.de/index.phtml?site=schule.lau [19.02.2006].

Lehmann, R. H., Vieluf, U., Nikolova, R. & Ivanov, S. (2006). *LAU 13 – Aspekte der Lernausgangslage und der Lernentwicklung – Klassenstufe 13. Erster Bericht*. Einsehbar unter: www.hamburger-bildungsserver.de/index.phtml?site=schule.lau [19.02.2006].

Lukesch, H., Kornmann, A. & Mayrhofer, S. (2002). *Prüfsystem für Schul- und Bildungsberatung für 4. bis 6. Klassen*. Göttingen: Hogrefe.

Lukesch, H., Mayrhofer, S. & Kormann, A. (2002). *Prüfsystem für Schul- und Bildungsberatung für 6. bis 13. Klassen*. Göttingen: Hogrefe.

Marsh, H. (2005). Big-Fish-Little-Pond Effect on Academic Self-Concept. *Zeitschrift für Pädagogische Psychologie, 19*, 119–127.

Marx, H. (1998). *Knuspels Leseaufgaben. Gruppenlesetest für Kinder Ende des ersten bis vierten Schuljahres*. Göttingen: Hogrefe.

Marx, H. (2007). Theorien und Determinanten des Erwerbs der Schriftsprache. In H. Schöler & A. Welling (Hrsg.), *Handbuch der Sonderpädagogik, Band 1 Sonderpädagogik der Sprache* (S. 92–147). Göttingen: Hogrefe.

Marx, H. & Opitz-Karig, U. (i. Vorb.). *Deutscher Mathematiktest für 5. Klassen (DEMAT 5+)*. Göttingen: Hogrefe.

Marx, H. & Opitz-Karig, U. (i. Vorb.). *Deutscher Mathematiktest für 6. Klassen (DEMAT 6+)*. Göttingen: Hogrefe.

May, P. (2001). *Hamburger Schreibprobe – HSP 5-9*. Seelze: VPM.

Meckelmann, V. (2004). Schulwechsel als kritisches Lebensereignis und die Entwicklung des Selbstkonzeptes bei Jugendlichen. *Psychologie in Erziehung und Unterricht, 51*, 273–284.

Meulemann, H. (1979). *Soziale Herkunft und Schullaufbahn*. Frankfurt: Campus Verlag.

Ministerium für Kultus, Jugend und Sport (2000). *Schulgesetz für Baden-Württemberg, SchG*. Einsehbar unter: www.kultus-und-unterricht.de/schulgesetz.pdf [13.07.2006].

Montada, L. (1995). Kritische Lebensereignisse im Brennpunkt: eine Entwicklungsaufgabe für die Entwicklungspsychologie? In S.-H. Filipp (Hrsg.), *Kritische Lebensereignisse* (3., neu ausgestaltete Aufl., S. 272–292). Weinheim: PVU.

Müller, R. (2004). *DRT 3 – Diagnostischer Rechtschreibtest für 3. Klassen*. Göttingen: Hogrefe.

OECD (2004). *Lernen für die Welt von morgen – Erste Ergebnisse von PISA 2003*. Paris: OECD.

Oerter, R. (1995). Kultur, Ökologie und Entwicklung. In R. Oerter & L. Montada (Hrsg.), *Entwicklungspsychologie* (S. 84–127). Weinheim: PVU.

Pekrun, R. & Helmke, A. (1993). Schule und Kindheit. In M. Markefka & B. Nauck (Hrsg.), *Handbuch der Kindheitsforschung* (S. 567−576). Neuwied: Luchterhand.

Prenzel, M., Baumert, J., Blum, W., Lehmann, R., Leutner, D., Neubrand, M., Pekrun, R., Rolff, H.-G., Rost, J. & Schiefele, U. (2004). *PISA 2003 − Der Bildungsstand der Jugendlichen in Deutschland − Ergebnisse des zweiten internationalen Vergleichs.* Münster: Waxmann.

Roeder, P. M. (1997). Entwicklung vor, während und nach der Grundschulzeit: Literaturüberblick über den Einfluss der Grundschulzeit auf die Entwicklung in der Sekundarstufe. In F. E. Weinert & A. Helmke (Hrsg.), *Entwicklung im Grundschulalter* (S. 406−421). Weinheim: PVU.

Roos, J. & Schöler, H. (Hrsg.) .(2009). *Entwicklung des Schriftspracherwerbs in der Grundschule.* Wiesbaden: VS.

Scheib, K., Schöler, H., Fehrenbach, C., Roos, J. & Zöller, I. (August 2005). *Lese- und Rechtschreibtestleistungen am Ende der 1. und 2. Klasse − Ein Vergleich zweier Jahrgänge sowie eine Prüfung von Einflussfaktoren* (EVES-Arbeitsberichte Nr. 4). Heidelberg: Pädagogische Hochschule, Erziehungs- und Sozialwissenschaftliche Fakultät.

Schnabel, K. U. & Schwippert, K. (2000). Einflüsse sozialer und ethnischer Herkunft beim Übergang in die Sekundarstufe II und den Beruf. In J. Baumert, W. Bos & R. H. Lehmann (Hrsg.), *TIMSS/III. Dritte Internationale Mathematik- und Naturwissenschaftsstudie − Mathematische und naturwissenschaftliche Bildung am Ende der Schullaufbahn, Bd. 1 Mathematische und naturwissenschaftliche Grundbildung am Ende der Pflichtschulzeit* (S. 261−300). Opladen: Leske + Budrich.

Schwippert, K., Bos, W. & Lankes, E.-M. (2003). Heterogenität und Chancengleichheit am Ende der vierten Jahrgangsstufe im internationalen Vergleich. In W. Bos, E.-M. Lankes, M. Prenzel, K. Schwippert, G. Walther & R. Valtin (Hrsg.), *Erste Ergebnisse aus IGLU − Schülerleistungen am Ende der vierten Jahrgangsstufe im internationalen Vergleich* (S. 265−302). Münster: Waxmann.

Sirsch, U. (2000). *Probleme beim Schulwechsel.* Münster: Waxmann.

Spinath, B., Stiensmeier-Pelster, J., Schöne, C. & Dickhäuser, O. (2002). *SELLMO − Skalen zur Erfassung der Lern- und Leistungsmotivation.* Göttingen: Hogrefe.

Stanat, P. (2003). Schulleistungen von Jugendlichen mit Migrationshintergrund: Differenzierung deskriptiver Befunde aus PISA und PISA-E. In J. Baumert, C. Artelt, E. Klieme, M. Neubrand, M. Prenzel, U. Schiefele, W. Schneider, K.-J. Tillmann & M. Weiß (Hrsg.), *PISA 2000 − Ein differenzierter Blick auf die Länder der Bundesrepublik Deutschland* (S. 243−260). Opladen: Leske + Budrich.

Trautwein, U. & Baeriswyl, F. (2007). Wenn leistungsstarke Klassenkameraden ein Nachteil sind − Referenzgruppeneffekte bei Übertrittsentscheidungen. *Zeitschrift für Pädagogische Psychologie, 21,* 119−133.

Treutlein, A., Roos, J. & Schöler, H. (2008). Einfluss des Leistungsniveaus einer Schulklasse auf die Benotung am Ende des 23. Schuljahres. *Schweizerische Zeitschrift für Bildungswissenschaften, 30,* 579−593.

Treutlein, A. & Schöler, H. (2009). Zum Einfluss der schulischen Lernumwelt auf die Schulleistung. In J. Roos & H. Schöler (Hrsg.), *Entwicklung des Schriftspracherwerbs in der Grundschule* (S. 109−143). Wiesbaden: VS.

Valtin, R. & Wagner, C. (2004). Der Übergang in die Sekundarstufe I: Psychische Kosten der externen Leistungsdifferenzierung. *Psychologie in Erziehung und Unterricht, 51*, 52−68.

Weinert, F. E. & Schneider, W. (Eds.). (1999). *Individual development from 3 to 12: Findings from the Munich longitudinal study.* New York: Cambridge University Press.

Weinert, F. E. & Stefanek, J. (1997). Entwicklung vor, während und nach der Grundschulzeit. Ergebnisse aus dem SCHOLASTIK-Projekt. In F. E. Weinert & A. Helmke (Hrsg.), *Entwicklung im Grundschulalter* (S. 423−451). Weinheim: PVU.

Weiß, R. H. (1998). *Grundintelligenztest Skala 2 (CFT 20).* Göttingen: Hogrefe.

Weißhuhn, G. & Rövekamp, J. G. (2004). *Bildung und Lebenslagen in Deutschland − Auswertung und Analysen für den zweiten Armuts- und Reichtumsbericht der Bundesregierung.* Berlin: Bundesministerium für Bildung und Forschung.

Wessels, A. & Morgenroth, O. (1999). Subjektive Konzepte von Grundschülern zum Schulwechsel. In D. Leutner (Hrsg.), *Abstracts zur 37. Tagung der Arbeitsgruppe für empirische pädagogische Forschung (AEPF)* (S. 87). Erfurt: Eigenverlag.

Wieczerkowski, W., Nickel, H., Janowski, A., Fittkau, B. & Rauer, W. (1981). *Angstfragebogen für Schüler (AFS).* Göttingen: Westermann.

Zöller, I., Link, M., Roos, J., Treutlein, A. & Schöler, H. (2009). Entwicklung des Schriftspracherwerbs in der Grundschule: Ziele, Design und Methoden der EVES-Studie. In J. Roos & H. Schöler (Hrsg.), *Entwicklung des Schriftspracherwerbs in der Grundschule* (S. 25−46). Wiesbaden: VS.

Zöller, I. & Roos, J. (2009). Einfluss individueller Merkmale und familiärer Faktoren auf den Schriftspracherwerb. In J. Roos & H. Schöler (Hrsg.), *Entwicklung des Schriftspracherwerbs in der Grundschule* (S. 47−107). Wiesbaden: VS.

Zöller, I., Roos, J. & Schöler, H. (2006). Einfluss soziokultureller Faktoren auf den Schriftspracherwerb im Grundschulalter. In A. Schründer-Lenzen (Hrsg.), *Risikofelder kindlicher Entwicklung im Grundschulalter* (S. 45−65). Wiesbaden: VS.

2.5 Anhang

Tabelle 4   Individuelle Merkmale der Untersuchungsgruppe in Abhängigkeit
von Schulart und Einschulungsjahrgang

	Jahrgang 2001 (Klasse 6)						Jahrgang 2002 (Klasse 5)					
	Hauptschule		Realschule		Gymnasium		Hauptschule		Realschule		Gymnasium	
	N	%	N	%	N	%	N	%	N	%	N	%
Mädchen	10	32.3	47	54.0	120	44.4	16	51.6	74	64.3	167	54.6
Jungen	21	67.7	40	46.0	150	55.6	15	48.4	41	35.7	139	45.4
Gesamt	31	100	87	100	270	100	31	100	115	100	306	100
	M	SD	M	SD	M	SD	M	SD	M	SD	M	SD
HISEI	39.9	10.5	50.4	15.2	68.0	14.1	44.2	13.9	50.8	15.1	68.5	13.6
Intelligenz	44.0	9.1	52.5	6.9	61.0	8.4	44.0	7.7	51.4	8.4	59.1	8.5
Wortschatz	42.6	7.2	49.9	7.0	57.2	6.8	46.6	6.2	50.7	8.5	57.2	7.1

Tabelle 5   Vergleich der individuellen Merkmale der Teilstichprobe 1
(Teilnahme an EVES- und an PRISE-Studie) mit der
Untersuchungsgruppe (Teilnahme nur an PRISE-Studie)

	(1) Jahrgang 2002 (Teilnahme an EVES & PRISE)						(2) Jahrgang 2002 (PRISE-Untersuchungsgruppe)					
	Hauptschule		Realschule		Gymnasium		Hauptschule		Realschule		Gymnasium	
	N	%	N	%	N	%	N	%	N	%	N	%
Mädchen	11	47.8	39	66.1	100	57.5	16	51.6	74	64.3	167	54.6
Jungen	12	52.2	20	33.9	74	42.5	15	48.4	41	35.7	139	45.4
Gesamt	23	100	59	100	174	100	31	100	115	100	306	100
	M	SD	M	SD	M	SD	M	SD	M	SD	M	SD
HISEI	44.9	14.1	48.6	15.4	68.7	14.3	44.2	13.9	50.8	15.1	68.5	13.6
Intelligenz	44.5	7.7	54.2	8.3	59.6	8.2	44.0	7.7	51.4	8.4	59.1	8.5
Wortschatz	46.9	5.0	51.6	8.3	56.7	6.5	46.6	6.2	50.7	8.5	57.2	7.1
DRT 4	42.3	8.7	50.6	8.0	57.2	7.7	nur für die Teilstichprobe (1) liegen Informationen zum Vorwissen vor					
WLLP (4. Klasse)	44.0	11.8	48.7	10.4	54.7	9.1						

3 Einfluss individueller Merkmale und familiärer Faktoren während und nach dem Übergang auf die weiterführenden Schule

Warum gelingt es einigen Schülerinnen und Schülern besser als anderen, den schulischen Anforderungen gerecht zu werden? Diese Frage stellen sich Eltern, Lehrer/-innen, Bildungsforscher/-innen und Betroffene gleichermaßen. Eine zufrieden stellende Antwort wird unter anderem durch die Vielzahl möglicher Faktoren erschwert, die direkt oder indirekt auf schulische Leistungen Einfluss nehmen können (im Überblick Helmke & Schrader, 2006; Helmke & Weinert, 1997; Simons, 1973). Die Spannbreite reicht von individuellen Merkmalen (z. B. Intelligenz und Anstrengungsbereitschaft), soziokulturellen Faktoren (z. B. den familiären Lebensbedingungen) bis hin zu Besonderheiten der schulischen Lernumwelt (z. B. Klassengröße und Unterrichtsqualität) und gesellschaftlichen Rahmenbedingungen (z. B. Werte und Wohlstand). Die Vielzahl möglicher Leistungsdeterminanten erfordert im Forschungskontext notwendig eine Beschränkung der zu untersuchenden Einflussfaktoren. Bezugnehmend auf die Befunde nationaler und internationaler Schulleistungsstudien werden im Rahmen der PRISE-Studie individuelle Merkmale des Kindes, nämlich das Geschlecht, die kognitive Leistungsfähigkeit und der Wortschatz sowie als externer Faktor die Bildungsnähe des Elternhauses als mögliche Determinanten der Schulleistung analysiert. Darüber hinaus wird untersucht, wie sich die schulischen Leistungen in den unterschiedlichen Schularten (Hauptschule, Realschule, Gymnasium) entwickeln.

3.1 Vorbemerkung zur Auswertung

Die Berechnungen erfolgten überwiegend mit Varianz- und Kovarianzanalysen. Abhängige Variablen sind die Testleistungen der Schüler/-innen in den Bereichen Lesen, Rechtschreiben, Mathematik und Englisch, unabhängige Variablen das Geschlecht, die kognitive Leistungsfähigkeit, der Wortschatz (als Maß für die Sprachfertigkeit), der HISEI (als Indikator der Bildungsnähe) sowie die Schulart. Da die Mehrzahl der Kinder eine Gymnasialempfehlung erhalten hat und nur wenige Kinder eine Hauptschule besuchen, sind die Analysen bezüglich der Schulart aufgrund der sehr unterschiedlicher Gruppengrößen erschwert: Insbesondere die geringe Anzahl an Hauptschülerinnen und Hauptschülern macht es erforderlich, diese Gruppe getrennt von den Schülerinnen und Schülern der beiden anderen Schularten zu betrachten. Zur Kontrolle bestimmter Merkmale werden Analysen mit parallelisierten Stichproben durchgeführt. Parallelisiert bedeutet, dass Schüler/-innen-Paare gebildet werden, die sich nur in einem Merkmal (Intelligenz, Wortschatz, Bildungsnähe oder Geschlecht) unterscheiden, hinsichtlich aller anderen Merkmale jedoch vergleichbar sind. Die Interkorrelationen der Merkmale sind in Tabelle 6 dargestellt. Die höchsten Zusammenhänge ergeben sich für die Intelligenz und den Wortschatz. Die stärksten Zusammenhänge zur Schulart ergeben sich für die Bildungsnähe des Elternhauses (HISEI), die Intelligenz und den Wortschatz.

Tabelle 6   Interkorrelationen zwischen Intelligenz, Wortschatz, Bildungsnähe des Elternhauses und Schulart

		Wortschatz	HISEI	Geschlecht	Schulart
Intelligenz	*r*	.51**	.25**	.11**	.47**
	N	602	1.369	1.369	1369
Wortschatz	*r*		.35**	.01	.49**
	N		602	602	602
HISEI	*r*			.01	.49**
	N			1.369	1369
Geschlecht	*r*				.04
	N				1369

** $p < .001$

Für die längsschnittliche Betrachtung der Leistungsentwicklung beim Übergang und in den weiterführenden Schulen können nur jene Kinder in die Analysen einbezogen werden, die zu allen Messzeitpunkten (Klassenstufen) an allen Schulleistungstests teilgenommen haben und für die darüber hinaus zu allen Variablen (Geschlecht, Intelligenz, kognitive Leistungsfähigkeit, HISEI, Wortschatz und Schulart) Angaben vorliegen. Aufgrund von Dropouts (einige Schüler/-innen nahmen an der EVES-Studie, nicht jedoch an der PRISE-Studie teil; s. Kapitel 2.3.2) und temporären (z. B. krankheitsbedingten) Ausfällen reduziert sich die Stichprobe im Rahmen der längsschnittlichen Betrachtung erheblich. Um eine möglichst große Stichprobengröße für die Analysen zum Übergang zu gewährleisten, fließen in die längsschnittliche Betrachtung nur zwei Messzeitpunkte ein: die 3. Klasse, da die Schüler/-innen zu diesem Zeitpunkt noch nicht durch die Bildungsempfehlungen (und die darin enthaltene Leistungsbewertung) beeinflusst wurden und die 6. Klasse, da für diesen Messzeitpunkt die Daten beider Jahrgänge (Jhg. 2002, Jhg. 2001) zur Verfügung stehen. Für die Leistungsentwicklung nach dem Übergang werden die Jahrgänge 2002 (5. und 6. Klasse) und 2001 (6. und 7. Klasse) getrennt voneinander betrachtet. Eine Beschreibung der Untersuchungs- und Vergleichsgruppen wird den jeweiligen Ergebnisdarstellungen vorangestellt.

3.2 Entwicklung der Schulleistungen in Abhängigkeit vom Geschlecht

Während im schulischen Kontext lange Zeit die Benachteiligung und mangelnde Förderung von Mädchen kritisiert wurde, werden spätestens seit Mitte der 1990er Jahre die Rufe nach einer gezielten Jungenförderung laut (im Überblick Kaiser, 2005). Anlass hierzu gibt die Tatsache, dass Jungen in punkto Schulerfolg mittlerweile von den Mädchen überholt wurden (Horstkemper, 1987). Dies zeigt sich nicht zuletzt daran, dass Mädchen im Vergleich zu Jungen häufiger und erfolgreicher das Gymnasium besuchen, während Jungen auf der Haupt- und Sonderschule überrepräsentiert sind (u. a. Thimm, 2002). Als ursächlich für dieses Missverhältnis werden u. a. die vergleichsweise schlechten Leistungen der Schüler im Bereich der Kulturtechniken Lesen und Rechtschreiben angesehen (Thimm, 2002; Valtin, Wagner & Schwippert, 2006). Während Jungen in den naturwissenschaftlichen Fächern (und hier vor allem in den Bereichen Physik und Chemie) zumeist noch einen geringen Leistungsvorsprung gegenüber Mädchen aufweisen (u. a. Köller & Klieme, 2000; Prenzel, Carstensen, Rost & Senkbeil, 2002; Prenzel, Geiser, Langeheine & Lobemeier, 2007; Schöps, Walter, Zimmer & Prenzel, 2003), bauen sie im Lesen und Rechtschreiben bis ins Jugendalter deutliche Leistungsrückstände im Vergleich zu Mädchen auf (u. a. im Überblick Brügelmann, 1994a; Hannover, 2004; Richter & Brügelmann, 1994; Stanat & Kunter, 2001, 2002, 2003; Zimmer, Burba & Rost, 2004).

Tendenziell scheint es Mädchen im Vergleich zu Jungen leichter zu fallen, den schulischen Anforderungen gerecht zu werden (u. a. Brügelmann, 1994a; Hornberg, Valtin, Potthoff, Schwippert & Schulz-Zander, 2007; Valtin, Badel, Löffler, Meyer-Schepers & Voss, 2003). Dieser Befund wird durch die jüngsten PISA-Ergebnisse bestätigt. So erzielen Mädchen in allen Teilnehmerstaaten deutlich höhere Werte als Jungen (Drechsel & Artelt, 2007): Im Durchschnitt beträgt der Leistungsunterschied bei den 15-Jährigen 38, in Deutschland sogar 42

Punkte.[3] Im internationalen Vergleich besteht allerdings eine deutliche Varianz hinsichtlich des Leistungsgefälles zwischen Jungen und Mädchen. Während die Leistungsunterschiede in manchen Staaten gegen Null gehen, beträgt die Diskrepanz in anderen teilnehmenden OECD-Staaten mehr als 60 Punkte (Drechsel & Artelt, 2007). Eine etwas geringere, allerdings immer noch beachtliche Varianz findet sich im nationalen Vergleich zwischen den einzelnen Bundesländern (Drechsel & Artelt, 2008): Während sich die Leseleistungen von Jungen und Mädchen in Niedersachsen, Rheinland-Pfalz und Brandenburg mit fast 50 Punkten deutlich unterscheiden, sind die Leistungsdifferenzen im Saarland, in Berlin und Baden-Württemberg mit weniger als 30 Punkten deutlich geringer.

Die Mädchen sind den Jungen insbesondere im Fach Deutsch leistungsmäßig überlegen. Nach Heller (1997) erarbeiten sich die Mädchen hier ab der Mitte der Grundschulzeit einen stabilen Leistungsvorsprung. Auch in den IGLU-Studien 2001 und 2006 erzielen Mädchen im Vergleich zu Jungen sowohl bessere Lese- als auch Rechtschreibleistungen (Bos et al., 2007a; Valtin et al., 2003). Der tatsächliche Leistungsunterschied ist jedoch sehr gering. So erzielen Mädchen beispielsweise im Lesen einen Mittelwert von 551 und Jungen einen Wert von 544 Punkten (Hornberg et al., 2007). Eine deutlichere Überlegenheit der Mädchen im Lesen und Rechtschreiben wird u. a. von Brügelmann (1994b), Mannhaupt (1994) und Richter (1994) berichtet. Nach Lehmann (1994) nimmt die Überlegenheit der Mädchen im Leseverstehen von der 3. bis zur 8. Klasse ab: So starten Mädchen zwar auf einem höheren Niveau bzw. erwerben schneller ein gutes Leseverständnis, ihr Vorsprung wird von den Jungen jedoch zunehmend aufgeholt. „Nur für den Umgang mit narrativen Texten gibt es Hinweise auf die Ausbildung einer ‚spezifisch weiblichen' Kompetenz im Bereich besonders komplexer inferentieller Leistungen" (Lehmann, 1994, S. 109). Im Bereich der Informationstexte sind die Leistungsunterschiede hingegen (wesentlich) geringer (Hornberg et al., 2007, Schwippert, Bos & Lankes, 2004).

Eine umgekehrte Entwicklung ergibt sich nach Heller (1997) für den mathematisch-naturwissenschaftlichen Bereich. Hier zeigt sich zu Beginn der Grundschulzeit eine leichte Überlegenheit der Jungen, die den Ergebnissen der SCHOLASTIK-Studie zufolge jedoch im Verlauf der Grundschulzeit kontinuierlich abnimmt. Im Rahmen von KESS-4 ergab sich für die Jungen hingegen auch am Ende der Grundschulzeit noch eine deutliche Überlegenheit im mathematischen Bereich. Insbesondere im oberen Kompetenzbereich finden sich signifikant mehr Jungen als Mädchen (Pietsch & Krauthausen, 2006). Doch auch im Rahmen der jüngsten PISA-Studie (PISA 2006; PISA-Konsortium, 2007, 2008) konnte festgestellt werden, dass sich selbst unter den 15-Jährigen noch ein Leis-

---

[3]   Im Durchschnitt erzielen die Teilnehmer/-innen aller Staaten eine Leistung von 500 Punkten.

tungsgefälle zugunsten der Jungen ergibt. Demzufolge erzielen Jungen im Vergleich zu Mädchen auch auf den weiterführenden Schulen bedeutsam bessere Leistungen in den Bereichen Mathematik und Naturwissenschaften. Nach Prenzel (2008) gilt dies in fast allen Bundesländern – mit Ausnahme von Niedersachsen und Rheinland-Pfalz, in denen Jungen zwar tendenziell ebenfalls bessere Werte aufweisen als Mädchen, in denen dieser Leistungsunterschied jedoch statistisch nicht signifikant ist. Im nationalen Durchschnitt beträgt der Leistungsvorsprung der Jungen im Bereich Mathematik 20 Punkte (Prenzel, 2007). Die Ergebnisse des Projektes MARKUS scheinen auf den ersten Blick die Befunde der SCHOLASTIK-Studie zu stützen. Wie Balzer und Jäger (2002) berichten, ergeben sich auf den weiterführenden Schulen in der Gesamtbetrachtung keine bedeutsamen Geschlechterunterschiede für den Bereich Mathematik. Wird hingegen ein Blick auf die Leistungen von Schülerinnen und Schülern der einzelnen Schularten gerichtet, so zeigt sich, dass Jungen sowohl auf dem Gymnasium als auch der Real- und Hauptschule bedeutsam bessere Leistungen erzielen als Mädchen.

Im Fach Englisch zeigt sich im Allgemeinen eine Überlegenheit der Mädchen. Den Befunden der KESS- und LAU-Studien zufolge gilt dies jedoch erst auf den weiterführenden Schulen: So unterscheiden sich am Ende der Grundschulzeit (KESS-4) Jungen und Mädchen noch nicht bedeutsam in ihren Englischleistungen (Bos & Pietsch, 2006; May, 2006). Zu einem Leistungsgefälle zugunsten der Mädchen kommt es erst mit dem Übertritt auf die weiterführenden Schulen (KESS-7: Bos, Bonsen, Gröhlich, Jelden & Rau, 2010). Zu Beginn der 7. Klasse erzielen die untersuchten Jungen einen Mittelwert von $M = 95.8$ und werden von den Mädchen mit einem Mittelwert von $M = 104.3$ deutlich übertroffen. Ein Leistungsgefälle zugunsten der Mädchen zeigt sich auch im Rahmen der LAU-7 Studie (Hamburger Bildungsserver, 2008): Sowohl auf der Real- und Hauptschule als auch auf dem Gymnasium entwickeln sich die Englischleistungen der Mädchen schneller als die der Jungen. An Gesamtschulen ist der Leistungsunterschied zwischen Jungen und Mädchen besonders ausgeprägt.

Die Befundlage ist zwar nicht ganz einheitlich, insgesamt ist jedoch von einer Überlegenheit der Mädchen im Bereich (fremd-)sprachlicher Kompetenzen und der Jungen im Bereich der mathematisch-naturwissenschaftlichen Kompetenzen auszugehen. Ob sich diese Leistungsunterschiede zwischen Mädchen und Jungen auch in der PRISE-Studie belegen lässt, wird im Folgenden geprüft.

3.2.1 Stichprobe

Für 184 Schülerinnen und 160 Schüler liegen sowohl Daten aus der EVES-Studie (3. Klasse) als auch der PRISE-Studie (6. Klasse) vor. Für 140 Mädchen und 77 Jungen des Einschulungsjahrgangs 2002 und für 107 Mädchen und 111

Jungen des Jahrgangs 2001 liegen vollständige Datensätze auf den weiterführenden Schulen vor. Hinsichtlich ihres Wortschatzes, ihres familiären Hintergrunds und ihrer Intelligenz unterscheiden sich die Mädchen und Jungen innerhalb der einzelnen Stichproben nicht (Tabelle 7).

Tabelle 7   Vergleich der Merkmale der Mädchen und Jungen in Abhängigkeit von den jeweils gebildeten Untersuchungsgruppen

		Jhg. 2001/2002 (Kl. 3 / Kl. 6)		Jhg. 2002 (Kl. 5 / Kl. 6)		Jhg. 2001 (Kl. 6 / Kl. 7)	
		N	*%*	*N*	*%*	*N*	*%*
Geschlecht	♀	184	53	140	65	107	49
	♂	160	47	77	35	111	51
	Σ	344	100	217	100	218	100

		M	*SD*	*p*	*M*	*SD*	*p*	*M*	*SD*	*p*
Intelligenz	♀	113.0	11.4		113.2	12.1		114.7	12.4	n.s.
	♂	110.9	11.0	n.s.	110.6	12.5	n.s.	113.8	12.3	
HISEI	♀	61.8	18.7		63.1	17.6		62.8	16.9	n.s.
	♂	64.9	16.7	n.s.	66.2	13.8	n.s.	63.5	17.5	
Wortschatz	♀	55.2	8.0		55.7	8.1		55.2	8.2	n.s.
	♂	54.9	7.3	n.s.	54.3	7.5	n.s.	54.9	7.7	

3.2.2 Leistungsentwicklung beim Übergang auf die weiterführende Schule

Sowohl Mädchen als auch Jungen verbessern ihre Lese- ($\eta^2 = .10$) und Rechtschreibleistung ($\eta^2 = .02$) von der 3. bis zur 6. Klasse ($\eta^2 = .10$), wobei das Ausmaß der Leistungssteigerung den erwartbaren Leistungszuwachs (aufgrund von häuslichem Üben und Beschulung) deutlich übersteigt. Da im vorliegenden Falle *T*-Werte verglichen werden (d. h. Standardwerte, die sich auf eine Normierungsstichprobe beziehen), sollte sich im Falle einer normalen – dem Alter und der Beschulung entsprechenden – Leistungsentwicklung über die Zeit hinweg keine Veränderung der mittleren *T*-Werte ergeben. Dass dies hier trotzdem geschieht, deutet prinzipiell auf einen erwartungswidrig großen Lernzuwachs auf Seiten der Heidelberger Schüler/-innen hin. Eine solche Deutung ist im vorliegenden Falle jedoch unzulässig, da die Erfassung der Lese- und Rechtschreibleistung am Ende der 3. und 6. Klasse mit unterschiedlichen Verfahren erfolgen musste. Entsprechend kann nicht ausgeschlossen werden, dass die Veränderung der mittleren *T*-Werte lediglich ein statistisches Artefakt darstellt, bedingt durch die Tatsache, dass sich die Normierungsstichproben der eingesetzten Verfahren (*WLLP/SLS 5-8; DRT-3/HSP 5-9*) systematisch unterscheiden.[4] Für die differenzielle Betrachtung ergibt sich dieses Interpretationsproblem allerdings nicht, da für Mädchen und Jungen sowohl am Ende der 3. als auch 6. Klasse die gleichen Normen gelten. Unterschiede im Leistungsniveau sind daher auf das Unterscheidungsmerkmal der Vergleichsgruppen (hier also das Geschlecht der Kinder) zurückzuführen.

Ein Vergleich der Leistungsentwicklung von Mädchen und Jungen zeigt, dass Jungen am Ende der 3 Klasse tendenziell etwas schneller lesen als Mädchen, von diesen jedoch bis zum Ende der 6. Klasse eingeholt werden (η^2 = .01, Tabelle 8). Eine entsprechende Wechselwirkung findet sich nur für das Lesen, nicht jedoch für die Rechtschreibleitung. Werden die Leistungen von Mädchen und Jungen zu den einzelnen Messzeitpunkten betrachtet, so erweist sich die Differenz zwischen den Mittelwerten als nicht signifikant. Mädchen und Jungen unterscheiden sich am Ende der 3. und 6. Klasse demnach nicht bedeutsam in ihren Schriftsprachleistungen.

Tabelle 8   Lese- und Rechtschreibtestleistungen (*T*-Werte) von Jungen und Mädchen am Ende der 3. und 6. Klasse

Klasse		*WLLP / SLS 5-8*			*DRT-3 / HSP 5-9*		
		N	*M*	*SD*	*N*	*M*	*SD*
3	♀	209	52.7	9.6	213	53.6	9.0
	♂	186	53.8	10.4	187	52.2	9.5
6	♀	209	57.0	10.0	213	54.4	7.6
	♂	186	55.9	10.7	187	53.4	8.8

3.2.3 Leistungsentwicklung nach dem Übergang auf die weiterführende Schule

Rechtschreiben. Im Rechtschreiben können sowohl Mädchen als auch Jungen ihre Leistung im Verlauf der 6. (Jhg. 2002: η^2 = .11) bzw. 7. Klasse (Jhg. 2001: η^2 = .04) steigern. Wie den in Tabelle 9 dargestellten Rohwerten (Anzahl korrekt geschriebener Worte in einem Diktat von insgesamt 49 Wörtern) entnom-

---

4   Dieses Problem ergibt sich äquivalent auch bei allen folgenden Analysen, in denen die Leistungsentwicklung beim Übergang auf die weiterführenden Schulen betrachtet wird.

men werden kann, ist das Ausmaß der Leistungssteigerung jedoch begrenzt. Von der 5. zur 6. bzw. 6. zur 7. Klasse verringert sich die Fehlerzahl um gerade einmal ein falsch geschriebenes Wort. Nur im Falle des Einschulungsjahrgangs 2001 ist der Leistungsunterschied zwischen Mädchen und Jungen im Rechtschreiben signifikant (η^2 = .03). Tendenziell fällt die Fehlerzahl der Mädchen hier geringer aus als die der Jungen. Der Unterschied ist jedoch marginal und beträgt auch hier gerade einmal ein richtig bzw. falsch geschriebenes Wort.

Tabelle 9   Rechtschreibtestleistungen (Rohwerte) von Mädchen und Jungen am Ende der 5. und 6. Klasse (Jhg. 2002) bzw. 6. und 7. Klasse (Jhg. 2001)

Klasse		Jhg. 2002 (Kl. 5 / Kl. 6)			Jhg. 2001 (Kl. 6 / Kl. 7)		
		N	*M*	*SD*	*N*	*M*	*SD*
5	♀	140	40.1	5.9	---	---	---
	♂	77	40.0	6.6	---	---	---
6	♀	140	41.8	5.3	107	42.8	4.3
	♂	77	41.0	5.9	111	41.6	6.2
7	♀	---	---	---	107	43.9	3.6
	♂	---	---	---	111	42.0	5.7

Lesen. Da im Falle der *SLS 5-8* parallele Testversionen eingesetzt wurden, kann keine Analyse auf Rohwertbasis erfolgen, obwohl zu allen Messzeitpunkten dasselbe Verfahren eingesetzt wurde. Die in Tabelle 6 dargestellten Mittelwerte beziehen sich daher auf Normwerte. Der sog. Lesequotient weist einen Mittelwert von *M* = 100 und eine Standardabweichung von *SD* = 15 auf. In der PRISE-Studie liegen die Leistungen von der 5. bis zur 7. Klasse deutlich über diesem Durchschnittswert (s. Tabelle 10). Eine bedeutsame Veränderung des Lesequotienten von der 5. zur 6. (Jhg. 2002) bzw. 6. zur 7. Klasse (Jhg. 2001) ergibt sich allerdings erwartungsgemäß nicht: Die Heidelberger Schüler/-innen können ihr hohes Leistungsniveau bis zum Ende der 7. Klasse halten, nicht jedoch weiter ausbauen. Die Lesetestleistungen von Mädchen und Jungen aus beiden Einschulungsjahrgängen sind nach dem Übergang auf die weiterführende Schule vergleichbar (s. Tabelle 10).

Tabelle 10   Lesetestleistungen (Lesequotient) von Mädchen und Jungen am Ende der 5. und 6. Klasse (Jhg. 2002) bzw. 6. und 7. Klasse (Jhg. 2001)

Klasse		Jhg. 2002 (Kl. 5 / Kl. 6)			Jhg. 2001 (Kl. 6 / Kl. 7)		
		N	M	SD	N	M	SD
5	♀	140	112.3	17.4	---	---	---
	♂	77	112.3	18.9	---	---	---
6	♀	140	112.6	15.2	107	109.8	14.9
	♂	77	110.0	16.9	111	112.5	14.3
7	♀	---	---	---	107	107.7	14.4
	♂	---	---	---	111	110.2	16.1

Mathematik. Zur Erfassung der mathematischen Kompetenzen wurde am Ende der 5. Klasse der *DEMAT-5* und am Ende der 6. und 7. Klasse der *DEMAT-6+* eingesetzt. Die Verwendung unterschiedlicher Verfahren war unumgänglich, hat jedoch zur Folge, dass für die längsschnittliche Betrachtung wiederum auf *T*-Werte zurückgegriffen werden muss. Im Falle des Jahrgangs 2001 könnte zwar eine Darstellung der Ergebnisse auf Rohwertbasis erfolgen. Auf diese Möglichkeit wird jedoch im Sinne einer besseren Vergleichbarkeit der Mathematiktestleistungen beider Jahrgänge verzichtet.

Der Vergleich der Mathematikleistungen (*T*-Werte) von Mädchen und Jungen am Ende der 5. und 6. bzw. 6. und 7. Klasse zeigt, dass sich erwartungsgemäß weder auf Seiten der Mädchen noch der Jungen eine bedeutsame Leistungsveränderung ergibt. Tendenziell erzielen Jungen zu allen Messzeitpunkten etwas bessere Leistungen als Mädchen. Die Leistungsunterschiede sind jedoch statistisch nicht bedeutsam (s. Tabelle 11).

Tabelle 11 Mathematiktestleistungen (*T*-Werte) von Mädchen und Jungen am Ende der 5. und 6. Klasse (Jhg. 2002) bzw. 6. und 7. Klasse (Jhg. 2001)

Klasse		*N*	*M*	*SD*	*N*	*M*	*SD*
		Jhg. 2002 (Kl. 5 / Kl. 6)			Jhg. 2001 (Kl. 6 / Kl. 7)		
5	♀	140	48.1	8.0	---	---	---
	♂	77	48.4	8.0	---	---	---
6	♀	140	49.6	9.6	107	50.6	8.5
	♂	77	51.4	10.3	111	52.7	9.6
7	♀	---	---	---	107	50.4	9.4
	♂	---	---	---	111	51.8	9.8

Englisch. Auch bei der Prüfung der Englischleistungen wurden in den Klassenstufen 5 bis 7 unterschiedliche Testversionen eingesetzt, sodass auch hier der Vergleich anhand von *T*-Werten erfolgt. Erwartungsgemäß ergeben sich auch hier keine signifikanten Effekte: Eine Leistungsveränderung findet nicht statt (s. Tabelle 12). Im direkten Vergleich schneiden die Mädchen in den Englischtests zu allen Messzeitpunkten etwas besser ab als die Jungen. Ihr Leistungsvorsprung ist jedoch äußerst gering und statistisch nicht bedeutsam.

Tabelle 12 Englischtestleistungen von Mädchen und Jungen am Ende der 5. und 6. Klasse (Jhg. 2002) bzw. 6. und 7. Klasse (Jhg. 2001)

Klasse		*N*	*M*	*SD*	*N*	*M*	*SD*
		Jhg. 2002 (Kl. 5 / Kl. 6)			Jhg. 2001 (Kl. 6 / Kl. 7)		
5	♀	140	51.6	9.6	---	---	---
	♂	77	50.3	9.5	---	---	---
6	♀	140	51.5	8.9	107	50.3	8.4
	♂	77	50.3	10.7	111	50.2	10.8
7	♀	---	---	---	107	50.8	9.1
	♂	---	---	---	111	50.7	10.2

3.3 Schulleistungen und kognitive Leistungsfähigkeit

Den stärksten Einfluss auf die schulischen Leistungen üben kognitive Fähigkeiten, metakognitive Kompetenzen und Vorwissen der Schülerin/des Schülers aus, wobei die Intelligenz als der beste Einzelprädiktor gilt (vgl. u. a. Helmke & Weinert, 1997; Ingenkamp, 1986; Rindermann & Neubauer, 2004; Schicke & Fagan, 1994; Siegler, DeLoache & Eisenberg, 2005; Zielinski, 1975). Der kognitiven Leistungsfähigkeit wird folglich eine große Bedeutung bei der Entstehung und Aufrechterhaltung von Lernschwierigkeiten beigemessen (vgl. DSM-IV: Saß, Wittchen & Zaudig, 1998; ICD-10: Dilling, Mombour, Schmidt & Schulte-Markwort, 2006).

Die Beziehung zwischen Intelligenz und schulischen Leistungen ist allerdings nicht so eng, dass man stets von dem einen auf das andere Merkmal schließen kann (u. a. Deary, Strand, Smith & Fernandes, 2007; Jensen, 1973; Rindermann & Neubauer, 2004; Sauer, 2006; Sternberg, 2003; Süß, 2001). Dies hat unterschiedliche Gründe. Werden beispielsweise sehr weit definierte Konstrukte wie die Allgemeine Intelligenz mit sehr spezifischen Fertigkeiten (z. B. der Lesegeschwindigkeit) in Beziehung gesetzt, so ist von vornherein mit geringeren Zusammenhängen zu rechnen als bei einem Vergleich von Allgemeiner Intelligenz und kumulierten Schulleistungen (Tucker, 1964, zit. n. Süß, Oberauer, Wittmann, Wilhelm & Schulze, 1996). Zwischen Intelligenz und Schriftsprachleistungen werden im Regelfall maximal Korrelationen in mittlerer Höhe erreicht (u. a. Klicpera & Gasteiger Klicpera, 1993; Schneider, 1997); im Rahmen der IGLU-E-Studie finden sich Korrelationen zwischen Intelligenz- und Deutschnote in der Höhe von $r = -.42$ und zwischen Intelligenz- und Rechtschreibnote von $r = -.38$ (Valtin et al., 2003). Naglieri (1996) untersuchte 2.125 Schüler/-innen der Klassenstufen 2 bis 9 und berichtet einen Zusammenhang von Allgemeiner Intelligenz und Leseleistung in der Höhe von $r = .57$. Stanovich, Cunningham und Freeman (1984) haben die Ergebnisse zahlreicher Studien zusammengetragen und kommen zum Schluss, dass der Zusammenhang von Intelligenz und Leseleistung in Abhängigkeit vom Alter der untersuchten Personen und dem jeweils verwendeten Erhebungsinstrument zwischen $r = .30$ und $r = .70$ variiert.

Bei Betrachtung des Einflusses intellektueller Fähigkeiten auf die Leistungen in verschiedenen Unterrichtsfächern zeigen sich nach Heller (1997) die größten Zusammenhänge zu den Leistungen in den Hauptfächern und hier insbesondere zu den Leistungen im Fach Mathematik. Eine wesentlich geringere Vorhersagekraft besitzen allgemeine Denkleistungen hingegen für Leistungen in den so genannten Nebenfächern (Deary et al., 2007; Tent, 1969).

Die Stärke des Zusammenhangs variiert jedoch auch in Abhängigkeit von der Art der zur Datengewinnung eingesetzten Verfahren. So konnte etwa gezeigt werden, dass zwischen den Leistungen in Intelligenz- und Schulleistungstests ein engerer Prädiktor-Kriteriums-Zusammenhang besteht als zwischen Intelligenztestleistungen und Schulnoten (u. a. Heller, 1997). Ferner lassen sich fachspezifische Schulleistungen durch die Verwendung differenzieller schulnaher Intelligenztests besser erklären als durch nonverbale Skalen bzw. Skalen zur Erfassung der Allgemeinen Intelligenz. Weinert und Petermann (1980) weisen in diesem Zusammenhang darauf hin, dass schulische Lernfortschritte vielfach von Kenntnissen und Fertigkeiten abhängen, die außerhalb des Unterrichts erworben werden müssen. Viele Intelligenztests enthalten wiederum Items, auf deren Grundlage dieser leistungsrelevante Erfahrungshintergrund erfasst werden soll. „Beispielhaft dafür sind verbale Fähigkeiten, die außerhalb der Schule erworben, in Intelligenztests erfasst und für den im Schulleistungstest ermittelten Lernfortschritt von erheblicher Bedeutung sind" (Weinert & Petermann, 1980, S. 37). Nach Ansicht der Autoren ist es daher nicht verwunderlich, sondern vielmehr erwartbar, dass verbale Intelligenztests enger mit Schulleistungen korrelieren als sprachfreie Tests.

Auch in der PRISE-Studie wurde die Intelligenz der Schüler/-innen erfasst und zu den schulischen Leistungen in Beziehung gesetzt. Es zeigt sich, dass auch hier die höchsten Zusammenhänge zwischen der Intelligenztestleistung (zugrunde gelegt wird der gemittelte IQ-Wert aus allen verfügbaren Intelligenztestdaten) und den Mathematikleistungen (*DEMAT-5*; *DEMAT-6*) bestehen. Die Korrelation beträgt sowohl in der 5. als auch 6. und 7. Klasse $r = .65$. Die Korrelationskoeffizienten im Bereich Lesen und Rechtschreiben variieren zwischen $r = .41$ (*WLLP*) bzw. $r =. 45$ (*DRT-3*) in der Grundschule und $r = .56$ (*SLS 5-8*) bzw. $r = .58$ (*HSP 5-9*) auf den weiterführenden Schulen. Die höchste Korrelation mit $r = .53$ besteht zwischen der Allgemeinen Intelligenz und den Englischtestleistungen am Ende der 5. Klasse.

Die Höhe der Korrelationskoeffizienten unterstreicht die Bedeutung der kognitiven Leistungsfähigkeit für schulischen Erfolg. Es gilt: Je niedriger die Intelligenz, desto eher ist mit schulischen Schwierigkeiten zu rechnen, je höher die kognitive Leistungsfähigkeit eines Schülers/einer Schülerin, desto größer ist die Wahrscheinlichkeit, die Schullaufbahn erfolgreich zu durchlaufen.

Im Folgenden wird geprüft, in welchem Maße sich Schüler/-innen mit unterschiedlichen Intelligenztestleistungen in ihren schulischen Leistungen unterscheiden. Differenziert wird zwischen Intelligenztestleistungen im unteren Bereich (IQ $\leq$ 100), im oberen Normalbereich (101 $\leq$ IQ $\leq$ 115) und im mindestens überdurchschnittlichen Bereich (IQ > 115). Eine stärkere Differenzierung im unteren Bereich ist im segregierten Schulsystem nicht erwartbar (Kinder mit einem unterdurchschnittlichen Intelligenztestwert haben meist einen sonderpädagogischen Förderbedarf, der in der Regel zu einer Überweisung in eine Förderschule führt) und erweist sich aufgrund der vorliegenden Stichprobenmerkmale auch als unmöglich. Mit einem mittleren IQ-Wert von 109.5 (SD = 12.4) liegen die Intelligenztestleistungen der Heidelberger Schüler/-innen deutlich über der Norm (M = 100; SD = 15). Entsprechend wenige Schüler/-innen erzielen daher Werte unterhalb des unteren Normalbereiches, d. h. unterhalb eines IQ von 85.

3.3.1 Stichprobe

Von insgesamt 344 Schülerinnen und Schülern liegen vollständige Datensätze für die 3. und 6. Klasse vor. Hiervon erzielten 39 % der Schüler/-innen im Intelligenztest einen IQ über 115, 44 % einen IQ zwischen 101 und 115 und 17 % einen durchschnittlichen IQ von 100 oder weniger (Tabelle 13). Für die beiden Untersuchungsgruppen auf den weiterführenden Schulen (Jhg. 2001 / Jhg. 2002) ergeben sich ähnliche Verteilungen, d. h. in allen Fällen ist die Gruppe der Schüler/-innen mit einem Intelligenztestwert im unteren Bereich zahlenmäßig am schwächsten besetzt. Die Gruppen mit unterschiedlichen Intelligenztestleistungen unterscheiden sich auch hinsichtlich Bildungsnähe und Wortschatz bedeutsam. Dies ist im Rahmen der folgenden Analysen zu berücksichtigen.

Tabelle 13   Vergleich der Merkmale der drei IQ-Gruppen in Abhängigkeit von den jeweils gebildeten Untersuchungsgruppen

	IQ-Gruppe	Jhg. 2001 / 2002 (Kl. 3 / Kl. 6)			Jhg. 2002 (Kl. 5 / Kl. 6)			Jhg. 2001 (Kl. 6 / Kl. 7)		
		N	$\%$		N	$\%$		N	$\%$	
Anzahl	> 115	135	39		89	41		100	46	
	[101;115]	151	44		93	43		86	39	
	≤ 100	58	17		35	16		32	15	
	Σ	344	100		217	100		218	100	
		M	SD	p	M	SD	p	M	SD	p
HISEI	> 115	65.1	17.4	.01	65.6	17.7	n.s.	66.3	14.7	.01
	[101;115]	64.5	16.4		65.1	14.6		63.2	16.7	
	≤ 100	55.8	20.4		58.1	16.5		53.3	20.5	
IQ	> 115	122.8	5.9	.01	123.3	7.4	.01	124.7	7.2	.01
	[101;115]	109.1	4.4		108.9	4.5		109.4	4.3	

IQ-Gruppe	Jhg. 2001 / 2002 (Kl. 3 / Kl. 6)		Jhg. 2002 (Kl. 5 / Kl. 6)		Jhg. 2001 (Kl. 6 / Kl. 7)	
	N	%	N	%	N	%
≤ 100	94.6	4.9	93.4	6.4	94.6	5.7
Wort-schatz > 115	57.1	6.8 .01	57.2	7.0 .01	57.8	6.8 .01
[101;115]	55.7	7.0	55.8	7.5	54.9	6.8
≤ 100	48.7	8.2	48.4	7.5	46.7	8.4

3.3.2 Leistungsentwicklung beim Übergang auf die weiterführende Schule

Erwartungsgemäß erzielen Schüler/-innen mit einem IQ > 100 bessere Lese- und Rechtschreibleistungen als Schüler/-innen mit einem IQ ≤ 100 (Lesen: $\eta^2 = .18$; Rechtschreiben: $\eta^2 = .20$; s. Tabelle 14). Dies gilt sowohl am Ende der 5. als auch 6. und 7. Klasse. Eine Wechselwirkung zwischen Intelligenzgruppe und Klassenstufe tritt nicht auf. Intelligentere Kinder zeigen im Vergleich zu weniger intelligenten Kindern folglich keine beschleunigte Leistungsentwicklung.

Da sich die drei Intelligenz-Gruppen auch hinsichtlich Bildungsnähe und Wortschatz unterscheiden, wurden diese Variablen als Kovariaten in die Analysen einbezogen. Dies führt zu einer Minderung der Effektstärken von $\eta^2 = .18$ auf $\eta^2 = .12$ im Lesen und von $\eta^2 = .20$ auf $\eta^2 = .11$ im Rechtschreiben, da ein Teil der Leistungsvarianz nunmehr über die Variablen Wortschatz (Lesen: $\eta^2 = .05$; Rechtschreiben: $\eta^2 = .09$) und HISEI (Lesen: $\eta^2 = .02$; Rechtschreiben: $\eta^2 = .04$) erklärt werden kann.

Tabelle 14 Lese-/Rechtschreibtestleistungen (*T*-Werte) am Ende der 3. und 6. Klasse in Abhängigkeit von der Intelligenz

Klas-se	IQ-Gruppe	WLLP / SLS 5-8			DRT-3 / HSP 5-9		
		N	M	SD	N	M	SD
3	IQ > 115	135	56.9	8.7	135	56.7	9.1
	101 ≤ IQ ≤ 115	151	52.5	9.2	151	53.8	7.8
	IQ ≤ 100	58	47.8	11.1	58	45.5	7.9
6	IQ > 115	135	61.5	8.8	135	57.6	7.3
	101 ≤ IQ ≤ 115	151	55.7	9.9	151	54.4	7.1

Klas- se	IQ-Gruppe	WLLP / SLS 5-8			DRT-3 / HSP 5-9		
		N	M	SD	N	M	SD
	IQ ≤ 100	58	49.2	9.5	58	47.5	8.7

Bei einem Vergleich nach Geschlecht, Wortschatz und HISEI parallelisierter IQ-Gruppen (Extremgruppenvergleich) lassen sich diese Befunde bestätigen (vgl. Tabelle 15).

Tabelle 15 Merkmale zweier nach Geschlecht, Wortschatz und HISEI parallelisierten Intelligenz-Gruppen (IQ > 115 vs. IQ ≤ 100)

IQ-Gruppe	N	HISEI		Intelligenz		Wortschatz	
		M	SD	M	SD	M	SD
IQ ≤ 100	37	63.3	18.6	96.2	3.7	52.5	7.1
IQ > 115	37	63.2	19.3	120.3	4.6	53.0	6.5

Sowohl am Ende der 3. als auch 6. Klasse erzielen Schüler/-innen mit höherem IQ auch bessere Lese- und Rechtschreibleistungen (Lesen: η^2 = .20; Rechtschreiben: η^2 = .19). Ein Schereneffekt im Sinne einer beschleunigten Leistungsentwicklung intelligenterer Kinder bleibt jedoch aus (vgl. Tabelle 16).

Tabelle 16 Lese- und Rechtschreibtestleistungen (*T*-Werte) der nach Geschlecht, Wortschatz und HISEI parallelisierten Intelligenz-Gruppen am Ende der 3. und 6. Klasse

Klasse	IQ-Gruppe	WLLP / SLS 5-8			DRT-3 / HSP 5-9		
		N	M	SD	N	M	SD
3	IQ ≤ 100	37	50.8	10.2	37	47.5	7.3
	IQ > 115	37	57.2	7.4	37	55.8	9.8
6	IQ ≤ 100	37	51.7	9.6	37	49.4	7.9
	IQ > 115	37	59.3	8.5	37	55.7	8.3

3.3.3 Leistungsentwicklung nach dem Übergang auf die weiterführende Schule

Rechtschreiben. Nach dem Übergang auf die weiterführende Schule gelingt es allen Schülerinnen und Schülern der drei Intelligenzgruppen, ihre Leistungen von der 5. zur 6. Klasse ($\eta^2 = .11$) bzw. 6. zur 7. Klasse zu erhöhen ($\eta^2 = .09$; s. Tabelle 17), wobei die Steigerung im Durchschnitt weniger als ein richtig geschriebenes Wort beträgt. Eine Ausnahme stellt die Gruppe der Schüler/-innen des Jahrgangs 2001 mit vergleichsweise niedrigem IQ dar: Sie können ihre Leistung im Verlauf der 7. Klasse um drei Worte steigern, wodurch sich eine Wechselwirkung zwischen IQ-Gruppe und Klassenstufe ergibt ($\eta^2 = .08$). Diese entfällt jedoch bei Berücksichtigung der Kovariaten Wortschatz und HISEI.

Tabelle 17 Rechtschreibtestleistungen (Rohwerte) am Ende der 5. und 6. Klasse (Jhg. 2002) bzw. 6. und 7. Klasse (Jhg. 2001) in Abhängigkeit von der IQ-Gruppe

Klasse	IQ-Gruppe	Jhg. 2002 (Kl. 5 / Kl. 6)			Jhg. 2001 (Kl. 6 / Kl. 7)		
		N	M	SD	N	M	SD
5	IQ > 115	89	42.8	4.8	---	---	---
	101 ≤ IQ ≤ 115	93	39.7	5.7	---	---	---
	IQ ≤ 100	35	34.2	6.2	---	---	---
6	IQ > 115	89	44.3	4.0	100	44.0	3.4
	101 ≤ IQ ≤ 115	93	41.1	4.5	86	42.4	4.2
	IQ ≤ 100	35	35.4	6.1	32	35.9	8.2
7	IQ > 115	---	---	---	100	44.2	4.0
	101 ≤ IQ ≤ 115	---	---	---	86	42.9	4.0
	IQ ≤ 100	---	---	---	32	39.0	7.1

Unterschiede im Leistungsniveau von Schüler/-innen mit höherer bzw. geringerer Intelligenz ergeben sich sowohl am Ende der 5. und 6. ($\eta^2 = .30$) als auch 6. und 7. Klasse ($\eta^2 = .22$). Erwartungsgemäß gehen im Durchschnitt höhere Intelligenztestleistungen mit höheren Rechtschreibtestleistungen einher. Die Ergebnisse der Kovarianzanalyse zeigen jedoch, dass die Rechtschreibleistungen neben der Intelligenz auch von der Bildungsnähe des Elternhauses (Jhg. 2002: $\eta^2 = .05$; Jhg. 2001: $\eta^2 = .04$) und dem Wortschatz der Schüler/-innen (Jhg. 2002: $\eta^2 = .09$; Jhg. 2001: $\eta^2 = .07$) beeinflusst werden. Bei Berücksichtigung dieser

Variablen verringert sich der Anteil der Leistungsvarianz, der durch die kognitive Leistungsfähigkeit der Schüler/-innen erklärt wird (Jhg. 2002: $\eta^2 = .21$; Jhg. 2001: $\eta^2 = .09$).

Leseleistung. In Abhängigkeit von der intellektuellen Leistungsfähigkeit ergeben sich ebenfalls deutliche Unterschiede bei der Leseleistung (angegeben als Lesequotient: $M = 100$; $SD = 15$) (s. Tabelle 18): Je höher die Intelligenz, desto besser die durchschnittliche Leseleistung (Jhg. 2001: $\eta^2 = .24$; Jhg. 2002: $\eta^2 = .18$). Die Hinzunahme der Kovariaten bewirkt wiederum eine Verringerung der Effektstärken von $\eta^2 = .18$ auf $\eta^2 = .11$ beim Jahrgangs 2002 und von $\eta^2 = .24$ auf $\eta^2 = .13$ beim Jahrgangs 2001. Diese Veränderung ist jedoch ausschließlich der Berücksichtigung des Wortschatzes zuzuschreiben. Die Bildungsnähe des Elternhauses trägt im Falle der Leseleistung nicht bedeutsam zur Varianzaufklärung bei.

Tabelle 18 Lesetestleistungen (Lesequotient) am Ende der 5. und 6. Klasse (Jhg. 2002) bzw. 6. und 7. Klasse (Jhg. 2001) in Abhängigkeit von der IQ-Gruppe

		Jhg. 2002 (Kl. 5 / Kl. 6)			Jhg. 2001 (Kl. 6 / Kl. 7)		
Klasse	IQ-Gruppe	N	M	SD	N	M	SD
5	IQ > 115	89	118.9	14.7	---	---	---
	$101 \leq IQ \leq 115$	93	110.9	16.7	---	---	---
	$IQ \leq 100$	35	99.3	21.0	---	---	---
6	IQ > 115	89	119.0	13.5	100	117.7	13.2
	$101 \leq IQ \leq 115$	93	109.2	14.3	86	109.3	12.1
	$IQ \leq 100$	35	99.4	16.0	32	95.7	12.3
7	IQ > 115	---	---	---	100	114.9	14.8
	$101 \leq IQ \leq 115$	---	---	---	86	106.8	12.9
	$IQ \leq 100$	---	---	---	32	96.5	14.6

Mathematik. Bei den Mathematikleistungen sind die Leistungsunterschiede zwischen den drei IQ-Gruppen besonders groß, die Effektstärken liegen mit $\eta^2 = .40$ (Jhg. 2002) und $\eta^2 = .34$ (Jhg. 2001) im mittleren Bereich (s. Tabelle 19). Auch bei der Mathematikleistung gilt: Je höher der IQ, desto höher ist die Leistung.

Durch die Berücksichtigung der Kovariaten verringern sich die Effektstärken, da ein Teil der Varianz nun durch Wortschatz (Jhg. 2002: $\eta^2 = .13$; Jhg. 2001: $\eta^2 = .14$) und Bildungsnähe des Elternhauses (Jhg. 2002: $\eta^2 = .03$; Jhg. 2001: $\eta^2 = .05$) erklärt werden kann. Im Vergleich zu den anderen schulischen Leistungsbereichen bleiben die Effektstärken im Fach Mathematik jedoch auf einem vergleichsweise hohen Niveau (Jhg. 2002: $\eta^2 = .33$; Jhg. 2001: $\eta^2 = .20$).

Tabelle 19   Mathematiktestleistungen (*T*-Werte) am Ende der 5. und 6. Klasse (Jhg. 2002) bzw. 6. und 7. Klasse (Jhg. 2001) in Abhängigkeit von der IQ-Gruppe

Klasse	IQ-Gruppe	Jhg. 2002 (Kl. 5 / Kl. 6)			Jhg. 2001 (Kl. 6 / Kl. 7)		
		N	*M*	*SD*	*N*	*M*	*SD*
5	IQ > 115	89	53.0	6.8	---	---	---
	101 ≤ IQ ≤ 115	93	47.2	5.8	---	---	---
	IQ ≤ 100	35	38.8	6.5	---	---	---
6	IQ > 115	89	55.9	8.2	100	55.9	7.4
	101 ≤ IQ ≤ 115	93	48.7	8.3	86	50.7	7.4
	IQ ≤ 100	35	39.9	7.3	32	40.9	8.6
7	IQ > 115	---	---	---	100	55.6	8.0
	101 ≤ IQ ≤ 115	---	---	---	86	50.2	7.8
	IQ ≤ 100	---	---	---	32	39.6	8.2

Englisch. Auch bei den Englischtestleistungen zeigen Schüler/-innen mit einer vergleichsweise hohen kognitiven Leistungsfähigkeit bessere Leistungen als Kinder mit einem geringeren IQ (Jhg. 2002: $\eta^2 = .24$; Jhg. 2001: $\eta^2 = .26$; s. Tabelle 20). Durch die Berücksichtigung der Kovariaten Wortschatz (Jhg. 2002: $\eta^2 = .09$; Jhg. 2001: $\eta^2 = .08$) und HISEI (Jhg. 2002: $\eta^2 = .08$; Jhg. 2001: $\eta^2 = .05$) reduziert sich der Anteil der durch die Intelligenztestleistungen erklärten Varianz. Die Intelligenz bleibt jedoch die Variable mit dem relativ höchsten Beitrag zur Aufklärung der Varianz der Leistungsunterschiede (Jhg. 2002: $\eta^2 = .15$; Jhg. 2001: $\eta^2 = .13$).

Tabelle 20 Englischtestleistungen (*T*-Werte) am Ende der 5. und 6. Klasse (Jhg. 2002) bzw. 6. und 7. Klasse (Jhg. 2001) in Abhängigkeit von der IQ-Gruppe

		Jhg. 2002 (Kl. 5 / Kl. 6)			Jhg. 2001 (Kl. 6 / Kl. 7)		
Klasse	IQ-Gruppe	*N*	*M*	*SD*	*N*	*M*	*SD*
5	IQ > 115	89	54.6	8.4	---	---	---
	101 ≤ IQ ≤ 115	93	51.4	9.1	---	---	---
	IQ ≤ 100	35	41.5	6.6	---	---	---
6	IQ > 115	89	54.7	8.3	100	52.5	8.5
	101 ≤ IQ ≤ 115	93	51.3	8.8	86	51.3	8.6
	IQ ≤ 100	35	41.4	7.8	32	40.2	9.4
7	IQ > 115	---	---	---	100	53.0	8.4
	101 ≤ IQ ≤ 115	---	---	---	86	51.5	7.7
	IQ ≤ 100	---	---	---	32	38.8	8.8

3.4 Schulleistungen und Bildungsnähe des Elternhauses

Die sozioökonomischen und soziokulturellen Rahmenbedingungen, unter denen ein Kind aufwächst, können die schulischen Leistungen und die Schulkarriere eines Kindes maßgeblich beeinflussen (Lehmann & Nikolova, 2005). Insbesondere ein hoher sozioökonomischer Status sowie ein hohes Bildungsniveau der Eltern begünstigen den schulischen Erfolg eines Kindes (vgl. u. a. Baumert et al., 2001; Bos & Pietsch, 2004; Helmke, Hosenfeld, Schrader & Wagner, 2002; OECD, 2004, 2007; Prenzel et al., 2004; Schnabel & Schwippert, 2000; Schwippert, Bos & Lankes, 2003; Stanat, 2003). Dies geschieht auf vielfältige Weise: Der sozioökonomische Status und die gesellschaftliche Stellung der Eltern bestimmen ganz entscheidend die Ressourcen, über die eine Familie verfügen kann (Ehmke, Hohensee, Heidemeier & Prenzel, 2004). Bessere Wohnverhältnisse (und damit beispielsweise die Möglichkeit des Kindes, sich bei der Erledigung der Hausaufgaben an einen ruhigen Ort zurückzuziehen) sowie die Quantität und Qualität der außerschulischen Bildungsangebote (z. B. die Inanspruchnahme von Nachhilfe- und privatem Förderunterricht) wirken sich positiv auf den Bildungserfolg aus. Nach Hollenbach und Meier (2004) sowie Hurrelmann und Klocke

(1995) steht der ‚Einkauf von Expertise' gerade in bildungsnahen Elterhäusern hoch im Kurs.[5]

Gleichermaßen ermöglicht das Vorhandensein entsprechender finanzieller Ressourcen den Zugang zu lernrelevanten Medien (z. B. Spielen, Büchern, Hör-CDs, Kassetten und Computern) sowie vielfältigen alltäglichen Aktivitäten und kulturellen Erfahrungen wie Theater- und Museumsbesuchen, Reisen und Auslandsaufenthalten. Das im außerschulischen Kontext gewonnene Wissen ergänzt die im schulischen Kontext erworbenen Kenntnisse und Fertigkeiten und begünstigt somit eine erfolgreiche Schullaufbahn. Entsprechende Vorteile von Kindern aus bildungsnahen Familien konnten in zahlreichen nationalen und internationalen Studien belegt werden (u. a. Bos & Pietsch, 2004; Lehmann & Nikolova, 2005; Zöller, Roos & Schöler, 2006). Beispielhaft sei hier auf die Befunde der LAU-Studie verwiesen, denen zufolge die Leistungsentwicklung von Kindern mit gleichen Lernausgangslagen und vergleichbarem Lernpotenzial umso günstiger verläuft, je höher das Bildungsniveau der Eltern ist (Lehmann & Peek, 1997).

Zusätzlich zu den Vorteilen günstiger außerschulischer Lernbedingungen scheint sich ein bildungsnahes Elternhaus jedoch auch im schulischen Kontext positiv auszuwirken. So konnte etwa im Rahmen der LAU-Studien (u. a. Lehmann & Peek, 1997) gezeigt werden, dass Kinder aus bildungsnahen Familien bei objektiv gleicher Leistung (erfasst auf der Basis normierter Leistungstests) im Unterricht bessere Noten erhalten. Darüber hinaus konnten sowohl Ditton (1992) als auch Lehmann, Peek und Gänsfuß (1997) zeigen, dass Kinder aus bildungsferneren Milieus bei gleichen Schulleistungen seltener als Kinder aus privilegierten Elternhäusern eine Gymnasialempfehlung erhalten. Gerade beim Übergang auf die weiterführenden Schulen scheint es somit zu einer Benachteiligung von Schülerinnen und Schülern aus bildungsfernen Schichten zu kommen (u. a. Lehmann & Nikolova, 2005; Lehmann & Peek, 1997; Weinert & Schneider, 1999; Weißhuhn & Rövekamp, 2004). Nach Schümer (2004, S. 103) besteht für die betroffenen Schüler/-innen eine doppelte Benachteiligung: Denn erstens haben Schüler/-innen, die unter ungünstigen familiären Bedingungen leben, im Vergleich zu ihren Altersgenossen aus privilegierten Familien schlechtere Start- und Bildungschancen und zweitens werden sie „aufgrund ihrer Herkunft noch einmal benachteiligt, wenn sie – selektionsbedingt – Schulen mit hohen Anteilen an Schülern besuchen, die ebenfalls unter ungünstigen familiären Bedingungen

---

[5]   Die größere Häufigkeit von Lernschwierigkeiten bei Kindern der Unterschicht (im Vergleich zu Mittelschichtkindern gleicher Intelligenz) dürfte sich daher zum Teil darauf zurückführen lassen, dass Unterschichteltern seltener als Eltern der Mittelschicht Defizite und mangelnde Vorkenntnisse ihrer Kinder durch Nachhilfeunterricht oder gezielte Kontrolle der Hausaufgaben kompensieren (Havers, 1981).

aufwachsen und – diesen Bedingungen entsprechend – bislang wenig erfolgreich in der Schule gewesen sind". In der PRISE-Studie wird untersucht, welche Bedeutung die Bildungsnähe des Elternhauses (d. h. der sozioökonomische Status sowie die berufliche Stellung der Eltern) für die Leistungsentwicklung des Kindes beim Übergang auf die weiterführenden Schulen besitzt.

3.4.1 Stichprobe

Von den 344 Schülerinnen und Schülern, für die vollständige Datensätze für die 3. und 6. Klasse vorliegen, weisen 37 % einen HISEI über 70, 42 % einen HISEI zwischen 51 und 70 und 21 % einen HISEI von 50 und weniger auf (s. Tabelle 21). Im Durchschnitt liegt der HISEI in dieser Untersuchungsgruppe bei $M = 63.3$ ($SD = 17.8$). Für die beiden anderen Untersuchungsgruppen auf der weiterführenden Schule ergibt sich ein vergleichbares Bild: Mit einem mittleren HISEI von $M = 64.2$ ($SD = 16.4$; Jhg. 2002) und $M = 63.2$ ($SD = 17.0$; Jhg. 2001) liegt der sozioökonomische Status und das Bildungsniveau der Eltern in allen drei Untersuchungsgruppen deutlich über dem von Erikson, Goldthorpe, König, Lüttinger und Müller (1989) sowie Ganzeboom, De Graaf, Treiman und De Leeuw, (1992) berichteten Mittelwert von $M = 51.6$ ($SD = 17.5$). Als Universitätsstadt zieht Heidelberg eine große Zahl an Familien mit akademischem Hintergrund an. Dies führt dazu, dass die Anzahl an Kindern aus bildungsnahen Familien in Heidelberg vergleichsweise groß ist. Mit der Bildungsnähe der Elternhäuser gehen jedoch noch weitere Merkmale einher. So weisen Schüler/-innen aus bildungsnäheren Elternhäusern beispielsweise einen größeren Wortschatz (T-Wert) und eine etwas höhere Intelligenz auf.

Tabelle 21　Vergleich der Merkmale der fünf HISEI-Gruppen in Abhängigkeit von den jeweils gebildeten Untersuchungsgruppen

	HISEI-Gruppe	Jhg. 2001 / 2002 (Kl. 3 / Kl. 6)		Jhg. 2002 (Kl. 5 / Kl. 6)		Jhg. 2001 (Kl. 6 / Kl. 7)	
		N	$\%$	N	$\%$	N	$\%$
Anzahl	≤ 50	72	21	36	17	42	19
	[51; 60]	69	20	48	22	50	23
	[61; 70]	77	22	55	25	48	22
	[71; 80]	64	19	42	19	44	20
	[81; 90]	62	18	36	17	34	16
	Σ	344	100	217	100	218	100

HISEI-Gruppe	Jhg. 2001 / 2002 (Kl. 3 / Kl. 6)			Jhg. 2002 (Kl. 5 / Kl. 6)			Jhg. 2001 (Kl. 6 / Kl. 7)		
	M	*SD*	*p*	*M*	*SD*	*p*	*M*	*SD*	*p*
HISEI ≤ 50	36.8	9.2	.01	38.4	9.9	.01	37.5	7.5	.01
[51; 60]	53.9	3.0		53.3	2.7		53.6	2.8	
[61; 70]	68.1	1.7		68.0	1.7		67.8	1.9	
[71; 80]	74.5	3.0		74.2	3.0		75.1	3.0	
[81; 90]	86.9	1.9		87.1	1.7		87.1	1.7	
IQ ≤ 50	108.6	13.0	.05	110.7	14.7	.05	106.9	13.3	.01
[51; 60]	112.1	11.6		108.2	11.4		117.5	12.8	
[61; 70]	113.1	9.9		114.2	11.2		114.3	9.8	
[71; 80]	112.9	9.9		113.0	11.9		116.9	12.3	
[81; 90]	113.8	11.0		115.7	11.7		115.2	10.3	
Wort-schatz ≤ 50	50.2	8.6	.01	52.2	9.1	.01	48.6	8.4	.01
[51; 60]	54.0	6.7		52.6	6.3		54.5	7.6	
[61; 70]	56.8	7.4		56.5	8.7		57.3	6.6	
[71; 80]	57.2	6.1		57.0	7.5		57.1	6.6	
[81; 90]	57.4	6.9		57.7	5.9		58.1	6.9	

3.4.2 Leistungsentwicklung beim Übergang auf die weiterführende Schule

Erwartungsgemäß zeigt sich, dass Kinder aus bildungsnäheren Familien sowohl im Lesen ($\eta^2 = .07$) als auch Rechtschreiben ($\eta^2 = .13$) signifikant bessere Leistungen erzielen als Schüler/-innen aus bildungsferneren Schichten (s. Tabelle 22). Werden in den Analysen allerdings neben der Bildungsnähe auch noch die Kovariaten Intelligenz und Wortschatz berücksichtigt, so bleibt nur im Bereich der Rechtschreibung eine bedeutsame Varianzaufklärung durch die Bildungsnähe bestehen ($\eta^2 = .08$), wobei der Wortschatz mit $\eta^2 = .06$ und die kognitive Leistungsfähigkeit mit $\eta^2 = .15$ ebenfalls bedeutsam zur Varianzaufklärung beitragen. Für das Lesen scheint die Bildungsnähe des Elternhauses hingegen keine bedeutsame Rolle zu spielen. Hier lässt sich die Leistungsvarianz vor allem über die Intelligenz ($\eta^2 = .15$) und den Wortschatz ($\eta^2 = .02$) der Schüler/-innen erklären.

Tabelle 22 Lese- und Rechtschreibtestleistungen (*T*-Werte) am Ende der 3. und 6. Klasse in Abhängigkeit vom sozioökonomischen Niveau (HISEI)

Klasse	HISEI	WLLP / SLS 5-8			DRT-3 / HSP 5-9		
		N	*M*	*SD*	*N*	*M*	*SD*
3	≤ 50	72	49.5	11.8	72	48.7	9.5
	[51; 60]	69	53.0	10.2	69	51.5	9.8
	[61; 70]	77	54.9	9.3	77	56.3	8.5
	[71; 80]	64	55.0	8.8	64	56.0	7.2
	[81; 90]	62	55.1	7.9	62	55.5	8.1
6	≤ 50	72	53.0	10.1	72	49.8	8.7
	[51; 60]	69	55.4	10.4	69	53.1	8.3
	[61; 70]	77	57.4	10.2	77	57.3	7.3
	[71; 80]	64	60.2	9.4	64	56.6	6.9
	[81; 90]	62	59.0	10.2	62	55.8	7.4

Diese Befunde werden durch die Ergebnisse eines Extremgruppenvergleiches weitestgehend bestätigt. Verglichen wurden dabei Schüler/-innen aus sehr bildungsnahen Elternhäusern (M_{HISEI} = 86.5) mit Schüler/-innen aus eher bildungsfernen Familien (M_{HISEI} = 38.8). Beide Schüler/-innengruppen wurden hinsichtlich Intelligenz, Geschlecht und Wortschatz parallelisiert (s. Tabelle 23).

Tabelle 23 Merkmale zweier nach Geschlecht, Intelligenz und Wortschatz parallelisierten HISEI-Gruppen

HISEI	*N*	HISEI		Intelligenz		Wortschatz	
		M	*SD*	*M*	*SD*	*M*	*SD*
[81; 90]	39	86.5	2.2	111.9	10.7	54.7	5.9
≤ 50	39	38.8	8.0	112.4	11.3	54.7	5.8

Zwischen den Extremgruppen ergaben sich keine signifikanten Leistungsunterschiede (s. Tabelle 24). Dies gilt sowohl für das Lesen als auch Rechtschreiben. Kinder aus bildungsnahen Familien erzielen zwar etwas bessere Leistungen, die Unterschiede sind jedoch statistisch nicht bedeutsam.

Tabelle 24 Lese- und Rechtschreibtestleistungen (*T*-Werte) der nach
Geschlecht, Intelligenz und Wortschatz parallelisierten HISEI-
Gruppen am Ende der 3. und 6. Klasse (Extremgruppenvergleich)

		WLLP / SLS 5-8			*DRT-3 / HSP 5-9*		
Klasse	HISEI	*N*	*M*	*SD*	*N*	*M*	*SD*
3	[81; 90]	39	55.4	8.9	39	54.0	8.4
	≤ 50	39	52.3	11.4	39	51.1	9.1
6	[81; 90]	39	58.6	11.3	39	55.0	7.4
	≤ 50	39	56.4	9.5	39	51.9	7.5

3.4.3 Leistungsentwicklung nach dem Übergang auf die weiterführende Schule

Rechtschreiben. Nach dem Übergang auf die weiterführenden Schulen können
die Schüler/-innen unabhängig vom familiären Umfeld ihre Rechtschreibtestleistungen geringfügig verbessern (Jhg. 2002: η^2 = .14; Jhg. 2001: η^2 = .04; s. Tabelle 25).

Tabelle 25 Rechtschreibtestleistungen (Rohwerte) am Ende der 5. und 6.
Klasse (Jhg. 2002) bzw. 6. und 7. Klasse (Jhg. 2001) in
Abhängigkeit vom sozioökonomischen Niveau (HISEI)

		Jhg. 2002 (Kl. 5 / Kl. 6)			Jhg. 2001 (Kl. 6 / Kl. 7)		
Klasse	HISEI	*N*	*M*	*SD*	*N*	*M*	*SD*
5	≤ 50	36	36.6	7.8	---	---	---
	[51; 60]	48	38.1	6.6	---	---	---
	[61; 70]	55	41.3	5.3	---	---	---
	[71; 80]	42	42.7	3.8	---	---	---
	[81; 90]	36	41.1	4.9	---	---	---
6	≤ 50	36	38.9	7.0	42	38.2	7.6
	[51; 60]	48	39.2	6.0	50	41.8	4.8
	[61; 70]	55	43.1	4.5	48	43.7	4.0
	[71; 80]	42	43.2	3.7	44	43.7	4.0
	[81; 90]	36	42.7	4.6	34	43.7	3.1

		Jhg. 2002 (Kl. 5 / Kl. 6)			Jhg. 2001 (Kl. 6 / Kl. 7)		
Klasse	HISEI	N	M	SD	N	M	SD
7	≤ 50	---	---	---	42	40.1	6.9
	[51; 60]	---	---	---	50	43.3	4.4
	[61; 70]	---	---	---	48	43.9	3.6
	[71; 80]	---	---	---	44	43.6	4.1
	[81; 90]	---	---	---	34	43.5	3.9

Im direkten Vergleich erzielen Schüler/-innen aus bildungsnäheren Schichten im Vergleich zu Kindern aus bildungsferneren Familien erwartungsgemäß bessere Leistungen (Jhg. 2002: $\eta^2 = .14$; Jhg. 2001: $\eta^2 = .13$). Dies gilt beim Jahrgang 2001 allerdings nur, wenn die Kovariaten Intelligenz- und Wortschatztestleistung nicht berücksichtigt werden. Werden Intelligenz und Wortschatz in die Analyse einbezogen, dann trägt nicht die Bildungsnähe, sondern die kognitive Leistungsfähigkeit ($\eta^2 = .11$) und der Wortschatz ($\eta^2 = .04$) bedeutsam zur Varianzaufklärung bei. Beim Jahrgang 2002 leistet die Bildungsnähe zwar auch nach Berücksichtigung der Kovariaten einen bedeutsamen Beitrag zur Erklärung der Leistungsunterschiede ($\eta^2 = .10$). Die Effektstärke der Bildungsnähe ist jedoch deutlich geringer, als die der kognitiven Leistungsfähigkeit ($\eta^2 = .26$).

Lesen. Beim Lesen wirkt sich die Berücksichtigung von Intelligenz und Wortschatz noch gravierender aus. Ergeben sich zunächst noch leichte Vorteile von Kindern aus bildungsnahen Familien (s. Tabelle 26), so zeigen die Kovarianzanalysen, dass die Varianz eher auf Unterschiede in der kognitiven Leistungsfähigkeit (Jhg. 2002: $\eta^2 = .17$; Jhg. 2001: $\eta^2 = .19$) und dem Wortschatz (Jhg. 2002: $\eta^2 = .06$; Jhg. 2001: $\eta^2 = .07$) als auf die Besonderheiten des sozioökonomischen Umfeldes zurückzuführen sind.

Tabelle 26 Lesetestleistungen (Lesequotient) am Ende der 5. und 6. Klasse
(Jhg. 2002) bzw. 6. und 7. Klasse (Jhg. 2001) in Abhängigkeit vom
sozioökonomischen Niveau (HISEI)

Klasse	HISEI	Jhg. 2002 (Kl. 5 / Kl. 6)			Jhg. 2001 (Kl. 6 / Kl. 7)		
		N	*M*	*SD*	*N*	*M*	*SD*
5	≤ 50	36	105.1	18.8	---	---	---
	[51; 60]	48	108.4	20.8	---	---	---
	[61; 70]	55	115.8	14.0	---	---	---
	[71; 80]	42	116.7	17.9	---	---	---
	[81; 90]	36	114.3	16.0	---	---	---
6	≤ 50	36	106.9	16.6	42	104.2	15.3
	[51; 60]	48	107.8	16.6	50	113.2	15.3
	[61; 70]	55	113.1	14.4	48	111.4	15.4
	[71; 80]	42	116.3	15.2	44	113.2	12.7
	[81; 90]	36	114.0	15.5	34	113.7	11.8
7	≤ 50	---	---	---	42	102.4	15.9
	[51; 60]	---	---	---	50	112.7	16.2
	[61; 70]	---	---	---	48	109.2	15.8
	[71; 80]	---	---	---	44	108.0	13.3
	[81; 90]	---	---	---	34	112.5	12.9

Mathematik. Tendenziell ergeben sich auch hinsichtlich der Mathematiktestleistungen Unterschiede in Abhängigkeit von sozioökonomischem Status und elterlichem Bildungsniveau (s. Tabelle 27): Schüler/-innen aus bildungsnahen Familien schneiden besser ab als Kinder aus bildungsferneren Elternhäusern (Jhg. 2002: $\eta^2 = .10$; Jhg. 2001: $\eta^2 = .19$). Wiederum zeigt jedoch die Hinzunahme der Kovariaten, dass die kognitive Leistungsfähigkeit (Jhg. 2002: $\eta^2 = .40$; Jhg. 2001: $\eta^2 = .30$) und der Wortschatz (Jhg. 2002: $\eta^2 = .05$; Jhg. 2001: $\eta^2 = .08$) die Leistungsunterschiede eher erklären als die Bildungsnähe des Elternhauses (Jhg. 2002: nicht signifikant; Jhg. 2001: $\eta^2 = .10$).

Tabelle 27 Mathematiktestleistungen (*T*-Werte) am Ende der 5. und 6. Klasse (Jhg. 2002) bzw. 6. und 7. Klasse (Jhg. 2001) in Abhängigkeit vom sozioökonomischen Niveau (HISEI)

Klasse	HISEI	Jhg. 2002 (Kl. 5 / Kl. 6)			Jhg. 2001 (Kl. 6 / Kl. 7)		
		N	*M*	*SD*	*N*	*M*	*SD*
5	≤ 50	36	44.9	9.7	---	---	---
	[51; 60]	48	45.8	7.3	---	---	---
	[61; 70]	55	49.5	7.6	---	---	---
	[71; 80]	42	50.5	6.8	---	---	---
	[81; 90]	36	50.2	7.4	---	---	---
6	≤ 50	36	47.7	11.2	42	43.9	9.2
	[51; 60]	48	45.9	9.4	50	50.9	9.4
	[61; 70]	55	53.0	8.6	48	54.4	7.7
	[71; 80]	42	51.4	9.2	44	54.2	7.3
	[81; 90]	36	53.0	9.3	34	55.2	6.3
7	≤ 50	---	---	---	42	44.5	10.3
	[51; 60]	---	---	---	50	49.7	9.8
	[61; 70]	---	---	---	48	53.1	7.5
	[71; 80]	---	---	---	44	53.6	9.0
	[81; 90]	---	---	---	34	55.1	7.4

Englisch. Lediglich die Englischtestleistungen werden in beiden Untersuchungsgruppen auch dann bedeutsam vom familiären Bildungshintergrund und sozioökonomischen Status der Eltern beeinflusst, wenn mögliche Intelligenz- und Wortschatzunterschiede zwischen den Vergleichsgruppen berücksichtigt werden (s. Tabelle 28). Allerdings reduzieren sich bei der Berücksichtigung dieser Kovariaten die Effektstärken beim Jahrgang 2002 von $\eta^2 = .16$ auf $\eta^2 = .11$ und beim Jahrgang 2001 von $\eta^2 = .19$ auf $\eta^2 = .07$. Dies lässt sich wiederum dadurch erklären, dass ein Teil der Leistungsunterschiede nunmehr durch die kognitive Leistungsfähigkeit (Jhg. 2002: $\eta^2 = .19$; Jhg. 2001: $\eta^2 = .12$) und den Wortschatz (Jhg. 2002: $\eta^2 = .06$; Jhg. 2001: $\eta^2 = .05$) der Kinder erklärt werden kann.

Tabelle 28 Englischtestleistungen (*T*-Werte) am Ende der 5. und 6. Klasse (Jhg. 2002) bzw. 6. und 7. Klasse (Jhg. 2001) in Abhängigkeit vom sozioökonomischen Niveau (HISEI)

Klasse	HISEI	Jhg. 2002 (Kl. 5 / Kl. 6)			Jhg. 2001 (Kl. 6 / Kl. 7)		
		N	*M*	*SD*	*N*	*M*	*SD*
5	≤ 50	36	46.0	9.6	---	---	---
	[51; 60]	48	46.7	8.2	---	---	---
	[61; 70]	55	53.2	9.3	---	---	---
	[71; 80]	42	55.8	9.4	---	---	---
	[81; 90]	36	53.5	6.8	---	---	---
6	≤ 50	36	46.0	9.7	42	42.6	11.3
	[51; 60]	48	47.5	8.3	50	51.4	9.7
	[61; 70]	55	53.7	9.3	48	51.6	6.9
	[71; 80]	42	54.5	9.4	44	53.5	7.1
	[81; 90]	36	53.1	8.1	34	51.9	9.0
7	≤ 50	---	---	---	42	43.0	10.5
	[51; 60]	---	---	---	50	50.5	10.1
	[61; 70]	---	---	---	48	52.8	7.1
	[71; 80]	---	---	---	44	54.1	8.4
	[81; 90]	---	---	---	34	53.6	7.1

3.5 Entwicklung der Schulleistungen in Abhängigkeit vom Wortschatz

Die Beherrschung der Unterrichtssprache ist eine Grundvoraussetzung für erfolgreiches schulisches Lernen. Sie ermöglicht es einem Schüler/einer Schülerin, den Erläuterungen des Lehrers/der Lehrerin zu folgen und sich sinnvoll am Unterrichtsgeschehen zu beteiligen. Sprache dient auch im schulischen Kontext der Kommunikation sowie dem Informationsaustausch und Wissenserwerb. Entsprechend erscheint es geradezu banal, darauf hinzuweisen, dass die Beherrschung der Unterrichtssprache, die Bildungschancen eines Schülers/einer Schülerin deutlich erhöht. Doch auch für selbstständiges und systematisches Lernen (z. B. anhand von Schulbüchern und Lernmedien) stellt die Sprachkompetenz eine wich-

tige Voraussetzung dar. Weicht die familiäre Sprache, wie dies etwa bei zuge-
wanderten Familien nicht selten der Fall ist, von der Verkehrssprache ab, so
kann sich dies nachteilig auf die schulische Leistungsentwicklung der Kinder
auswirken. Dies gilt vor allem dann, wenn beide Elternteile die Verkehrssprache
nur unzureichend beherrschen und für das Kind sowohl in der Schule als auch im
familiären Umfeld nur eingeschränkte Möglichkeiten bestehen, die eigene Kompetenz in der Unterrichtssprache zu verbessern.

Nicht zuletzt durch die Veröffentlichung der Ergebnisse internationaler
Schulleistungsstudien wie PISA, IGLU und TIMSS ist die Bildungsbeteiligung
und der Bildungserfolg von Kindern und Jugendlichen mit Migrationshintergrund auch in Deutschland stärker ins Zentrum bildungspolitischer Interessen ge-
rückt (vgl. auch Bos et al., 2007b). Diese Studien haben erhebliche Disparitäten
zwischen den Bildungschancen von Schüler/-innen mit und ohne Migrationshintergrund aufgezeigt (u. a. Baumert & Schümer, 2001; Helmke et al., 2002;
Ramm, Prenzel, Heidemeier & Walter, 2004; Schwippert et al., 2003; Weißhuhn
& Rövekamp, 2004). Die geringeren Bildungserfolge von Kindern mit Migrationshintergrund lassen sich jedoch nicht ausschließlich über deren oft mangelnde
Sprachkenntnisse erklären. Weitere Merkmale wie etwa schlechtere Bildungsabschlüsse, Verdienstmöglichkeiten und finanzielle Ressourcen der Eltern spielen
hier ebenfalls eine wichtige Rolle (vgl. auch Baumert et al., 2001; Bos et al.,
2003; Bourdieu, 1983; Prenzel et al., 2004). Als Gründe für die Ungleichheiten
in der Bildungsbeteiligung von Schülern und Schülerinnen mit und ohne Migrationshintergrund nannte Bourdieu bereits 1983: Bildungsarmut, sozioökonomische Mängel, fehlende Bildungsinformationen und -aspirationen seitens der Eltern sowie eine misslungene Transformation kulturellen Kapitals. Hinzu kommen eingeschränkte Sprachkompetenzen, die für Bourdieu (1983) ebenfalls eine
zentrale Rolle spielen.

Rüesch (1998) kommt in einer Untersuchung zu den Deutsch-Lese-
leistungen von Schweizer Schülerinnen und Schülern der 3. Primarstufe zu dem
Ergebnis, dass Immigrantenkinder, die im Allgemeinen vor einem anderen
Sprachhintergrund aufwachsen, in ihren mittleren Leseleistungen auch dann hinter den Leistungen der einheimischen Kinder zurückbleiben, wenn der sozioökonomische Status kontrolliert wird. Lehmann, Peek, Pieper und von Stritzky
(1995) können anhand der Daten der IEA-Leseverständnisstudie für das Lesen
und Rechtschreiben zeigen, dass nicht nur in der Grundschule sondern auch in
der Sekundarstufe I deutschsprachig aufwachsende Kinder im Vergleich zu ihren
mehrsprachig aufwachsenden Altersgenossen/-genossinnen signifikant bessere
Leistungen erzielen. Darüber hinaus konnte er zeigen, dass mit steigendem Anteil an Kindern aus den oberen sozioökonomischen Milieus die Schüler/-innen
einer Klasse insgesamt bessere Leistungen erzielen. Der Anteil verschiedenspra-

chiger Schüler/-innen in einer Klasse stand hingegen in keiner Beziehung zum Leistungsniveau. Dieser Befund steht nicht im Einklang mit den Ergebnissen der PISA-Studie (vgl. Baumert, Trautwein & Artelt, 2003), der zufolge Kinder mit vergleichbarer kognitiver Leistungsfähigkeit deutlich niedrigere mittlere Leistungen erzielen, wenn sie eine Schule besuchen, in der mehr als 20 % der Schüler/-innen im häuslichen Umfeld nicht die jeweilige Unterrichtssprache sprechen.

Auch in der PRISE-Studie wurde neben der sozialen Herkunft die häusliche Sprachsituation erfasst. Zudem liegen Angaben zum Migrationshintergrund der Teilnehmer/-innen vor. Die nachfolgenden Analysen fokussieren allerdings weder auf die Herkunft der Kinder, noch auf Besonderheiten der familiären Sprachsituation (z. B. abweichende Muttersprachen der Eltern). Das Augenmerk gilt vielmehr dem Wortschatz der Schüler/-innen. Dies erscheint insofern angemessen als der Migrationshintergrund eines Kindes nicht automatisch etwas über dessen Sprachkompetenzen aussagt. Insbesondere in Heidelberg finden sich zahlreiche Schüler/-innen, die zwar einen Migrationshintergrund aufweisen, die Unterrichts- und Verkehrssprache aber exzellent beherrschen. Viele dieser Kinder stammen aus Familien, in denen mindestens ein Elternteil über einen akademischen Abschluss verfügt und in denen die Eltern selbst ihre Deutschkenntnisse als sehr gut bezeichnen. Demgegenüber gibt es in Heidelberg Schüler/-innen (z. B. aus bildungsferneren Schichten), die zwar in einem rein deutschsprachigen Haushalt aufwachsen, deren Wortschatz jedoch vergleichsweise gering ausfällt. Unterschieden wird im Folgenden daher zwischen drei Schüler/-innengruppen: Schüler/-innen mit einem Wortschatz im unteren Bereich ($T < 50$), im oberen Normalbereich ($50 \leq T < 60$) sowie im mindestens überdurchschnittlichen Bereich ($T = \geq 60$). Die Wahl eines Wortschatztests als Maß für das Sprachleistungsniveau erweist sich vor dem Hintergrund der EVES-Studie als sinnvoll. Zum einen kann durch den Einsatz eines objektiven Verfahrens das Problem von Referenzgruppeneffekten verringert werden (so neigen etwa Lehrkräfte mitunter dazu, sich bei der Beurteilung eines Individuums von Merkmalen der Referenzgruppe leiten zu lassen), zum anderen zeigte sich im Rahmen der EVES-Studie, dass Lehrer/-innen dem Wortschatz als Indikator für die Sprachfertigkeit eines Kindes eine besondere Bedeutung beimessen.

3.5.1 Stichprobe

Mit einem Mittelwert von $M = 55.1$ ($SD = 7.8$) liegt der Wortschatz der PRISE-Teilnehmer/-innen eine halbe Standardabweichung über dem Bevölkerungsdurchschnitt. Entsprechend gering ist der Anteil an Schülerinnen und Schülern mit einer Leistung im unteren Bereich ($T < 50$), sodass sich eine stärkere Differenzierung hier nicht als sinnvoll erweist. Prinzipiell ist zu beachten, dass die Leistungen im Wortschatz- und Intelligenztest ($r = .51$) sowie die Bildungsnähe

(r = .25) und Wortschatztestleistungen bedeutsam miteinander korrelieren. Die Angehörigen der einzelnen Vergleichsgruppen unterscheiden sich folglich nicht nur hinsichtlich ihres Wortschatzes, sondern auch bezüglich Intelligenz und Bildungsnähe (s. Tabelle 29): Je höher der Wortschatz, desto höher sind im Durchschnitt auch die Bildungsnähe des Elternhauses und die Intelligenz der Schüler/-innen.

Tabelle 29 Vergleich der Merkmale der drei Wortschatz-Gruppen (WS) in Abhängigkeit von den jeweils gebildeten Untersuchungsgruppen

	WS - Gruppe	Jhg. 2001 / 2002 (Kl. 3 / Kl. 6)		Jhg. 2002 (Kl. 5 / Kl. 6)		Jhg. 2001 (Kl. 6 / Kl. 7)	
		N	$\%$	N	$\%$	N	$\%$
Anzahl	≥ 60	104	30	64	29	68	31
	50-59	165	48	112	52	95	44
	< 50	75	22	41	19	55	25
	Σ	344	100	217	100	218	100

		M	SD	p	M	SD	p	M	SD	p
Wort-schatz	≥ 60	69.2	15.0	.01	64.6	4.1	.01	63.8	3.7	.01
	50-59	64.5	16.0		54.0	2.5		54.7	2.7	
	< 50	52.4	20.4		44.0	4.4		44.8	4.6	
IQ	≥ 60	116.9	10.6	.01	118.8	11.2	.01	120.1	10.4	.01
	50-59	112.7	9.4		112.3	10.2		115.3	10.5	
	< 50	103.9	11.6		102.3	12.4		105.2	12.6	
HISEI	≥ 60	69.2	15.0	.01	68.3	15.3	.01	70.3	13.6	.01
	50-59	64.5	16.0		65.0	15.3		64.6	15.6	
	< 50	52.4	20.4		55.5	18.0		51.9	17.6	

3.5.2 Leistungsentwicklung beim Übergang auf die weiterführende Schule

Sowohl im Rahmen der Varianz- als auch Kovarianzanalysen ergeben sich signifikante Leistungsunterschiede in Abhängigkeit vom Wortschatz der Schüler/ -innen. Je höher der Wortschatz, desto höher die Lese- und Rechtschreibtestleistungen (s. Tabelle 30). Dies gilt sowohl am Ende der 3. als auch 6. Klasse. Bei Berücksichtigung der Kovariaten Intelligenz und HISEI reduzieren sich die Effektstärken allerdings deutlich: beim Lesen von $\eta^2 = .12$ auf $\eta^2 = .02$ und beim Rechtschreiben von $\eta^2 = .20$ auf $\eta^2 = .05$. Die Intelligenz erweist sich mit $\eta^2 = .16$ für das Lesen und Rechtschreiben als gleichermaßen bedeutsam. Für die Rechtschreibtestleistungen spielt die Bildungsnähe eine größere Rolle als für das Lesen (Lesen: $\eta^2 = .02$; Rechtschreiben: $\eta^2 = .06$). Eine Wechselwirkung zwischen Höhe des Wortschatzes und Klassenstufe tritt nicht auf.

Tabelle 30 Lese- und Rechtschreibtestleistungen (*T*-Werte) am Ende der 3. und 6. Klasse in Abhängigkeit von der Wortschatz-Gruppe (WS)

Klasse	WS-Gruppe	*WLLP / SLS 5-8*			*DRT-3 / HSP 5-9*		
		N	*M*	*SD*	*N*	*M*	*SD*
3	≥ 60	104	56.0	8.2	104	57.6	7.5
	50 - 59	165	53.6	9.9	165	53.8	8.7
	< 50	75	49.5	10.9	75	47.2	8.8
6	≥ 60	104	61.3	9.6	104	58.0	6.6
	50 - 59	165	57.0	9.8	165	55.1	7.6
	< 50	75	50.5	9.4	75	48.2	8.0

Diese Befunde werden durch einen Extremgruppenvergleich nur teilweise bestätigt (s. Tabelle 32). Zwar verdeutlicht der Vergleich der nach Geschlecht, Intelligenz und HISEI parallelisierten Gruppen (s. Tabelle 31) die größere Bedeutung des Wortschatzes für die Rechtschreibung (Lesen: nicht signifikant; Rechtschreiben: $\eta^2 = .07$). Im Gegensatz zu den oben dargestellten Befunden wirken sich die Unterschiede in den Wortschatztestleistung der Extremgruppen jedoch nicht signifikant auf die Lesetestleistungen aus.

Tabelle 31 Merkmale zweier nach Geschlecht, Intelligenz und HISEI parallelisierten Wortschatz-Gruppen (WS)

WS-Gruppe	*N*	HISEI		Intelligenz		Wortschatz	
		M	*SD*	*M*	*SD*	*M*	*SD*
≥ 60	27	65.3	16.9	111.1	9.7	63.6	5.7
< 50	27	63.8	17.1	110.2	9.4	46.4	4.7

Tabelle 32 Lese- und Rechtschreibtestleistungen (*T*-Werte) der nach Geschlecht, Intelligenz und HISEI parallelisierten Wortschatz-Gruppen (WS) am Ende der 3. und 6. Klasse (Extremgruppenvergleich)

Klasse	WS-Gruppe	*WLLP / SLS 5-8*			*DRT-3 / HSP 5-9*		
		N	*M*	*SD*	*N*	*M*	*SD*
3	≥ 60	27	52.0	6.8	27	55.8	7.3
	< 50	27	52.4	8.8	27	51.8	7.7
6	≥ 60	27	57.0	10.3	27	55.8	8.0
	< 50	27	53.5	9.1	27	52.8	6.2

3.5.3 Leistungsentwicklung nach dem Übergang auf die weiterführende Schule

Rechtschreiben. Die Schüler/-innen verbessern ihre Rechtschreibtestleistungen von der 5. zur 6. (Jhg. 2002) bzw. 6. zur 7. (Jhg. 2001) Klasse leicht (Jhg. 2002: $\eta^2 = .10$; Jhg. 2001: $\eta^2 = .04$). Dies gilt unabhängig vom Wortschatz der Schüler/-innen. Beim Übergang von der 6. in die 7. Klasse findet sich zwar eine Wechselwirkung, d. h. es ergeben sich unterschiedliche Entwicklungsverläufe in Abhängigkeit vom Wortschatz ($\eta^2 = .06$): Während nämlich Kinder mit einem geringeren Wortschatz ihre Rechtschreibtestleistung verbessern können, vermindert sich die Rechtschreibtestleistung von Kindern mit einem überdurchschnittlichem großen Wortschatz (s. Tabelle 33). Dieser Effekt verschwindet jedoch bei Berücksichtigung der Kovariaten Intelligenz und Wortschatz. Dies gilt beim Jahrgang 2001 auch für die Gruppenunterschiede. Beim Jahrgang 2002 kommt es lediglich zu einer Minderung der Effektstärken von $\eta^2 = .23$ auf $\eta^2 = .06$. Den größten Beitrag zur Varianzaufklärung leistet die Intelligenz (Jhg. 2002: $\eta^2 = .26$; Jhg. 2001: $\eta^2 = .17$), doch auch die Bildungsnähe spielt für die Rechtschreibtestleistungen eine bedeutsame Rolle (Jhg. 2002: $\eta^2 = .06$; Jhg. 2001: $\eta^2 = .07$).

Tabelle 33 Rechtschreibtestleistungen (Rohwerte) am Ende der 5. und 6.
Klasse (Jhg. 2002) bzw. 6. und 7. Klasse (Jhg. 2001) in
Abhängigkeit vom Wortschatz (WS)

Klasse	WS-Gruppe	Jhg. 2002 (Kl. 5 / Kl. 6)			Jhg. 2001 (Kl. 6 / Kl. 7)		
		N	*M*	*SD*	*N*	*M*	*SD*
5	≥ 60	64	42.6	4.5	---	---	---
	50 - 59	112	40.3	5.9	---	---	---
	< 50	41	35.2	6.4	---	---	---
6	≥ 60	64	44.1	3.7	68	44.7	3.0
	50 - 59	112	42.0	4.7	95	42.3	4.5
	< 50	41	36.0	6.3	55	38.9	7.1
7	≥ 60	---	---	---	68	44.1	4.0
	50 - 59	---	---	---	95	43.4	4.0
	< 50	---	---	---	55	40.5	6.2

Lesen. Schüler/-innen, die im Wortschatztest einen hohen Wert aufweisen, erzielen auch im Lesetest durchschnittlich bessere Leistungen (Jhg. 2002: $\eta^2 = .19$; Jhg. 2001: $\eta^2 = .20$; s. Tabelle 34). Durch die Berücksichtigung der Intelligenz (Jhg. 2002: $\eta^2 = .17$; Jhg. 2001: $\eta^2 = .25$) reduzieren sich die Effektstärken auf $\eta^2 = .05$ (Jhg. 2002) bzw. $\eta^2 = .06$ (Jhg. 2001). Die Bildungsnähe erweist sich im Falle des Lesens als nicht bedeutsam.

Tabelle 34 Lesetestleistungen (Lesequotient) am Ende der 5. und 6. Klasse
(Jhg. 2002) bzw. 6. und 7. Klasse (Jhg. 2001) in Abhängigkeit vom
Wortschatz (WS)

Klasse	WS-Gruppe	Jhg. 2002 (Kl. 5 / Kl. 6)			Jhg. 2001 (Kl. 6 / Kl. 7)		
		N	*M*	*SD*	*N*	*M*	*SD*
5	≥ 60	64	121.0	14.7	---	---	---
	50 - 59	112	112.1	17.0	---	---	---
	< 50	41	99.3	17.4	---	---	---

Klasse	WS-Gruppe	Jhg. 2002 (Kl. 5 / Kl. 6)			Jhg. 2001 (Kl. 6 / Kl. 7)		
		N	M	SD	N	M	SD
6	≥ 60	64	118.8	14.2	68	119.4	12.8
	50 - 59	112	112.2	14.5	95	111.1	12.8
	< 50	41	99.1	14.5	55	101.0	13.6
7	≥ 60	---	---	---	68	116.3	14.2
	50 - 59	---	---	---	95	108.2	13.4
	< 50	---	---	---	55	101.3	15.8

Mathematik. Die Gruppe der Schüler/-innen mit einer vergleichsweise hohen Wortschatztestleistung erzielt bessere Leistungen als die beiden anderen Gruppen (s. Tabelle 35). Prinzipiell gilt: Je höher die Wortschatztestleistung, desto höher sind auch die durchschnittlichen Leistungen im Mathematiktest. Durch die Berücksichtigung von Bildungsnähe und kognitiver Leistungsfähigkeit reduziert sich dieser Effekt beim Jahrgang 2002 von $\eta^2 = .25$ auf $\eta^2 = .06$ und beim Jahrgang 2001 von $\eta^2 = .28$ auf $\eta^2 = .08$. Die Intelligenz trägt wiederum bedeutsam zur Varianzaufklärung bei (Jhg. 2002: $\eta^2 = 42$; Jhg. 2001: $\eta^2 = .34$), doch auch der HISEI (d. h. die Bildungsnähe) spielt eine, wenn auch geringere Rolle (Jhg. 2002: $\eta^2 = .03$; Jhg. 2001: $\eta^2 = .09$).

Tabelle 35 Mathematiktestleistungen (*T*-Wert) am Ende der 5. und 6. Klasse (Jhg. 2002) bzw. 6. und 7. Klasse (Jhg. 2001) in Abhängigkeit vom Wortschatz (WS)

Klasse	WS-Gruppe	Jhg. 2002 (Kl. 5 / Kl. 6)			Jhg. 2001 (Kl. 6 / Kl. 7)		
		N	M	SD	N	M	SD
5	≥ 60	64	52.0	7.5	---	---	---
	50 - 59	112	48.6	7.0	---	---	---
	< 50	41	41.3	7.0	---	---	---
6	≥ 60	64	54.8	8.9	68	57.7	6.4
	50 - 59	112	50.9	8.8	95	51.3	7.8
	< 50	41	41.4	8.3	55	44.8	9.0

Klasse	WS-Gruppe	Jhg. 2002 (Kl. 5 / Kl. 6)			Jhg. 2001 (Kl. 6 / Kl. 7)		
		N	M	SD	N	M	SD
7	≥ 60	---	---	---	68	56.9	7.1
	50 - 59	---	---	---	95	50.8	8.7
	< 50	---	---	---	55	44.5	9.4

Englisch. Für die Leistungen im Englischtest ergibt sich ein vergleichbares Bild: Je höher die Leistungen im Wortschatztest, desto höher sind die Leistungen im Englischtest (Jhg. 2002: $\eta^2 = .25$; Jhg. 2001: $\eta^2 = .18$; s. Tabelle 36). Die Berücksichtigung der Kovariaten bewirkt beim Jahrgang 2002 eine Reduzierung der Effektstärke von $\eta^2 = .25$ auf $\eta^2 = .08$. Für den Jahrgang 2001 ergibt sich im Rahmen der Kovarianzanalyse kein signifikanter Einfluss der Wortschatztestleistungen. Sowohl Intelligenz (Jhg. 2002 / Jhg. 2001: $\eta^2 = .18$) als auch HISEI (Jhg. 2002: $\eta^2 = .09$; Jhg. 2001: $\eta^2 = .08$) tragen hingegen bedeutsam zur Erklärung der Leistungsunterschiede zwischen den drei Wortschatz-Gruppen bei.

Tabelle 36   Englischtestleistungen (*T*-Werte) am Ende der 5. und 6. Klasse (Jhg. 2002) bzw. 6. und 7. Klasse (Jhg. 2001) in Abhängigkeit vom Wortschatz (WS)

Klasse	WS-Gruppe	Jhg. 2002 (Kl. 5 / Kl. 6)			Jhg. 2001 (Kl. 6 / Kl. 7)		
		N	M	SD	N	M	SD
5	≥ 60	64	55.7	8.4	---	---	---
	50 - 59	112	51.5	9.1	---	---	---
	< 50	41	42.9	6.9	---	---	---
6	≥ 60	64	54.8	8.7	68	54.0	7.7
	50 - 59	112	52.5	8.2	95	50.9	8.7
	< 50	41	41.5	8.0	55	44.5	10.7
7	≥ 60	---	---	---	68	55.3	7.5
	50 - 59	---	---	---	95	51.1	8.2
	< 50	---	---	---	55	44.5	10.9

3.6 Entwicklung der Schulleistungen in Abhängigkeit von der Schulart

Gemäß des Schulgesetzes des Landes Baden-Württemberg (z. B. § 3 Abs. 1 SchulG Baden-Württemberg [BW]; Dürig, 2008) gliedert sich das Schulwesen, „unbeschadet seiner im gemeinsamen Erziehungs- und Bildungsauftrag begründeten Einheit, in verschiedene Schularten; sie sollen in allen Schulstufen jedem jungen Menschen eine seiner Begabung entsprechende Ausbildung ermöglichen". Die Hauptschule (§ 6 Abs. 1 SchulG BW) vermittelt eine grundlegende allgemeine Bildung, „die sich an lebensnahen Sachverhalten und Aufgabenstellungen orientiert. Sie fördert im besonderen Maße praktische Begabungen, Neigungen und Leistungen". Die Realschule (§ 7 Abs. 1 SchulG BW) zielt ab auf eine „erweiterte allgemeine Bildung, die sich an lebensnahen Sachverhalten orientiert und zu deren theoretischer Durchdringung und Zusammenschau führt". Das Gymnasium (§ 8 Abs. 1 SchulG BW) vermittelt Schülerinnen und Schülern „mit entsprechenden Begabungen und Bildungsabsichten eine breite und vertiefte Allgemeinbildung, die zur Studierfähigkeit führt. Es fördert insbesondere die Fähigkeiten, theoretische Erkenntnisse nachzuvollziehen, schwierige Sachverhalte geistig zu durchdringen sowie vielschichtige Zusammenhänge zu durchschauen, zu ordnen und verständlich vortragen und darstellen zu können".

Dem dreigliedrigen Schulsystem liegt die Absicht zugrunde, durch die Bildung homogener Fähigkeitsgruppen eine optimierte Ausbildung von Schülerinnen und Schülern mit unterschiedlichen Begabungen und Fähigkeitsniveaus zu gewährleisten. Es wird dabei darauf vertraut, dass die begabungsgerechte Aufteilung auf die einzelnen Schultypen den Schülerinnen und Schülern die notwendigen Bedingungen dafür liefert, sich in einer begabungshomogenen Gruppe angemessen zu entfalten. Dabei wird jedoch übersehen, dass eine Aufteilung auf die weiterführenden Schulen in der Praxis oftmals nicht zu homogenen Lerngruppen führt. Dies liegt zum einen daran, dass die Grundlage der Schulwahl oder Bildungsempfehlung zumeist das Zeugnis der 4. Klasse darstellt. Gleiche Noten können jedoch im konkreten Einzelfall ganz unterschiedliche Leistungen repräsentieren. Derartige Unterschiede in der Leistungsbeurteilung ergeben sich z. B. aufgrund von so genannten ‚Referenzgruppeneffekten' (u. a. Blossfeld et al., 2007; Ingenkamp, 1969, 1993; Rheinberg, 2001; Thiel & Valtin, 2002; Trautwein & Baeriswyl, 2007).[6]

Hinzu kommt, dass in der Regel nur die Hauptfachnoten für die Vergabe einer spezifischen Bildungsempfehlung als relevant erachtet werden. Wer in den

---

[6] Das bedeutet, der Lehrer oder die Lehrerin orientiert sich bei der Leistungsbeurteilung am Leistungsniveau seiner/ihrer Klasse, ohne zu berücksichtigen, wie hoch oder niedrig das Leistungsniveau der eigenen Klasse im Vergleich zu anderen Klassen derselben Klassenstufe ausfällt.

Hauptfächern mangels Begabung keine guten Leistungen erbringen kann, wird auf eine Schulart mit allgemein niedrigeren Anforderungen überwiesen. Dabei wird angenommen, das Schüler/-innen, die in den Hauptfächern schwächere Leistungen erzielen, auch in allen anderen Fächern nur mäßige Leistungen erbringen. Homogene Fähigkeitsprofile sind jedoch eher die Ausnahme als die Regel (u. a. Gundersen & Feldt, 1960; Simons, 1976; Zöller, 2009). Hinzu kommt, dass offenbar nicht alle Schüler/-innen beim Lernen von homogenen Fähigkeitsgruppen gleichermaßen profitieren. So stellte etwa Butler-Por (1987) fest, dass gerade Schüler/-innen mit einem mittleren Fähigkeitsniveau von starken Mitschülerinnen und Mitschülern profitieren.

Nach Trautwein und Baeriswyl (2007, S. 119) kommt dem Übergang von der Grundschule auf die weiterführende Schule eine kaum zu überschätzende Bedeutung für den weiteren Bildungsweg eines Kindes zu, da die weiterführenden Bildungsgänge differenzielle Entwicklungsmilieus bieten, „in denen sich ein unterschiedlich ausgeprägter Leistungszuwachs beobachten lässt (Becker, Lüdtke, Trautwein & Baumert, 2006; Neumann et al., in Druck)". Dieser Befund bildet die Grundlage für einen der Hauptkritikpunkte am dreigliedrigen Schulsystem: die mangelnde Durchlässigkeit. Es wird beklagt, dass die Möglichkeiten eines Wechsels zwischen den Schularten, insbesondere aber eines Wechsels nach oben (also auf eine Schulart mit einem höheren Anforderungsniveau), im gegliederten Schulsystem sehr begrenzt sind. Wer einmal die nicht-gymnasiale Laufbahn eingeschlagen hat, der hat es schwer, bei einem Wechsel nach oben, den Anschluss an die Leistungen und Kenntnisse der neuen Mitschüler/-innen zu finden. Gleiches gilt für Hauptschüler/-innen, die erst nach dem Übergang auf die weiterführende Schule feststellen, dass sie auch den höheren Anforderungen der Realschule bzw. des Gymnasiums gewachsen gewesen wären. Erklärt wird die mangelnde Durchlässigkeit zwischen den Schularten unter anderem damit, dass sich die Fächer(-kombinationen), aber vor allem auch die Anforderungen auf den einzelnen Schultypen stark unterscheiden. Den vermeintlich begabteren und leistungsfähigeren Gymnasiastinnen und Gymnasiasten wird ein höheres Lernpensum abverlangt als den Real- und Hauptschüler/-innen. Entsprechend nehmen die Unterschiede im Leistungsniveau und Wissensumfang der Schüler/-innen unterschiedlicher Schularten mit der Zeit immer weiter zu. Es entsteht ein Schereneffekt, der die Durchlässigkeit zwischen den Schularten reduziert.

In der PRISE-Studie wurden die Leistungen der Schüler/-innen in den Bereichen Lesen, Rechtschreiben, Mathematik und Englisch anhand normierter Schulleistungstests erfasst. Da die Schüler/-innen der unterschiedlichen Schularten die gleichen Testmaterialien bearbeitet haben, lässt sich im Folgenden prüfen, wie sich die Leistungen der Schüler/-innen in Abhängigkeit von der besuchten Schulart entwickeln. Da in Heidelberg nur wenige Schüler/-innen eine

Hauptschule besuchen und sich von diesen nur eine geringe Anzahl zur Teilnahme an der PRISE-Studie bereiterklärt hat, ist die Zahl der Hauptschüler/-innen nur gering. Im Folgenden wird daher vor allem die Leistungsentwicklung der Schülerinnen und Schüler der Gymnasien und Realschulen analysiert. Die Leistungsentwicklung der Hauptschüler/-innen wird getrennt betrachtet.

3.6.1 Untersuchungsgruppen

In allen drei Untersuchungsgruppen beträgt der Anteil der Gymnasiasten ca. 75 %. Die Quote der Realschüler/-innen liegt bei ca. 20 % und 5 % besuchen eine Hauptschule, wobei die Zahl der Hauptschüler/-innen in Heidelberg traditionell gering ist (s. auch Kapitel 1). Wie in den vorangegangenen Abschnitten bereits gezeigt werden konnte, sind sowohl die Intelligenztestleistungen (M = 112.0; SD = 11.3) als auch das elterliche Bildungsniveau seitens der Heidelberger Schüler/-innen deutlich erhöht. Dies macht sich auch an den Übergangsquoten auf die einzelnen Schularten bemerkbar und führt dazu, dass ein Großteil der Schüler/-innen eine Gymnasialempfehlung erhält (s. Tabelle 37).

Tabelle 37 Beschreibung der untersuchten Schüler/-innen (Gymnasium: GY; Realschule: RS; Hauptschule: HS)

		Jhg. 2001 / 2002 (Kl. 3 / Kl. 6)		Jhg. 2002 (Kl. 5 / Kl. 6)		Jhg. 2001 (Kl. 6 / Kl. 7)	
		N	%	N	%	N	%
Schul-art	GY	258	75	158	73	165	76
	RS	68	20	51	23	42	19
	HS	18	5	8	4	11	5
	Σ	344	100	217	100	218	100

		M	SD	p	M	SD	p	M	SD	p
Wort-schatz	GY	57.1	6.5	.01	57.1	7.0	.01	57.3	6.6	.01
	RS	50.1	7.9		50.5	8.2		48.9	6.9	
	HS	45.2	7.7		---	---		---	---	
IQ	GY	114.7	10.1	.01	115.9	10.5	.01	117.5	10.8	.01
	RS	106.3	10.6		104.0	11.8		105.9	11.0	
	HS	95.9	7.7		---	---		---	---	

		Jhg. 2001 / 2002 (Kl. 3 / Kl. 6)			Jhg. 2002 (Kl. 5 / Kl. 6)			Jhg. 2001 (Kl. 6 / Kl. 7)		
HISEI	GY	68.2	14.5	.01	68.9	14.0	.01	68.4	14.2	.01
	RS	49.0	16.4		52.1	16.0		49.4	14.1	
	HS	38.7	15.6		---	---		---	---	

3.6.2 Leistungsentwicklung beim Übergang auf die weiterführende Schule

Bereits am Ende der 3. Klasse, also vor der Vergabe der Bildungsempfehlungen unterscheiden sich die Schriftsprachleistungen von zukünftigen Realschülerinnen/Realschülern und Gymnasiastinnen/Gymnasiasten deutlich (Lesen: $\eta^2 = .11$; Rechtschreiben: $\eta^2 = .17$). Zukünftige Schüler/-innen des Gymnasiums erzielen sowohl bessere Lese- als auch Rechtschreibtestleistungen (s. Tabelle 38). Diesen Leistungsvorsprung gegenüber den Realschülerinnen und Realschülern können die Gymnasiastinnen und Gymnasiasten bis zum Ende der 6. Klasse halten, jedoch nicht weiter ausbauen. Es zeigt sich also im Bereich der Schriftsprachleistungen nicht der erwartete Schereneffekt. Durch die Berücksichtigung der Intelligenz (Lesen: $\eta^2 = .13$; Rechtschreiben: $\eta^2 = .10$) reduzieren sich die Effektstärken auf $\eta^2 = .02$ im Lesen und $\eta^2 = 05$ im Rechtschreiben. Interessanterweise trägt die Bildungsnähe nicht bedeutsam zur Varianzaufklärung der Gruppenunterschiede bei.

Tabelle 38 Lese- und Rechtschreibtestleistungen (*T*-Werte) am Ende der 3. und 6. Klasse in Abhängigkeit von der Schulart

		WLLP / SLS 5-8			DRT-3 / HSP 5-9		
Klasse	Schulart	*N*	*M*	*SD*	*N*	*M*	*SD*
3	Gymnasium	258	55.2	8.9	258	55.9	8.1
	Realschule	68	48.9	10.2	68	48.1	8.2
6	Gymnasium	258	59.1	9.5	258	56.7	7.0
	Realschule	68	51.1	10.7	68	49.4	7.0

Die Leistungen der zukünftigen Hauptschüler/-innen liegen sowohl am Ende der 3. als auch 6. Klasse deutlich unter den Leistungen der anderen Schüler/-innen (s. Tabelle 39). Es hat jedoch den Anschein, als würden auch die Hauptschüler/-innen leistungsmäßig im Laufe der Zeit nicht stärker hinter die Leistungen der Schüler/-innen den Gymnasiums und der Realschule zurückfallen. Die bereits in der 3. Klasse vorhandenen Leistungsabstände bleiben jedoch erhalten.

Tabelle 39 Lese- und Rechtschreibtestleistungen (T-Werte) der Hauptschüler/ -innen am Ende der 3. und 6. Klasse in Abhängigkeit von der Schulart

	WLLP / SLS 5-8			DRT-3 / HSP 5-9		
Klasse	N	M	SD	N	M	SD
3	18	45.1	12.9	18	40.4	8.4
6	18	47.2	6.8	18	41.4	7.7

Da sich die Schüler/-innen der einzelnen Schularten systematisch hinsichtlich der kognitiven Leistungsfähigkeit, dem Wortschatz und dem sozioökonomischen Niveau (HISEI; hier auch als Bildungsnähe bezeichnet) unterscheiden, werden im Folgenden die Leistungen einer nach HISEI, IQ, Wortschatz und Geschlecht parallelisierten Stichprobe dargestellt. Im Rahmen der Parallelisierung wurde zu jedem Schüler/jeder Schülerin mit einem bestimmten Merkmalsmuster ein Paarling aus der jeweils anderen Schulart gesucht. Dieses Vorgehen wurde durch die Tatsache erschwert, dass nur wenige Kinder mit einem eher niedrigen familiären Bildungshintergrund das Gymnasium besuchen, während auf der Realschule Kinder aus bildungsnahen Familien deutlich unterrepräsentiert sind. Insgesamt konnten jedoch 32 Paare gefunden werden (s. Tabelle 40).

Tabelle 40 Merkmale von Schüler/-innen der Realschule bzw. des Gymnasiums (parallelisierte Stichprobe)

		HISEI		Intelligenz		Wortschatz	
Schulart	N	M	SD	M	SD	M	SD
Gymnasium	32	58.9	11.9	111.2	9.3	57.0	5.5
Realschule	32	58.0	12.9	111.8	8.3	54.3	6.9

Realschüler/-innen unterscheiden sich in ihren Lesetestleistungen nicht von einer hinsichtlich Intelligenz, Wortschatz, Geschlecht und elterlichem Bildungsniveau vergleichbaren Gruppe von Schülerinnen und Schülern des Gymnasiums (s. Tabelle 41). Hinsichtlich der Rechtschreibtestleistung zeigen sich jedoch bedeutsame Unterschiede. Hier erzielen (zukünftige) Gymnasiastinnen und Gymnasiasten bereits am Ende der 3. Klasse deutlich bessere Leistungen als die Realschüler/-innen und können diesen Vorsprung bis zur 6. Klasse halten ($\eta^2 = 08$).

Tabelle 41   Lese-/Rechtschreibtestleistungen   (*T*-Werte)   zweier   nach Geschlecht, Intelligenz, Wortschatz und HISEI parallelisierter Schulart-Gruppen (Realschule vs. Gymnasium) am Ende der 3. und 6. Klasse

Klasse	Schulart	*WLLP / SLS 5-8*			*DRT-3 / HSP 5-9*		
		N	*M*	*SD*	*N*	*M*	*SD*
3	Gymnasium	32	53.3	10.0	32	54.5	8.7
	Realschule	32	50.5	10.0	32	49.4	9.3
6	Gymnasium	32	56.5	9.0	32	55.2	8.0
	Realschule	32	54.5	11.2	32	51.0	7.4

3.6.3 Leistungsentwicklung nach dem Übergang auf die weiterführende Schule

Rechtschreiben. Auf den weiterführenden Schulen können die Schüler/-innen des Gymnasiums und der Realschule ihre Rechtschreibtestleistungen von der 5. zur 6. ($\eta^2 = .13$) bzw. 6. zur 7. Klasse ($\eta^2 = .05$) leicht verbessern (s. Tabelle 42). Zwischen den Schülerinnen und Schülern der verschiedenen Schularten bestehen allerdings deutliche Leistungsunterschiede, die bis zum Ende der 7. Klasse bestehen bleiben (Jhg. 2002: $\eta^2 = .23$; Jhg. 2001: $\eta^2 = .17$). Die Gymnasiastinnen und Gymnasiasten sind den Realschülerinnen und Realschülern zu allen Messzeitpunkten leistungsmäßig überlegen, können ihren Leistungsvorsprung mit der Zeit allerdings nicht ausbauen. Wiederum lässt sich ein Teil der Leistungsvarianz über die unterschiedliche kognitive Leistungsfähigkeit von Schüler/-innen des Gymnasiums bzw. der Realschule aufklären (Jhg. 2002: $\eta^2 = .20$; Jhg. 2001: $\eta^2 = .09$). Bildungsnähe und Wortschatz leisten hingegen keinen bedeutsamen Beitrag zur Varianzaufklärung. Bei Berücksichtigung der Kovariaten reduziert sich der Effekt der Schulart in beiden Jahrgängen auf $\eta^2 = .04$.

Tabelle 42 Rechtschreibtestleistungen (Rohwerte) am Ende der 5. und 6. Klasse (Jhg. 2002) bzw. 6. und 7. Klasse (Jhg. 2001) in Abhängigkeit von der Schulart

Klasse	Schulart	Jhg. 2002 (Kl. 5 / Kl. 6)			Jhg. 2001 (Kl. 6 / Kl. 7)		
		N	*M*	*SD*	*N*	*M*	*SD*
5	Gymnasium	158	41.9	4.8	---	---	---
	Realschule	51	35.8	6.2	---	---	---
6	Gymnasium	158	43.2	4.3	165	43.7	3.4
	Realschule	51	37.8	5.6	42	38.8	6.2
7	Gymnasium	---	---	---	165	43.9	3.9
	Realschule	---	---	---	42	40.4	5.0

Lesen. Bei der Lesetestleistung ergibt sich erstmals eine Wechselwirkung, allerdings nicht in einem erwarteten Sinne (s. Tabelle 43): Realschüler/-innen verbessern ihre Lesetestleistungen leicht, während Gymnasiastinnen und Gymnasiasten in ihren Leistungen etwas nachlassen (Jhg. 2002 / Jhg. 2001: $\eta^2 = .03$). Sowohl am Ende der 5. als auch 6. und 7. Klasse weisen die Schüler/-innen des Gymnasiums jedoch deutlich höhere Lesetestleistungen auf als die Realschüler/-innen (Jhg. 2002: $\eta^2 = .10$; 2001: $\eta^2 = .15$). Dieser Effekt lässt sich allerdings wiederum auf die unterschiedlichen kognitiven Leistungsfähigkeiten von Schüler/-innen des Gymnasiums und der Realschule zurückführen. Wird der IQ in den Analysen berücksichtigt, reduziert sich die Effektstärke der Schulart deutlich (Jhg. 2001: $\eta^2 = .02$). Beim Jahrgang 2001 zeigt sich in der Kovarianzanalyse kein bedeutsamer Einfluss der Schulart auf die Leseleistung.

Tabelle 43 Lesetestleistungen (Lesequotient) am Ende der 5. und 6. Klasse (Jhg. 2002) bzw. 6. und 7. Klasse (Jhg. 2001) in Abhängigkeit von der Schulart

Klasse	Schulart	Jhg. 2002 (Kl. 5 / Kl. 6)			Jhg. 2001 (Kl. 6 / Kl. 7)		
		N	*M*	*SD*	*N*	*M*	*SD*
5	Gymnasium	158	116.1	15.7	---	---	---
	Realschule	51	102.5	19.0	---	---	---

Klasse	Schulart	Jhg. 2002 (Kl. 5 / Kl. 6)			Jhg. 2001 (Kl. 6 / Kl. 7)		
		N	M	SD	N	M	SD
6	Gymnasium	158	114.5	14.7	165	114.9	12.9
	Realschule	51	104.9	16.4	42	99.7	13.7
7	Gymnasium	---	---	---	165	111.7	14.3
	Realschule	---	---	---	42	100.5	15.3

Mathematik. Für die Mathematiktestleistung gilt – wie für die Schriftsprachleistungen – allgemein: Gymnasiastinnen und Gymnasiasten erzielen in allen drei Klassenstufen bessere Leistungen als Realschüler/-innen (Jhg. 2002 / Jhg. 2001: $\eta^2 = .32$; s. Tabelle 44). Die Kovarianzanalyse zeigt, dass dieser Leistungsunterschied vor allem auf die höheren Intelligenz- (Jhg. 2002: $\eta^2 = .31$; Jhg. 2001: $\eta^2 = .26$) und Wortschatztestwerte (Jhg. 2002 / Jhg. 2001: $\eta^2 = .04$) der Gymnasiastinnen/Gymnasiasten zurückzuführen ist. Werden diese Variablen in den Analysen berücksichtigt, sinkt der Effekt der Schulart auf $\eta^2 = .11$ beim Jahrgang 2002 bzw. auf $\eta^2 = .09$ beim Jahrgang 2001.

Tabelle 44 Mathematikleistungen (*T*-Wert) am Ende der 5. und 6. Klasse (Jhg. 2002) bzw. 6. und 7. Klasse (Jhg. 2001)

Klasse	Schulart	Jhg. 2002 (Kl. 5 / Kl. 6)			Jhg. 2001 (Kl. 6 / Kl. 7)		
		N	M	SD	N	M	SD
5	Gymnasium	158	50.8	6.7	---	---	---
	Realschule	51	42.2	6.8	---	---	---
6	Gymnasium	158	53.8	8.1	165	54.8	7.1
	Realschule	51	41.6	7.0	42	42.9	7.2
7	Gymnasium	---	---	---	165	54.8	7.1
	Realschule	---	---	---	42	42.8	7.2

Auch bei der Mathematiktestleistung zeigt sich eine bedeutsame und unerwartete Wechselwirkung (s. Tabelle 44): Während die Realschüler/-innen ihre Leistungen im Laufe der 6. und 7. Klasse leicht steigern können, vermindern sich die Leistungen der Gymnasiastinnen und Gymnasiasten leicht. Dieser Unterschied ist allerdings nur beim Jahrgang 2002 bedeutsam ($\eta^2 = .05$).

Englisch. Am stärksten wirkt sich die Schulart auf die Englischtestleistungen aus (Jhg. 2002: $\eta^2 = .35$ ($\eta^2 = .16$); Jhg. 2001: $\eta^2 = .29$ ($\eta^2 = .12$); s. Tabelle 45). Gymnasiastinnen und Gymnasiasten erzielen in den Englischtests deutlich bessere Leistungen als Realschüler/-innen. Bei Berücksichtigung der Kovariaten Wortschatz, HISEI und Intelligenz erweist sich wiederum nur die Intelligenz als bedeutsam (Jhg. 2002: $\eta^2 = .08$; Jhg. 2001: $\eta^2 = .09$). Ein Schereneffekt ergibt sich nicht.

Tabelle 45   Englischtestleistungen (*T*-Werte) am Ende der 5. und 6. Klasse (Jhg. 2002) bzw. 6. und 7. Klasse (Jhg. 2001) in Abhängigkeit von der Schulart

Klasse	Schulart	Jhg. 2002 (Kl. 5 / Kl. 6)			Jhg. 2001 (Kl. 6 / Kl. 7)		
		N	*M*	*SD*	*N*	*M*	*SD*
5	Gymnasium	158	54.6	8.1	---	---	---
	Realschule	51	42.5	5.7	---	---	---
6	Gymnasium	158	54.6	7.8	165	53.3	7.7
	Realschule	51	43.0	6.5	42	41.7	8.9
7	Gymnasium	---	---	---	165	53.8	7.6
	Realschule	---	---	---	42	42.7	8.8

3.6.4   Leistungsentwicklung nach dem Übergang auf die weiterführende Schule (parallelisierte Stichprobe)

Da sich die Schüler/-innen der Gymnasien und Realschulen hinsichtlich Wortschatz, Bildungsnähe und Intelligenz systematisch unterscheiden, wurden diese Faktoren im Folgenden mittels einer Parallelisierung kontrolliert. Wie bereits oben angemerkt, ergibt sich aus dieser Unterschiedlichkeit allerdings ein Problem für die Bildung von merkmalsvergleichbaren Paaren: Unter den Gymnasiastinnen und Gymnasiasten befinden sich nur wenige Schüler/-innen aus bildungsfernen Familien und unter den Realschüler/-innen nur wenige Kinder aus bildungsnahen Elternhäusern, nämlich nur 21 Paare im Jahrgang 2002 und lediglich 14 Paare im Jahrgang 2001 (s. Tabelle 46).

Tabelle 46   Merkmale   der   nach   Intelligenz,   Wortschatz   und   HISEI
parallelisierten Schulart-Gruppen

		Jhg. 2001 / 2002 (Kl. 3 / Kl. 6)		Jhg. 2002 (Kl. 5 / Kl. 6)		Jhg. 2001 (Kl. 6 / Kl. 7)	
	Schulart	*N*	*%*	*N*	*%*	*N*	*%*
Anzahl	GY	32	50	21	50	14	50
	RS	32	50	21	50	14	50
	Σ	64	100	42	100	28	100
		M	*SD*	*M*	*SD*	*M*	*SD*
Wort-	GY	57.0	5.5	56.4	6.7	56.7	6.4
schatz	RS	54.3	6.9	54.7	7.7	53.1	5.6
IQ	GY	111.2	9.3	110.7	9.8	116.2	5.6
	RS	111.8	8.3	111.4	8.6	115.9	5.4
HISEI	GY	58.9	11.9	60.8	11.8	57.1	12.5
	RS	58.0	12.9	60.0	12.7	56.5	12.7

Die Vergleiche der parallelisierten Gruppen bestätigen im Großen und Ganzen die bisherigen Befunde (s. Tabelle 47 bis 50): Sowohl im Lesen (Jhg. 2001: $\eta^2 = .17$) und Rechtschreiben (Jhg. 2002: $\eta^2 = .05$; Jhg. 2001: $\eta^2 = .30$) als auch in Englisch (Jhg. 2002: $\eta^2 = .33$; Jhg. 2001: $\eta^2 = .23$) und Mathematik (Jhg. 2002: $\eta^2 = .18$; Jhg. 2001: $\eta^2 = .22$) erzielen die Paarlinge aus dem Gymnasium bessere Leistungen als die aus der Realschule. Die Gymnasiastinnen und Gymnasiasten halten den von Beginn an bestehenden Leistungsvorsprung, bauen ihn aber nicht weiter aus. Eine signifikante Wechselwirkung ergibt sich nur beim Jahrgang 2002: Hier gelingt es den Gymnasiastinnen und Gymnasiasten ihre Mathematiktestleistungen von der 5. zur 6. Klasse zu steigern, während die Leistungen der Realschüler/-innen leicht absinken.

Tabelle 47 Rechtschreibtestleistungen (Rohwert) der Schulart-Paarlinge am Ende der 5. und 6. Klasse (Jhg. 2002) bzw. 6. und 7. Klasse (Jhg. 2001)

Klasse	Schulart	Jhg. 2002 (Kl. 5 / Kl. 6)			Jhg. 2001 (Kl. 6 / Kl. 7)		
		N	M	SD	N	M	SD
5	Gymnasium	21	40.4	5.5	---	---	---
	Realschule	21	38.0	5.5	---	---	---
6	Gymnasium	21	42.1	4.5	14	44.4	2.1
	Realschule	21	40.2	4.5	14	39.1	6.1
7	Gymnasium	---	---	---	14	45.6	2.3
	Realschule	---	---	---	14	41.5	4.4

Tabelle 48 Lesetestleistungen (Lesequotient) der Schulart-Paarlinge am Ende der 5. und 6. Klasse (Jhg. 2002) bzw. 6. und 7. Klasse (Jhg. 2001)

Klasse	Schulart	Jhg. 2002 (Kl. 5 / Kl. 6)			Jhg. 2001 (Kl. 6 / Kl. 7)		
		N	M	SD	N	M	SD
5	Gymnasium	21	110.3	14.3	---	---	---
	Realschule	21	111.0	16.1	---	---	---
6	Gymnasium	21	108.8	12.6	14	118.1	11.7
	Realschule	21	113.5	15.4	14	103.6	12.7
7	Gymnasium	---	---	---	14	112.5	12.2
	Realschule	---	---	---	14	105.8	17.0

Tabelle 49 Mathematiktestleistungen (*T*-Werte) der Schulart-Paarlinge am Ende der 5. und 6. Klasse (Jhg. 2002) bzw. 6. und 7. Klasse (Jhg. 2001)

Klasse	Schulart	Jhg. 2002 (Kl. 5 / Kl. 6)			Jhg. 2001 (Kl. 6 / Kl. 7)		
		N	*M*	*SD*	*N*	*M*	*SD*
5	Gymnasium	21	47.7	6.1	---	---	---
	Realschule	21	44.7	5.8	---	---	---
6	Gymnasium	21	51.2	7.7	14	53.4	5.7
	Realschule	21	43.3	7.3	14	47.8	6.7
7	Gymnasium	---	---	---	14	52.7	6.8
	Realschule	---	---	---	14	46.7	6.2

Tabelle 50 Englischtestleistungen (*T*-Werte) der Schulart-Paarlinge am Ende der 5. und 6. Klasse (Jhg. 2002) bzw. 6. und 7. Klasse (Jhg. 2001)

Klasse	Schulart	Jhg. 2002 (Kl. 5 / Kl. 6)			Jhg. 2001 (Kl. 6 / Kl. 7)		
		N	*M*	*SD*	*N*	*M*	*SD*
5	Gymnasium	21	52.9	10.3	---	---	---
	Realschule	21	43.7	6.2	---	---	---
6	Gymnasium	21	55.7	7.6	14	52.0	8.6
	Realschule	21	44.4	7.3	14	43.8	7.9
7	Gymnasium	---	---	---	14	52.3	7.1
	Realschule	---	---	---	14	45.6	6.7

3.7 Diskussion

Geschlecht. Die Ergebnisse internationaler Schulvergleichsstudien zeigen, dass Jungen insbesondere im Lesen und Rechtschreiben bis ins Jugendalter deutliche Leistungsrückstände aufbauen. Im Rahmen der PRISE-Studie konnten für einen solchen Befund allerdings keine Belege gefunden werden. Weder bei einem Vergleich der Leistungen vor und nach dem Übergang auf die weiterführende

Schule noch bei genauerer Betrachtung des Entwicklungsverlaufs in der Sekundarstufe lassen sich bedeutsame Leistungsunterschiede in Abhängigkeit vom Geschlecht feststellen.

Intelligenz. Entsprechend der gängigen Forschungsbefunde erweist sich die kognitive Leistungsfähigkeit auch in der PRISE-Studie als vorhersagestärkstes Merkmal. Bereits vor dem Übergang auf die weiterführende Schule weisen Schüler/-innen mit einer überdurchschnittlichen Intelligenz auch in den Lese- und Rechtschreibtests bessere Leistungen auf als Kinder mit durchschnittlicher Intelligenz. Die geringsten Lese- und Rechtschreibtestleistungen erbringen Kinder mit einer Intelligenz im unteren Durchschnittsbereich. Auf der weiterführenden Schule ergibt sich ein vergleichbares Bild: Die intelligenteren Schüler/-innen erzielen auch in der 5. bis 7. Klasse bessere Leistungen als die Gruppen der weniger intelligenten Kinder. Besonders ausgeprägt sind die Leistungsunterschiede im Fach Mathematik. Interessanterweise zeigt sich jedoch kein sog. „Schereneffekt". Intelligentere Kinder erzielen also im Durchschnitt zwar bessere Schulleistungen. Die Leistungsunterschiede zwischen den Gruppen nehmen über die Zeit hinweg jedoch nicht zu. Unter der Annahme, dass intelligentere Kinder über eine höhere Verarbeitungsgeschwindigkeit und -kapazität verfügen und daher in der Lage sein sollten, den Lernstoff schneller aufzunehmen und womöglich tiefer zu verarbeiten, wäre mit einem Auseinanderdriften der Leistungskurven von begabten und weniger begabten Kindern zu rechnen. Das Ausbleiben eines Schereneffektes könnte als ein Indiz für die Hypothese gewertet werden, dass der Unterricht gerade für begabtere Kinder zu wenige Anregungen bietet und auf Differenzierungsangebote für leistungsfähigere Kinder verzichtet wird. Unterrichtliche Anforderungen könnten sich überwiegend an den Leistungen der schwächeren oder durchschnittlichen Schüler/-innen orientieren.

Bildungsnähe des Elternhauses. Es besteht weitgehend Einigkeit darüber, dass die familiären Lebensverhältnisse, unter denen ein Kind aufwächst (hier bestimmt durch das Bildungsniveau der Eltern und die finanzielle Ausstattung der Familie), wichtige kulturelle Ressourcen darstellen, welche die aktuellen Schulleistungen und auf lange Sicht auch den Bildungserfolg eines Kindes nachhaltig beeinflussen können. Prinzipiell gilt: Je höher der sozioökonomische Status der Eltern, desto besser sind die Bildungschancen der Kinder. Selbstverständlich stellen eine niedrigere gesellschaftliche Stellung und ein geringeres Einkommen der Eltern nicht per se Nachteile dar. Allerdings fällt es wohlhabenden Eltern im Vergleich zu Eltern mit knapperen finanziellen Ressourcen im Allgemeinen leichter, ihren Kindern günstige Lebens- und Lernbedingungen zu bieten. Auch in der PRISE-Studie zeigt sich der positive Einfluss eines hohen sozioökonomischen Hintergrunds. Sowohl vor als auch nach dem Übergang auf die weiterführenden Schulen erzielen Kinder aus bildungsnahen Familien bessere schulische Leistungen als Kinder aus bildungsferneren Elternhäusern. Einschränkend muss allerdings festgestellt werden, dass die Bedeutung des sozioökonomischen Status für den Schulerfolg im Vergleich zu anderen Merkmalen (z. B. der kognitiven Leistungsfähigkeit und dem Wortschatz) eher gering ausfällt. Werden diese Merkmale in den Analysen berücksichtigt, zeigt sich der positive Effekt eines gutsituierten und bildungsnahen Elternhauses nur noch in den Fächern Mathematik und Englisch.

Sprachleistungsniveau. Als Indikator für die sprachliche Leistungsfähigkeit wurde in der PRISE-Studie ein Wortschatztest vorgegeben. Ein Vergleich der schulischen Leistungen von Kindern mit einem sehr umfangreichen bzw. vergleichsweise geringen Wortschatz zeigt, dass Kinder mit umfangreicherem Wortschatz im Durchschnitt deutlich bessere Leistungen erzielen. Dies gilt vor und nach dem Übergang und prinzipiell für alle untersuchten Fächer bzw. Fertigkeiten. Wird in den Analysen neben dem Wortschatz auch die Intelligenz der Kinder berücksichtigt, verringert sich der Einfluss des Wortschatzes jedoch. Dies ist darauf zurückzuführen, dass ein enger Zusammenhang zwischen Intelligenz und Wortschatz besteht und Leistungsunterschiede daher nicht ausschließlich dem unterschiedlichen Sprachleistungsniveau, sondern auch den damit einhergehenden Intelligenzunterschieden zuzuschreiben sind.

Schulart. Die Aufteilung von Schülern/-innen auf Schularten mit einem unterschiedlichen Anforderungsniveau (Gymnasium, Realschule, Hauptschule) erfolgt mit dem Ziel, leistungs- und fähigkeitshomogene und, wie inzwischen aus diversen Untersuchungen bekannt, auch in anderer Weise verhaltensähnliche Gruppen zu bilden und auf diese Weise unterschiedlich leistungsstarken bzw. befähigten Schüler/-innen eine ihren Fähigkeiten und Kenntnissen entsprechende Lernumwelt zu bieten. Es wird also davon ausgegangen, dass Schüler/-innen mit einer hohen Begabung oder einem umfangreichen Vorwissen andere Lernanreize benötigen als Schüler/-innen, die über eine geringere Begabung verfügen oder Wissensrückstände aufweisen. Unter optimalen Bedingungen sollten daher Gymnasiasten/-innen, die aufgrund ihrer Lernvoraussetzungen den inhaltlich breiter gefächerten Lernstoff schneller und vertiefter verarbeiten können, einen anspruchsvolleren Unterricht erhalten als etwa Realschüler/-innen.

Gymnasium/Realschule: Ein Vergleich der Leistungen vor und nach dem Übergang zeigt erwartungsgemäß, dass Kinder, die ein Gymnasium besuchen, im Allgemeinen bereits am Ende der 3. Klasse deutlich höhere Leistungen erzielen als zukünftige Realschüler/-innen. Erstere können ihren Leistungsvorsprung im Lesen und Rechtschreiben bis zum Ende der 6. Klasse halten. Der erwartbare Schereneffekt bleibt jedoch aus, d. h. es gelingt ihnen nicht, den Wissensvorsprung weiter auszubauen. Dieser Trend setzt sich auf der weiterführende Schule fort und betrifft neben den Leistungen im Lesen und Rechtschreiben dann auch die Leistungen im Fach Englisch. Lediglich im Fach Mathematik zeigen sich im Falle der parallelisierten Stichproben unterschiedliche Entwicklungsverläufe. Ausgehend von dem erwartbar höheren Ausgangsniveau am Ende der 5. Klasse können Schüler/-innen des Gymnasiums ihren Leistungsvorsprung im Laufe der 6. Klasse weiter vergrößern. Aufgrund der Parallelisierung lässt sich der beschriebene Schereneffekt Merkmalen der Schulart zuschreiben und nicht etwa der vermeintlich höheren Intelligenz von Gymnasiasten/-innen bzw. deren eventuell günstigeren außerschulischen Lernumwelten. Im Fach Mathematik scheint es somit zu gelingen, durch einen anspruchsvollen und dem Leistungs- und Fähigkeitsniveau angepassten Unterricht die Leistungsentwicklung der Gymnasiastinnen/Gymnasiasten zu beschleunigen. Dieser Befund ist positiv zu bewerten, und es sollte versucht werden, derartige Erfolge auch in anderen Fächern zu erzielen, auch wenn hierdurch die Durchlässigkeit zwischen den einzelnen Schularten beeinträchtigt wird.

Hauptschule: Die sehr geringe Zahl an Schülerinnen und Schülern mit einer Hauptschulempfehlung erfordert eine getrennte Betrachtung dieser Gruppe. Tendenziell zeigen Hauptschüler/-innen einen ähnlichen Entwicklungsverlauf wie Schüler/-innen der Realschule und des Gymnasiums. Sie scheinen jedoch auf einem deutlich niedrigeren Niveau zu starten und können auch am Ende der 6. Klasse erwartungsgemäß nicht mit den Leistungen der Schüler/-innen der beiden anderen Schularten mithalten.

Fazit. Obwohl im vorangegangenen Abschnitt das Augenmerk auf Faktoren gelenkt wurde, die je nach Ausprägung die schulischen Leistungen eines Kindes in unterschiedlicher Weise beeinflussen, lassen Gruppenunterschiede keine Rückschlüsse auf die Leistungen einzelner Schüler/-innen zu. Auch wenn sich zwischen den jeweiligen Vergleichsgruppen (z. B. Kinder mit einem höheren oder geringeren Wortschatz, Schüler/-innen des Gymnasiums oder der Realschule) im Durchschnitt Unterschiede erkennen lassen, stehen diese zumeist in keinem Verhältnis zu den Leistungsunterschieden innerhalb der Gruppen. So gibt es beispielsweise eine ganze Reihe von Realschülern/-innen, die weitaus bessere Leistungen erzielen als viele Gymnasiasten/-innen, auch wenn sich im Durchschnitt ein Leistungsvorsprung von Schülern/-innen der Gymnasien zeigt.

3.8 Literatur

Balzer, L. & Jäger, R. S. (2002). Fachleistungen in Mathematik. In A. Helmke & R. S. Jäger (Hrsg.), *Das Projekt MARKUS – Mathematik-Gesamterhebung Rheinland-Pfalz: Kompetenzen, Unterrichtsmerkmale, Schulkontext* (S. 39–70). Landau: Verlag Empirische Pädagogik.

Baumert, J., Klieme, E., Neubrand, M., Prenzel, M., Schiefele, U., Schneider, W., Stanat, P., Tillmann, K.-J. & Weiß, M. (Hrsg.). (2001). *Pisa 2000. Basiskompetenzen von Schülerinnen und Schülern im internationalen Vergleich*. Opladen: Leske + BudrichLeske + Budrich.

Baumert, J. & Schümer, G. (2001). Familiäre Lebensverhältnisse, Bildungsbeteiligung und Kompetenzerwerb. In J. Baumert, E. Klieme, M. Neubrand, M. Prenzel, U. Schiefele, W. Schneider, P. Stanat, K.-J. Tillmann & M. Weiß (Hrsg.), *Pisa 2000. Basiskompetenzen von Schülerinnen und Schülern im internationalen Vergleich* (S. 323–407). Opladen: Leske + BudrichLeske + Budrich.

Baumert, J., Trautwein, U. & Artelt, C. (2003). Schulumwelten – institutionelle Bedingungen des Lehrens und Lernens. In Deutsches PISA-Konsortium (Hrsg.), *PISA 2000. Ein differenzierter Blick auf die Länder der Bundesrepublik Deutschland* (S. 261–331). Opladen: Leske + BudrichLeske + Budrich.

Blossfeld, H.-P., Bos, W., Lenzen, D., Müller-Böling, D., Oelkers, J., Prenzel, M. & Wößmann, L. (2007). *Bildungsgerechtigkeit – Jahresgutachten 2007. Wiesbaden: Verlag für Sozialwissenschaften*. Einsehbar unter: www.aktionsrat-bildung.de/fileadmin/Dokumente/Bildungsgerechtigkeit_Jahresgutachten_2007_-_Aktionsrat_Bildung.pdf [13.04.2008].

Bos, W., Bonsen, M., Gröhlich, C., Jelden, D. & Rau, A. (2010). Erster Bericht zu den Ergebnissen der Studie: „Kompetenzen und Einstellungen von Schülerinnen und Schülern – Jahrgangsstufe 7" (KESS 7). Einsehbar unter: http://lbs.hh.schule.de/schulentwicklung/qualitaet/kess/KESS7.pdf [18.01.2010].

Bos, W., Hornberg, S., Arnold, K.-H., Faust, G., Fried, L., Lankes, E.-M., Schwippert, K. & Valtin, R. (Hrsg.). (2007a). *IGLU 2006 – Lesekompetenzen von Grundschulkindern in Deutschland im internationalen Vergleich*. Münster: Waxmann.

Bos, W., Lankes, E.-M., Prenzel, M., Schwippert, K., Walther, G. & Valtin, R. (Hrsg.). (2003). *Erste Ergebnisse aus IGLU. Schülerleistungen am Ende der vierten Jahrgangsstufe im internationalen Vergleich*. Münster: Waxmann.

Bos, W. & Pietsch, M. (2004). *Erste Ergebnisse aus KESS 4 – Kurzbericht. Hamburg: Behörde für Bildung und Sport*. Einsehbar unter: www.erzwiss.uni-hamburg.de/kess/kurzbericht.pdf [12.01.2009].

Bos, W., Schwippert, K. & Stubbe, T. C. (2007b). Die Koppelung von sozialer Herkunft und Schülerleistung im internationalen Vergleich. In W. Bos, S. Hornberg, K. H. Arnold, G. Faust, L. Fried, E.-M. Lankes, K. Schwippert & R. Valtin (Hrsg.), *IGLU 2006. Lesekompetenz von Grundschulkindern in Deutschland im internationalen Vergleich* (S. 225–247). Münster: Waxmann.

Bourdieu, P. (1983). Ökonomisches Kapital, kulturelles Kapital, soziales Kapital. In R. Kreckel (Hrsg.), *Soziale Ungleichheiten – Soziale Welt* (Sonderband 2, S. 183–198). Göttingen: Schwartz.

Brügelmann, H. (1994a). Wo genau liegen geschlechtsspezifische Unterschiede beim Schriftspracherwerb? In S. Richter & H. Brügelmann (Hrsg.), *Mädchen lernen anders lernen Jungen* (S. 14–26). Konstanz: Libelle.

Brügelmann, H. (1994b). Warum haben Jungen mehr Schwierigkeiten beim Lesen und Rechtschreiben? In S. Richter & H. Brügelmann (Hrsg.), *Mädchen lernen anders lernen Jungen* (S. 27–35). Konstanz: Libelle.

Butler-Por, N. (1987). *Underachievers in school: Issues and intervention*. New York, NY: Wiley.

Deary, I. J., Strand, S., Smith, P. & Fernandes, C. (2007). Intelligence and educational achievement. *Intelligence, 35*, 13–21.

Dilling, H., Mombour, W., Schmidt, M. H. & Schulte-Markwort, E. (Hrsg.). (2006). *Internationale Klassifikation psychischer Störungen ICD-10 Kapitel V(F) – Diagnostische Kriterien für Forschung und Praxis*. Bern: Huber.

Ditton, H. (1992). *Ungleichheit und Mobilität durch Bildung – Theorie und empirische Untersuchung über sozial-räumliche Aspekte von Bildungsentscheidungen*. Weinheim: Juventa.

Drechsel, B. & Artelt, C. (2007). Lesekompetenz. In PISA-Konsortium Deutschland (Hrsg.), *PISA '06 – Die Ergebnisse der dritten internationalen Vergleichsstudie* (S. 225–247). Münster: Waxmann.

Drechsel, B. & Artelt, C. (2008). Lesekompetenz im Ländervergleich. In PISA-Konsortium Deutschland (Hrsg.), *PISA '06 in Deutschland – Die Kompetenzen der Jugendlichen im dritten Ländervergleich* (S. 107–126). Münster: Waxmann.

Dürig, G. (2008). *Gesetze des Landes Baden-Württemberg*. München: C. H. Beck.

Ehmke, T., Hohensee, F., Heidemeier, H. & Prenzel, M. (2004). Familiäre Lebensverhältnisse, Bildungsbeteiligung und Kompetenzerwerb. In M. Prenzel, J. Baumert, W. Blum, R. Lehmann, D. Leutner, M. Neubrand, R. Pekrun, G. H. Rolff, J. Rost & U. Schiefele (Hrsg.), *PISA 2003. Der Bildungsstand der Jugendlichen in Deutschland – Ergebnisse des zweiten internationalen Vergleichs* (S. 225–253). Münster: Waxmann.

Erikson, R., Goldthorpe, J. H., König, W., Lüttinger, P. & Müller, W. (1989). *The International Mobility Superfile (IMS) documentation. Casmin-Project*. Mannheim: Institut für Sozialwissenschaften der Universität Mannheim.

Ganzeboom, H. B. G., De Graaf, P., Treiman, D. J., De Leeuw, J. (1992). A standard international socio-economic index of occupational status. *Social Science Research, 21*, 1–56.

Gundersen, R. O. & Feldt, L. S. (1960). The relationship of differences between verbal and nonverbal intelligence scores to achievement. *Journal of Educational Psychology, 51*, 115–121.

Hamburger Bildungsserver (2008). *Aspekte der Lernausgangslage und der Lernentwicklung – Bericht über die Erhebung im September 1998 (LAU 7)*. Einsehbar unter: www.hamburger-bildungsserver.de/welcome.phtml?unten=/schulentwicklung/lau/lau7/Tabverz.htm [18.01.2010].

Hannover, B. (2004). Gender revisited: Konsequenzen aus PISA für die Geschlechterforschung. *Zeitschrift für Erziehungswissenschaft, 7*, 81–99.

Havers, N. (1981). Lernschwierigkeiten. In H. Schiefele & A. Krapp (Hrsg.), *Handlexikon zur Pädagogischen Psychologie* (S. 240–243). München: Ehrenwirth.

Heller, K. A. (1997). Individuelle Bedingungsfaktoren der Schulleistung – Literaturüberblick. In F. E. Weinert & A. Helmke (Hrsg.), *Entwicklung im Grundschulalter* (S. 183–201). Weinheim: Beltz.

Helmke, A., Hosenfeld, I., Schrader, F.-W. & Wagner, W. (2002). Sozialer und sprachlicher Hintergrund. In A. Helmke & R. S. Jäger (Hrsg.), *Das Projekt MARKUS. Mathematik-Gesamterhebung Rheinland-Pfalz: Kompetenzen, Unterrichtsmerkmale, Schulkontext* (S. 71–153). Landau: Verlag Empirische Pädagogik.

Helmke, A. & Schrader, F.-W. (2006). Determinanten der Schulleistung. In D. H. Rost (Hrsg.), *Handwörterbuch Pädagogische Psychologie* (3., überarb. u. erw. Aufl., S. 83–94). Weinheim: PVU.

Helmke, A. & Weinert, F. E. (1997). Bedingungsfaktoren schulischer Leistungen. In F. E. Weinert (Hrsg.), *Enzyklopädie der Psychologie, Themenbereich D Praxisgebiete, Serie I Pädagogische Psychologie Band 3 Psychologie des Unterrichts und der Schule.* (S. 71–176). Göttingen: Hogrefe.

Hollenbach, N. & Meier, U. (2004). Lernen am Nachmittag – Häusliche Unterstützung und bezahlte Nachhilfe von 15-Jährigen. In G. Schümer, K.-J. Tillmann & M. Weiß (Hrsg.), *Die Institution Schule und die Lebenswelt der Schüler – Vertiefende Analysen der PISA-2000-Daten zum Kontext von Schülerleistungen* (S. 165–186). Wiesbaden: VS.

Hornberg, S., Valtin, R., Potthoff, B., Schwippert, K. & Schulz-Zander, R. (2007). Lesekompetenzen von Jungen und Mädchen im internationalen Vergleich. In W. Bos, S. Hornberg, K.-H. Arnold, G. Faust, L. Fried, E.-M. Lankes, K. Schwippert & R. Valtin (Hrsg.), *IGLU 2006 – Lesekompetenzen von Grundschulkindern in Deutschland im internationalen Vergleich* (S. 195–223). Münster: Waxmann.

Horstkemper, M. (1987). *Schule, Geschlecht und Selbstvertrauen – Eine Längsschnittstudie über Mädchensozialisation in der Schule.* Weinheim: Juventa.

Hurrelmann, K. & Klocke, K. (1995). *Nachhilfeunterricht – eine Domäne der gehobenen Schichten. Ergebnisse einer Jugendbefragung in Nordrhein-Westfalen.* Bielefeld: Universität Bielefeld.

Ingenkamp, K. (1969). *Zur Problematik der Jahrgangsklasse.* Weinheim: Beltz.

Ingenkamp, K. (1986). Untersuchungen zur prognostischen Validität von Intelligenztests. *Psychologie in Erziehung und Unterricht, 33*, 229–232.

Ingenkamp, K. (1993). Der Prognosewert von Zensuren, Lehrergutachten, Aufnahmeprüfungen und Tests während der Grundschulzeit für den Sekundarschulerfolg. In R. Olechowski & E. Persy (Hrsg.), *Frühe schulische Auslese* (S. 68–85). Frankfurt a. M.: Lang.

Jensen, A. R. (1973). *Educational differences.* London: Methuen.

Jerusalem, M. (1997). Schulklasseneffekte. In F. E. Weinert (Hrsg.), *Enzyklopädie der Psychologie, Themenbereich D Praxisgebiete, Serie I Pädagogische Psychologie Band 3 Psychologie des Unterrichts und der Schule* (S. 253–278). Göttingen: Hogrefe.

Kaiser, A. (Hrsg.). (2005). *Koedukation und Jungen*. Weinheim: Beltz.

Klicpera, C. & Gasteiger-Klicpera, B. (1993). *Lesen und Schreiben – Entwicklung und Schwierigkeiten*. Bern: Huber.

Köller, O. & Klieme, E. (2000). Geschlechtsdifferenzen in den mathematisch-naturwissenschaftlichen Leistungen. In J. Baumert, W. Bos & R. H. Lehmann (Hrsg.), *Dritte Internationale Mathematik- und Naturwissenschaftsstudie: Mathematische und physikalische Kompetenzen am Ende der Schullaufbahn* (Band 2, S. 373–404). Opladen: Leske + BudrichLeske + Budrich.

Lehmann, R. H. (1994). Lesen Mädchen wirklich besser? In S. Richter & H. Brügelmann (Hrsg.), *Mädchen lernen anders lernen Jungen* (S. 99–109). Konstanz: Libelle.

Lehmann R. L. & Nikolova, R. (2005). *ELEMENT. Erhebung zum Lese- und Mathematikverständnis – Entwicklungen in den Jahrgangsstufen 4 bis 6 in Berlin*. Einsehbar unter: www.senbjs.berlin.de/bildung/qualitaetssicherung/element_untersuchungsbericht_2 003.pdf [14.01.2009].

Lehmann, R. L. & Peek, R. (1997). *Aspekte der Lernausgangslage und der Lernentwicklung. Bericht über die Erhebung im September 1996 (LAU 5)*. Einsehbar unter: www.hamburgerbildungsserver.de/index.phtml?site=schule.lau [14.01.2009].

Lehmann, R. L., Peek, R. & Gänsfuß, R. (1997). *Aspekte der Lernausgangslage von Schülerinnen und Schülern der fünften Klassen an Hamburger Schulen*. Hamburg: Behörde für Schule, Jugend und Berufsbildung.

Lehmann, R. L., Peek, R., Pieper, I. & von Stritzky, R. (1995). *Leseverständnis und Lesegewohnheiten deutscher Schüler und Schülerinnen*. Weinheim: Beltz.

May, P. (2006). Englisch-Hörverstehen am Ende der Grundschulzeit. In W. Bos & M. Pietsch (Hrsg.), *KESS 4 – Kompetenzen und Einstellungen von Schülerinnen und Schülern am Ende der Jahrgangsstufe 4 in Hamburger Grundschulen* (S. 203–224). Münster: Waxmann.

Mannhaupt, G. (1994). Risikokind Junge – Vorteile der Mädchen in Vorläufer- und Teilfertigkeiten für den Schriftspracherwerb. In S. Richter & H. Brügelmann (Hrsg.), *Mädchen lernen anders lernen Jungen* (S. 36–50). Konstanz: Libelle.

Naglieri, J. A. (1996). An examination of the relationship between intelligence and reading achievement using the MAT-SF and MAST. *Journal of Psychoeducational Assessment, 14*, 65–69.

OECD. (Hrsg.). (2004). *Lernen für die Welt von morgen – Erste Ergebnisse von PISA 2003*. Paris: OECD.

OECD. (Hrsg.). (2007). *PISA 2006 – Schulleistungen im internationalen Vergleich . Naturwissenschaftliche Kompetenzen für die Welt von Morgen*. Bielefeld: Bertelsmann.

Pietsch, M. & Krauthausen, G. (2006). Mathematisches Grundverständnis von Kindern am Ende der vierten Jahrgangsstufe. In W. Bos & M. Pietsch (Hrsg.), *KESS 4 – Kompetenzen und Einstellungen von Schülerinnen und Schülern am Ende der Jahrgangsstufe 4 in Hamburger Grundschulen* (S. 143–164). Münster: Waxmann.

PISA Konsortium. (Hrsg.). (2007). *PISA 06 – Die Ergebnisse der dritten internationalen Vergleichsstudie*. Münster: Waxmann.

PISA Konsortium. (Hrsg.). (2008). *PISA 06 – PISA 2006 in Deutschland: Die Kompetenzen der Jugendlichen im dritten Ländervergleich*. Münster: Waxmann.

Prenzel, M. (2007). PISA 2006: Wichtige Ergebnisse im Überblick. In PISA Konsortium (Hrsg.), *PISA 06 – Die Ergebnisse der dritten internationalen Vergleichsstudie* (S. 13–30). Münster: Waxmann.

Prenzel, M. (2008). Ergebnisse des Ländervergleichs bei PISA 2006 im Überblick. In PISA Konsortium (Hrsg.), *PISA 06 – PISA 2006 in Deutschland: Die Kompetenzen der Jugendlichen im dritten Ländervergleich* (S. 15–30). Münster: Waxmann.

Prenzel, M., Baumert, J., Blum, W., Lehmann, R., Leutner, D., Neubrand, M., Pekrun, R., Rolff, H.-G., Rost, J. & Schiefele, U. (Hrsg.). (2004). *PISA 2003 – Der Bildungsstand der Jugendlichen in Deutschland – Ergebnisse des zweiten internationalen Vergleichs*. Münster: Waxmann.

Prenzel, M., Carstensen, C. H., Rost, J. & Senkbeil, M. (2002). Naturwissenschaftliche Grundbildung im Ländervergleich. In Deutsches PISA-Konsortium (Hrsg.), *PISA 2000 – Die Länder der Bundesrepublik Deutschland im Vergleich* (S. 129–158). Opladen: Leske + Budrich.

Prenzel, M., Geiser, H., Langeheine, R. & Lobemeier, K. (2003). Das naturwissenschaftliche Verständnis am Ende der Grundschule. In W. Bos, E.-M. Lankes, M. Prenzel, K. Schwippert, G. Walther & Valtin, R. (Hrsg.), *Erste Ergebnisse aus IGLU – Schülerleistungen am Ende der vierten Jahrgangsstufe im internationalen Vergleich* (S. 143–187). Münster: Waxmann.

Ramm, G., Prenzel, M., Heidemeier, H. & Walter, O. (2004). Soziokulturelle Herkunft: Migration. In M. Prenzel, J. Baumert, W. Blum, R. Lehmann, D. Leutner, M. Neubrand & R. Pekrun, H.-G. Rolff, J. Rost & U. Schiefele (Hrsg.), *PISA 2003 - Der Bildungsstand der Jugendlichen in Deutschland. Ergebnisse des zweiten internationalen Vergleichs* (S. 254–272). Münster: Waxmann.

Rheinberg, F. (2001). Bezugsnormen und schulische Leistungsbeurteilung. In F. E. Weinert (Hrsg.), *Leistungsmessungen in Schulen* (S. 59–71). Weinheim: Beltz.

Richter, S. (1994). Geschlechterunterschiede in der Rechtschreibentwicklung von Kindern der 1. bis 5. Klasse. In S. Richter & H. Brügelmann (Hrsg.), *Mädchen lernen anders lernen Jungen* (S. 51–65). Konstanz: Libelle.

Richter, S. & Brügelmann, H. (Hrsg.). (1994). *Mädchen lernen anders lernen Jungen*. Konstanz: Libelle.

Rindermann, H. & Neubauer, A. C. (2004). Processing speed, intelligence, creativity, and school performance: Testing of causal hypotheses using structural equation models. *Intelligence, 32*, 573–589.

Rüesch, P. (1998). *Spielt die Schule eine Rolle? Schulische Bedingungen ungleicher Bildungschancen von Immigrantenkindern – eine Mehrebenenanalyse*. Bern: Lang.

Saß, H., Wittchen, H.-U. & Zaudig, M. (1998). *Diagnostisches und Statistisches Manual Psychischer Störungen DSM-IV*. Göttingen: Hogrefe.

Sauer, J. (2006). Prognose von Schulerfolg. In D. H. Rost (Hrsg.), *Handwörterbuch Pädagogische Psychologie* (3., überarb. u. erw. Aufl., S. 584–594). Weinheim: PVU.

Schicke, M. C. & Fagan, T. K. (1994). Contributions of self-concept and intelligence to the prediction of academic achievement among grade 4, 6, and 8 students. *Canadian Journal of School Psychology, 10*, 62–69.

Schnabel, K. U. & Schwippert, K. (2000). Einflüsse sozialer und ethnischer Herkunft beim Übergang in die Sekundarstufe II und den Beruf. In J. Baumert, W. Bos & R.

H. Lehmann (Hrsg.), *TIMSS/III. Dritte Internationale Mathematik- und Naturwissenschaftsstudie – Mathematische und naturwissenschaftliche Bildung am Ende der Schullaufbahn, Bd. 1 Mathematische und naturwissenschaftliche Grundbildung am Ende der Pflichtschulzeit* (S. 261–300). Opladen: Leske + Budrich.

Schneider, W. (1997). Rechtschreiben und Rechtschreibschwierigkeiten. In F. E. Weinert (Hrsg.), *Enzyklopädie der Psychologie, Themenbereich D Praxisgebiete, Serie I Pädagogische Psychologie Band 3 Psychologie des Unterrichts und der Schule* (S. 327–363). Göttingen: Hogrefe.

Schöps, K., Walter, O., Zimmer, K. & Prenzel, M. (2003). Disparitäten zwischen Jungen und Mädchen in der mathematischen Kompetenz. In PISA Konsortium Deutschland (Hrsg.), *PISA 2003 – Untersuchungen zur Kompetenzentwicklung im Verlauf eines Schuljahres* (S. 209–224). Münster: Waxmann.

Schümer, G. (2004). Zur doppelten Benachteiligung von Schülern aus unterprivilegierten Gesellschaftsschichten im deutschen Schulwesen. In G. Schümer, K.-J. Tillmann & M. Weiß (Hrsg.), *Die Institution Schule und die Lebenswelt der Schüler – Vertiefende Analysen der PISA-2000-Daten zum Kontext von Schülerleistungen* (S. 73–114). Wiesbaden: VS.

Schwippert, K., Bos, W. & Lankes, E.-M. (2003). Heterogenität und Chancengleichheit am Ende der vierten Jahrgangsstufe im internationalen Vergleich. In W. Bos, E.-M. Lankes, M. Prenzel, K. Schwippert, G. Walther & R. Valtin (Hrsg.), *Erste Ergebnisse aus IGLU–Schülerleistungen am Ende der vierten Jahrgangsstufe im internationalen Vergleich* (S. 265–302). Münster: Waxmann.

Schwippert, K., Bos, W. & Lankes, E.-M. (2004). Lesen Mädchen anders? Vertiefende Analysen zu Geschlechterdifferenzen auf Basis der Internationalen Grundschul-Lese-Untersuchung IGLU. *Zeitschrift für Erziehungswissenschaft, 7*, 219–234.

Siegler, R., DeLoache, J. & Eisenberg, N. (2005). *Entwicklungspsychologie im Kindes- und Jugendalter*. Heidelberg: Spektrum.

Simons, H. (1973). Intelligenz und Schulleistung. In M. Hofer & F. E. Weinert (Hrsg.), *Pädagogische Psychologie – Lernen und Instruktion* (Band 2, S. 136–150). Frankfurt a. M.: Fischer.

Simons, H. (1976). Fähigkeits- und Kenntnisunterschiede zwischen Schülern. In F. E. Weinert, C. F. Graumann, H. Heckhausen & M. Hofer (Hrsg.), *Lehren und Instruktionsoptimierung. Pädagogische Psychologie* (Band 4; S. 27–67). Weinheim: Beltz.

Stanat, P. (2003). Schulleistungen von Jugendlichen mit Migrationshintergrund: Differenzierung deskriptiver Befunde aus PISA und PISA-E. In J. Baumert, C. Artelt, E. Klieme, M. Neubrand, M. Prenzel, U. Schiefele, W. Schneider, K.-J. Tillmann & M. Weiß (Hrsg.), *PISA 2000 – Ein differenzierter Blick auf die Länder der Bundesrepublik Deutschland* (S. 243–260). Opladen: Leske + Budrich.

Stanat, P. (2006). Disparitäten im schulischen Erfolg: Forschungsstand zur Rolle des Migrationshintergrundes. *Unterrichtswissenschaft, 34*, 98–124.

Stanat, P. & Kunter, M. (2001). Geschlechterunterschiede in Basiskompetenzen. In J. Baumert, E. Klieme, M. Neubrand, M. Prenzel, U. Schiefele, W. Schneider, P. Stanat, K.-J. Tillmann & M. Weiß (Hrsg.), *PISA 2000 – Basiskompetenzen von Schülerinnen und Schülern im internationalen Vergleich* (S. 249–269). Opladen: Leske + Budrich.

Stanat, P. & Kunter, M. (2002). Geschlechterspezifische Leistungsunterschiede bei Fünfzehnjährigen im internationalen Vergleich. *Zeitschrift für Erziehungswissenschaft, 4*, 28–48.

Stanat, P. & Kunter, M. (2003). Kompetenzerwerb, Bildungsbeteiligung und Schullaufbahn von Mädchen und Jungen im Ländervergleich. In J. Baumert, C. Artelt, E. Klieme, M. Neubrand, M. Prenzel, U. Schiefele, W. Schneider, K.-J. Tillmann & M. Weiß (Hrsg.), *PISA 2000 – Ein differenzierter Blick auf die Länder der Bundesrepublik Deutschland* (S. 211–242). Opladen: Leske + Budrich.

Stanovich, K. E., Cunningham, A. E. & Freeman, D. J. (1984). Intelligence, cognitive skills, and early reading progress. *Reading Research Quarterly, 19*, 278–303.

Sternberg, R. J. (2003). Wie intelligent sind Intelligenztests? *Spektrum der Wissenschaft Spezial, 5*, 12–17.

Stürzer, M., Roisch, H. & Hunze, A. (2003). *Geschlechterverhältnisse in der Schule – Ergebnisse in der Forschung*. Wiesbaden: VS.

Süß, H.-M. (2001). Prädikative Validität der Intelligenz im schulischen und außerschulischen Bereich. In E. Stern & J. Guthke (Hrsg.), *Perspektiven der Intelligenzforschung* (S. 109–135). Lengerich: Pabst.

Süß, H.-M., Oberauer, K., Wittmann, W. W., Wilhelm, O. & Schulze, R. (1996). *Working memory capacity and intelligence: An integrative approach based on Brunswick symmetry*. Berichte des Lehrstuhls Psychologie II der Universität Mannheim, 8. Einsehbar unter: www.psychologie.uni-mannheim.de/psycho2/psycho2.php3?page= publi/reports.Htm&cat=publi [11.10.2006].

Tent, L. (1969). *Die Auslese von Schülern für weiterführende Schulen*. Göttingen: Hogrefe.

Thiel, O. & Valtin, R. (2002). Eine Zwei ist eine Drei ist eine Vier. In R. Valtin (Hrsg.), *Was ist ein gutes Zeugnis? Noten und verbale Beurteilungen auf dem Prüfstand* (S. 67–76). Weinheim: Juventa.

Thimm, K. (2002). Angeknackste Helden. *Der Spiegel, 27*, 82–95.

Trautwein, U. & Baeriswyl, F. (2007). Wenn leistungsstarke Klassenkameraden ein Nachteil sind – Referenzgruppeneffekte bei Übertrittsentscheidungen. *Zeitschrift für Pädagogische Psychologie, 21*, 119–133.

Valtin, R., Badel, I., Löffler, I., Meyer-Schepers, U. & Voss, A. (2003). Orthographische Kompetenzen von Schülerinnen und Schülern der vierten Klasse. In W. Bos, E.-M. Lankes, M. Prenzel, K. Schwippert, G. Walther & Valtin, R. (Hrsg.), *Erste Ergebnisse aus IGLU – Schülerleistungen am Ende der vierten Jahrgangsstufe im internationalen Vergleich* (S. 227–264). Münster: Waxmann.

Valtin, R., Wagner, C. & Schwippert, K. (2006). Jungen benachteiligt? Einige Ergebnisse aus IGLU. *Die Grundschulzeitschrift, 20*, 18–19.

Weinert, F. E. & Petermann, F. (1980). Erwartungswidrige Schülerleistungen oder unterschiedlich determinierte Schulleistungen. In H. Heckhausen (Hrsg.), *Fähigkeiten und Motivation in erwartungswidriger Schulleistung* (S. 19–52). Göttingen: Hogrefe.

Weinert, F. E. & Schneider, W. (Eds.). (1999). *Individual development from 3 to 12: Findings from the Munich longitudinal study*. New York, NY: Cambridge University Press.

Weißhuhn, G. & Rövekamp, J. G. (2004). *Bildung und Lebenslagen in Deutschland – Auswertung und Analysen für den zweiten Armuts- und Reichtumsbericht der Bundesregierung.* Berlin: Bundesministerium für Bildung und Forschung.

Zielinski, W. (1975). Lernschwierigkeiten: Ursachen und Beeinflussungsmöglichkeiten. In F. E. Weinert, C. F. Graumann, H. Heckhausen & M. Hofer (Hrsg.), *Pädagogische Psychologie* (Band 2, S. 851–875). Frankfurt a. M.: Fischer.

Zimmer, K., Burba, D. & Rost, J. (2004). Kompetenzen von Jungen und Mädchen. In PISA-Konsortium Deutschland (Hrsg.), *PISA 2003 – Der Bildungsstand der Jugendlichen in Deutschland – Ergebnisse des zweiten internationalen Vergleichs* (S. 211–223). Münster: Waxmann.

Zöller, I. (2009). *Underachievement – Konstrukt eines Defizits oder defizitäres Konstrukt?* Frankfurt a. M.: Lang.

Zöller, I., Roos, J. & Schöler, H. (2006). Einfluss soziokultureller Faktoren auf den Schriftspracherwerb im Grundschulalter. In A. Schründer-Lenzen (Hrsg.), *Risikofaktoren kindlicher Entwicklung – Migration, Leistungsangst und Schulübergang* (S. 45–65). Wiesbaden: VS.

4 Entwicklung der Lern- und Leistungsmotivation beim Übergang auf die weiterführende Schule

4.1 Lern- und Leistungsmotivation

Ausbleibende schulische Erfolge lassen sich auf eine Vielzahl möglicher Ursachen zurückführen, so zum Beispiel auf eine eingeschränkte (intellektuelle) Befähigung des Schülers/der Schülerin oder defizitäre Lernbedingungen. Als populär gilt allerdings auch die Annahme, dass schlechte Leistungen in vielen Fällen durch einen Mangel an Motivation, Fleiß und Anstrengungsbereitschaft verursacht werden und hervorragende Leistungen nur bei ausreichender Motivation erzielt werden können. Die Bedeutung der Motivation für schulisches Lernen gilt jedoch nicht nur unter Eltern, Schülerinnen und Schülern sowie Lehrkräften als unbestritten. Auch in der Forschung findet diese Theorie großen Anklang, was sich u. a. an der Vielzahl motivationaler Modelle und Konzepte zur Erklärung von schulischen Lern- und Leistungsdefiziten zeigt. Zu den am häufigsten untersuchten motivationalen Variablen zählen nach DeShon und Gillespie (2005) so genannte Zielorientierungen.

Dem Konzept der Zielorientierungen liegt die Idee zugrunde, dass Lern- und Leistungsmotivation im Sinne verschiedener Leistungsziele verstanden werden können. Diese werden von Seiten der Person in die Leistungssituation mit hineingebracht (Grant & Dweck, 2003, S. 541). Darüber, welche Ziele in einer Leistungssituation konkret angestrebt werden und welchen Kategorien diese zugeordnet werden können, besteht jedoch bislang keine Einigkeit. Im Bereich der Lernzielorientierung werden mittlerweile bis zu sechs unabhängige Zielarten unterschieden (vgl. u. a. DeShon & Gillespie, 2005; Dweck, 1986; Elliot, 1997; Elliot & Church, 1997; Elliot & Dweck, 1988; Elliot & McGregor, 2001; Elliot & Sheldon, 1997, 1998; Elliot & Thrash, 2001, 2002; Grant & Dweck, 2003; Harackiewicz, Barron, Pintrich, Elliot & Thrash, 2002; Köller & Schiefele, 2006). Ursprünglich wurde lediglich zwischen zwei Zielarten differenziert, die als die Endpunkte eines Kontinuums galten (DeShon & Gillespie, 2005): Lernziele und Leistungsziele.

Im schulischen Setting äußert sich eine ausgeprägte Lernzielorientierung im Allgemeinen darin, dass die betroffenen Schüler/-innen danach streben, ihre

Kenntnisse und Fertigkeiten zu erweitern. Um dieses Ziel zu erreichen, sind sie bereit, sich anzustrengen sowie Zeit und Arbeit in den Lernprozess zu investieren. Schüler/-innen mit einer hohen Lernzielorientierung arbeiten daher im Allgemeinen auch dann hart und ausdauernd, wenn sie sich Schwierigkeiten und Hindernissen gegenüber sehen. Sie sind bereit, Risiken einzugehen, und probieren Neues und Unbekanntes aus, wenn sie der Ansicht sind, dass ihnen dies dabei hilft, ihr angestrebtes Ziel zu erreichen. Schüler/-innen mit einer hohen Leistungszielorientierung sind hingegen hauptsächlich darauf bedacht, kompetent zu erscheinen und einen möglichen Mangel an Fähigkeiten zu verbergen. Entsprechend sind sie weniger geneigt, Fehler zu ignorieren und auch angesichts von Schwierigkeiten ausdauernd bei der Sache zu bleiben. Sowohl Fehler als auch sonstige Hindernisse im Lernprozess werden von leistungszielorientierten Schülerinnen und Schülern als Indikatoren für Inkompetenz gewertet, die das Image des/der klugen und kompetenten Schülers/Schülerin in Frage stellen. Um dieser „Bedrohung" zu entgehen, ziehen leistungsorientierte Schüler/-innen die Bearbeitung von Aufgaben vor, die ihnen bekannt sind, auch wenn diese eventuell einen geringeren Wissenszuwachs bedeuten. Ihr Ziel besteht ausschließlich darin, besser abzuschneiden als andere, wobei das letztlich erzielte Fertigkeitsniveau keine Rolle spielt.

Dieses duale Modell wurde im Laufe der Zeit erweitert, sodass heutzutage neben Lernzielen zwei Arten von Leistungszielen (Annäherungsleistungsziele: der Wunsch, kompetent zu erscheinen; Vermeidungsleistungsziele: der Wunsch, Misserfolge zu vermeiden) unterschieden werden (u. a. Elliot & Harackiewicz, 1996; Middleton & Midgley, 1997; Midgley, Kaplan & Middleton, 2001). Nach Horvath, Herleman und McKie (2006) stellt dieses Dreikomponenten-Modell momentan das verbreitetste Modell dar. In verschiedenen theoretischen und empirischen Arbeiten (u. a. VandeWalle, 1997) konnte gezeigt werden, dass es sich bei den genannten Zielorientierungen um unabhängige Dimensionen handelt. Folglich kann ein Individuum auf ein oder mehreren Dimensionen hohe bzw. niedrige Werte aufweisen. Andere Arbeiten weisen hingegen darauf hin, dass eine sehr enge Beziehung zwischen Annäherungs- und Vermeidungsleistungszielen besteht und eine Trennung dieser beiden Zielorientierungen nur bedingt möglich und sinnvoll ist (vgl. u. a. Wild, Rammert & Siegmund, 2006). In der jüngeren Vergangenheit wurde eine vierte Dimension, die Arbeitsvermeidungsorientierung zur Liste der Leistungsziele hinzugefügt (im Überblick Köller & Schiefele, 2006; Rollett, 2006). Schüler/-innen mit einer ausgeprägten Arbeitsvermeidungsorientierung bevorzugen leichte Aufgaben. Dieses Streben ist allerdings nicht auf einen Mangel an Fähigkeiten zurückzuführen, sondern auf den Wunsch, das Arbeitsvolumen möglichst gering zu halten und somit z. B. mehr Zeit für außerschulische Tätigkeiten zu haben.

Darüber, ob Zielorientierungen als stabile Persönlichkeitseigenschaften angesehen werden können, besteht Uneinigkeit (vgl. u. a. DeShon & Gillespie, 2005). Während u. a. Horvath et al. (2006) oder VandeWalle (1997) Zielorientierungen als eine Reihe relativ stabiler Dispositionen ansehen, betrachten etwa Dweck und Leggett (1988) oder Nicholls (1984) Zielorientierungen als situationsspezifische Messungen von motivationalen Orientierungen. Tendenziell scheint sowohl die Lern- als auch Leistungsmotivation von Schülerinnen und Schülern im Laufe der Schulzeit abzunehmen. Schüler/-innen sind folglich von Klassenstufe zu Klassenstufe weniger bestrebt, „sich mit schulischen Inhalten zu beschäftigen, um die eigenen Kompetenzen zu erweitern [...], im Vergleich zu Klassenkameraden als kompetenter zu erscheinen [...] oder negative soziale Bewertungen zu vermeiden" (Wild et al., 2006, S. 386). Dieser Trend, der sich auch in anderen motivationalen Bereichen feststellen lässt, beginnt nach Ansicht der Autoren bereits vor der Pubertät und damit auch vor dem Übergang auf die weiterführende Schule. Inwiefern sich dieser Trend auch im Rahmen der PRISE-Studie feststellen lässt, wird im Folgenden untersucht. Dabei wird das Augenmerk auch auf etwaige Unterschiede in den Entwicklungsverläufen von Jungen und Mädchen, Schülerinnen und Schülern mit unterschiedlichen Bildungsempfehlungen sowie Schülerinnen und Schülern mit hohen bzw. niedrigeren Intelligenztestleistungen gerichtet.

Ebenfalls untersucht werden die Auswirkungen einer hohen Lern- und Leistungsmotivation auf die schulische Leistungsentwicklung. Bereits seit längerem sind einige Forscher/-innen der Auffassung, dass sich der Wunsch, die eigenen Kenntnisse und Fertigkeiten zu erweitern, positiv auf den Lernprozess und das Lernergebnis auswirkt, während der Wunsch, besser abzuschneiden als andere, unabhängig vom erzielten Kompetenzniveau, den Lernprozess eher behindert. Es wird also angenommen, dass Lernziele Lernhandlungen fördern und den Lernerfolg erhöhen, während Leistungsziele die Lernqualität eher mindern. Obwohl diese Annahme durch die bisherige Forschung nicht gänzlich gestützt wird (vgl. u. a. Darnon, Butera & Harackiewicz, 2007), wird erwartet, dass Schüler/-innen mit ausgeprägten Lernzielen bessere schulische Leistungen erzielen als Schüler/-innen mit einer eher schwachen Lernzielorientierung. Darüber hinaus wird angenommen, dass Schüler/-innen mit einer hohen Lernzielorientierung bessere Leistungen erzielen als Schüler/-innen mit einer hohen Leistungszielorientierung.

4.2 Vorbemerkung zur Auswertung

Im Rahmen der EVES- und PRISE-Studie werden vier motivationale Zielorientierungen unterschieden: Lernziel- (LZ), Annäherungs- (AL) und Vermeidungsleistungsorientierung (VL) sowie Arbeitsvermeidung (AV). Diese wurden mittels der *SELLMO*-Skalen (Spinath, Stiensmeier-Pelster, Schöne & Dickhäuser, 2002) jeweils zu vier Messzeitpunkten erfasst: Am Ende der 3. und 4. Klasse (EVES) sowie am Ende der 5. und 6. Klasse bzw. 6. und 7. Klasse (PRISE). Da für die *SELLMO*-Skalen lediglich Normen für die Klassenstufen 4 bis 10 vorliegen, wurde geprüft, ob ihre Anwendung bereits in der 3. Klasse erfolgen kann. Reliabilitäts- und Validitätsanalysen, die auf den Daten von 591 Schülerinnen und Schülern des Heidelberger Einschulungsjahrgangs 2001 basieren, zeigen zufrieden stellende Ergebnisse. Eine Faktorenanalyse bestätigt die Vierfaktoren-Struktur und deutet somit auf eine gute Konstruktvalidität hin (im Detail hierzu Schöler, Müller, Scheib & Roos, 2005).

Die nachfolgenden Analysen basieren weitestgehend auf Varianzanalysen mit der Klassenstufe als Messwiederholungsfaktor. Je nach Art der Fragestellung fungieren die einzelnen Zielorientierungen als abhängige bzw. unabhängige Variablen. Betrachtet wird im Falle der motivationalen Entwicklung sowohl die Zeit vor dem Schulübergang (3. und 4. Klasse) als auch direkt nach dem Übergang (Klasse 5). Der Fokus auf das Ende der Grundschulzeit ist sinnvoll, da die Schüler/-innen im Laufe der 4. Klasse ihre Bildungsempfehlung erhalten. Diese entscheidet über den weiteren schulischen Werdegang bzw. die künftig besuchte Schulart. Auch wenn der eigentliche Übergang sich also erst nach der 4. Klasse vollzieht, ist davon auszugehen, dass bereits die Bildungsempfehlung und die darin enthaltene Rückmeldung über die bisher erzielten und zukünftig zu erwartenden Leistungen Auswirkungen auf die Lern- und Leistungsmotivation der Schüler/-innen haben.

4.3 Ergebnisse

4.3.1 Entwicklung der Lern- und Leistungsmotivation vor und nach dem Übergang auf die weiterführende Schule

Motivation und Schulart

Der Vergleich der Zielorientierungen von zukünftigen Gymnasiastinnen/Gymnasiasten, Hauptschülerinnen/Hauptschülern und Realschülerinnen/Realschülern zeigt, dass Schüler/-innen, die eine Haupt- oder Realschule besuchen werden, am Ende der Grundschulzeit eher den Wunsch verspüren, auf andere einen kompetenten Eindruck (AL: $\eta^2 = .02$) zu machen bzw. mögliche Schwächen zu verbergen (VL: $\eta^2 = .03$) als zukünftige Gymnasiastinnen und Gymnasiasten. Doch auch die Tendenz zur Arbeitsvermeidung (AV: $\eta^2 = .05$) scheint bei diesen Schüler/-innengruppen höher ausgeprägt zu sein. Die Lernmotivation bzw. der Wunsch, die eigenen Kompetenzen und Fertigkeiten zu erweiten, ist hingegen bei allen Schüler/-innen (unabhängig von der zukünftig besuchten Schulart) gleichermaßen hoch. Betrachtet man die Veränderung der Zielorientierungen vom Ende der 3. bis zum Ende der 4. Klasse (also vor und nach dem Erhalt der Bildungsempfehlungen), so zeigt sich, dass im Bereich der Leistungsziele (AL: η^2 = .04; VL: η^2 = .09) und Arbeitsvermeidung (AV: η^2 = .08) bei allen Schüler/-innengruppen eine leichte Verringerung des Ausprägungsgrads zu verzeichnen ist. Die Lernzielorientierung bleibt hingegen unabhängig von der zukünftig besuchten Schulart auf einem konstant hohen Niveau (vgl. Tabelle 51).

Tabelle 51 Veränderung der Zielorientierungen nach Erhalt der Bildungsempfehlung (GY: Gymnasium; RS: Realschule; HS: Hauptschule)

Klasse		3			4		
Zielorientierung		*N*	*M*	*SD*	*N*	*M*	*SD*
Lernzielorientierung	GY	517	33.7	5.0	517	34.2	4.7
(LZ)	RS	158	33.3	4.9	158	33.2	4.6
	HS	106	32.8	5.5	106	33.6	4.8
Annäherungsleistungs-	GY	516	22.1	6.3	516	20.1	6.1
orientierung (AL)	RS	157	23.4	6.8	157	21.7	6.1
	HS	107	23.5	6.4	107	22.4	6.2
Vermeidungsleistungs-	GY	516	20.9	6.6	516	18.3	6.3
orientierung (VL)	RS	157	22.5	7.5	157	18.9	6.7
	HS	107	23.7	7.7	107	20.8	7.1
Arbeitsvermeidung	GY	515	18.8	6.7	515	16.3	6.4
(AV)	RS	159	20.3	7.7	159	17.7	6.6
	HS	106	23.1	7.6	106	19.6	7.3

Um auszuschließen, dass Unterschiede in den Zielorientierungen von Schülerinnen und Schülern verschiedener Schularten auf etwaige Fähigkeitsunterschiede zurückzuführen sind, wurden die Zielorientierungen einer hinsichtlich Intelligenz und familiärem Bildungsniveau vergleichbaren Gruppe von Realschülerinnen/Realschülern und Gymnasiastinnen/Gymnasiasten verglichen. Die Gegenüberstellung der parallelisierten Stichproben ergab jedoch keinerlei Unterschiede in der Lern- und Leistungszielorientierung von Schülerinnen und Schülern unterschiedlicher Schularten (s. Tabelle 52). Die Analysen wurden dabei um die 5. Klasse erweitert, und das Augenmerk wurde damit auch auf Veränderungen gerichtet, die sich möglicherweise erst nach dem Übergang auf die weiterführende Schule ergeben. Der Vergleich von Schülerinnen und Schülern des Gymnasiums bzw. der Realschule zeigt, dass sich die Abnahme der Vermeidungsleistungszielorientierung (VL: $\eta^2 = .14$) und Arbeitsvermeidung (AV: $\eta^2 = .09$) im Laufe der Schulzeit fortsetzt. Dies geschieht jedoch unabhängig von der jeweils besuchten Schulart.

Tabelle 52 Veränderung der Zielorientierungen nach dem Übergang auf die weiterführende Schule (GY: Gymnasium; RS: Realschule)

Klasse		3			4			5		
Zielorientierung		N	M	SD	N	M	SD	N	M	SD
Lernzielorientie-	GY	30	34.0	5.1	30	33.1	5.5	30	33.3	4.2
rung (LZ)	RS	30	32.8	5.3	30	32.4	4.8	30	32.9	5.1
Annäherungsleis-	GY	30	21.3	6.7	30	18.6	6.4	30	19.8	4.9
tungsorientierung (AL)	RS	30	22.6	7.2	30	21.9	4.9	30	20.2	4.9
Vermeidungs-	GY	30	21.8	6.7	30	18.6	6.2	30	18.7	6.8
leistungsorientie- rung (VL)	RS	30	22.3	8.6	30	17.7	5.9	30	18.1	5.7
Arbeitsvermei-	GY	30	19.6	7.3	30	16.1	6.4	30	17.4	7.2
dung (AV)	RS	30	19.8	7.7	30	17.1	5.4	30	18.6	6.5

Motivation und Geschlecht

Ein Vergleich der Zielorientierungen von Jungen und Mädchen am Ende der 3. und 4. Klasse zeigt, dass Jungen im Bereich der Annäherungsleistungsziele ($\eta^2 = .04$), Vermeidungsleistungsziele ($\eta^2 = .02$) und Arbeitsvermeidung ($\eta^2 = .03$) etwas höhere Werte aufweisen als Mädchen (s. Tabelle 53). Der Unterschied ist jedoch zu beiden Messzeitpunkten gering. Auffällig ist, dass der Wunsch kompetent zu erscheinen (AL: $\eta^2 = .07$) bzw. Misserfolge zu vermeiden (VL: $\eta^2 = .11$) sowohl bei Jungen als auch Mädchen am Ende der Grundschulzeit geringer ausgeprägt ist als am Ende der 3. Klasse. Gleiches gilt für den Bereich der Arbeitsvermeidung (AV: $\eta^2 = .11$). Auch hier ist eine Verringerung erkennbar. Die Lernzielorientierung, d. h. das Ziel, die eigenen Kenntnisse und Fähigkeiten zu erweitern, ist mit einem Mittelwert von M_M = 33.3 und M_J = 33.7 (*max* = 40) bei Jungen und Mädchen gleichermaßen stark ausgeprägt und bleibt bis zum Ende der 4. Klasse auf einem hohen Niveau stabil.

Tabelle 53   Veränderung der Zielorientierungen von Jungen und Mädchen von der 3. zur 4. Klasse

Klasse		3			4		
Zielorientierung		*N*	*M*	*SD*	*N*	*M*	*SD*
Lernzielorientierung	♀	391	33.3	5.0	391	34.3	4.4
(LZ)	♂	392	33.7	5.1	392	33.6	5.0
Annäherungsleis-	♀	390	21.4	6.4	390	19.8	5.9
tungsorientierung (AL)	♂	392	23.7	6.3	392	21.6	6.3
Vermeidungsleis-	♀	390	20.9	6.9	390	18.0	6.4
tungsorientierung (VL)	♂	392	22.3	7.1	392	19.6	6.6
Arbeitsvermeidung	♀	391	18.6	6.4	391	16.2	6.2
(AV)	♂	391	20.8	7.6	391	17.8	6.9

Bezieht man die Zeit nach dem Übergang auf die weiterführende Schule in die Betrachtung mit ein, so ergibt sich ein leicht verändertes Bild (s. Tabelle 54). Während sowohl die Arbeitsvermeidungstendenz (AV: η^2 = .09) als auch die Absicht von Jungen und Mädchen, die eigenen Fähigkeiten unter Beweis zu stellen (AL: η^2 = .06) bzw. mögliche Leistungsdefizite zu verbergen (VL: η^2 = .08), im Laufe der 5. Klasse weiter nachlässt, lässt sich nunmehr nur noch hinsichtlich des Bereichs der Annäherungsleistungsziele ein Unterschied zwischen der Zielorientierung von Schülerinnen und Schülern feststellen. Mit einem Mittelwert von M_J = 23.1 weisen Jungen hier geringfügig höhere Werte auf als Mädchen (η^2 = .02). Die hohe Lernzielorientierung von Jungen und Mädchen bleibt hingegen auch nach dem Übergang unverändert.

Tabelle 54   Veränderung der Zielorientierungen von Jungen und Mädchen von der 3. zur 5. Klasse

Klasse		3			4			5		
Zielorientierung		*N*	*M*	*SD*	*N*	*M*	*SD*	*N*	*M*	*SD*
Lernzielorientie-	♀	86	33.3	4.4	86	34.0	4.4	86	33.7	4.4
rung (LZ)	♂	67	33.3	4.7	67	33.5	5.7	67	34.1	4.4
Annäherungsleis-	♀	139	21.5	6.5	139	19.9	5.5	139	19.7	5.1
tungsorientierung (AL)	♂	111	23.1	6.0	111	21.5	6.6	111	20.7	5.9
Vermeidungsleis-	♀	139	21.5	7.2	139	18.0	6.0	139	18.3	6.8
tungsorientierung (VL)	♂	112	21.9	7.5	112	19.4	6.5	112	19.5	6.6
Arbeitsvermei-	♀	87	18.6	6.8	87	15.5	5.4	87	16.1	6.2
dung (AV)	♂	67	20.0	7.6	67	17.5	6.9	67	17.5	7.5

Motivation und Intelligenz

Ein Vergleich der Zielorientierungen von Schüler/-innen mit hoher, durchschnittlicher und vergleichsweise niedriger Intelligenz ergibt ebenfalls keinerlei Unterschiede in der Lernzielorientierung (s. Tabelle 55). Anders verhält es sich im Falle der Arbeitsvermeidung. Hier gilt: Je höher die Intelligenz der Schüler/-innen, desto geringer die Arbeitsvermeidungstendenz. Hinsichtlich der Leistungszielorientierung (AL: $\eta^2 = .02$ und VL: $\eta^2 = .01$) ergibt sich ein etwas anders Bild: Hier weisen Schüler/-innen, deren Intelligenztestwerte im oberen Durchschnittsbereich liegen, tendenziell die niedrigsten leistungsmotivationalen Tendenzen auf. Die Unterschiede zwischen den Schüler/-innengruppen sind jedoch außer im Falle der Arbeitsvermeidung (AV: $\eta^2 = .05$) äußerst gering. Erwartungsgemäß zeigt sich auch in den vorliegenden Analysen wiederum ein Absinken der Leistungszielorientierung (AL: $\eta^2 = .07$; VL: $\eta^2 = .10$) und Arbeitsvermeidungstendenzen (AV: $\eta^2 = .11$) im Verlauf der 4. Klasse. Die Lernzielorientierung der Schüler/-innen bleibt hingegen auf hohem Niveau stabil.

Tabelle 55 Veränderung der Zielorientierungen von Klasse 3 bis 4 von Kindern mit hoher ($T \geq 60$), durchschnittlicher ($T = [50; 59,5]$) und vergleichsweise niedriger ($T \leq 50$) Intelligenz

Klasse		3			4		
Zielorientierung	IQ	*N*	*M*	*SD*	*N*	*M*	*SD*
Lernzielorientierung	hoch	261	33.5	5.1	261	34.3	4.7
(LZ)	mittel	333	33.6	4.9	333	33.9	4.5
	niedrig	188	33.1	5.2	188	33.4	5.1
Annäherungsleis-	hoch	261	22.4	6.3	261	20.3	5.7
tungsorientierung	mittel	331	22.1	6.5	331	20.2	6.4
(AL)	niedrig	189	23.6	6.4	189	22.3	6.0
Vermeidungsleis-	hoch	261	21.4	7.1	261	18.3	5.9
tungsorientierung	mittel	332	21.2	6.7	332	18.4	6.9
(VL)	niedrig	188	22.4	7.5	188	20.2	6.6
Arbeitsvermeidung	hoch	261	18.4	6.8	261	16.0	6.4
(AV)	mittel	331	19.3	6.8	331	16.6	6.4
	niedrig	189	22.1	7.5	189	19.0	7.0

An den vorangegangenen Befunden ändert auch der Übertritt auf die weiterführenden Schulen nichts. Während Schüler/-innen mit Intelligenzwerten im oberen Durchschnittsbereich tendenziell die niedrigsten und Kinder mit vergleichsweise geringer Intelligenz die höchsten leistungsmotivationalen Tendenzen (AL: $\eta^2 = .04$; VL: $\eta^2 = .04$) aufweisen, welche jedoch bei allen Gruppen im Laufe der Zeit abnehmen (AL: $\eta^2 = .04$; VL: $\eta^2 = .07$), bleibt die Lernzielorientierung aller Schüler/-innen von der 3. bis zur 5. Klasse stabil auf einem vergleichbar hohen Niveau (s. Tabelle 56). Die Arbeitsvermeidungstendenz ist bei weniger begabten Schüler/-innen höher ausgeprägt als bei begabteren Schülerinnen und Schülern. Allerdings scheint die Arbeitsvermeidungstendenz mit dem Übergang auf die weiterführende Schule im Falle der weniger begabten Schüler/-innen wieder leicht anzusteigen, während sie im Falle der überdurchschnittlich und hochbegabten Schüler/-innen auch im Verlauf der 5. Klasse weiter absinkt. Dieser Unterschied erweist sich jedoch nicht als bedeutsam.

Tabelle 56 Veränderung der Zielorientierungen von Klasse 3 bis 5 (nach dem Übergang auf die weiterführende Schule) von Kindern mit hoher ($T \geq 60$), durchschnittlicher ($T = [50; 59,5]$) und vergleichsweise niedriger ($T \leq 50$) Intelligenz

Klasse		3			4			5		
Zielorientierung	IQ	N	M	SD	N	M	SD	N	M	SD
Lernzielorientierung (LZ)	hoch	90	33.3	4.5	90	34.0	5.2	90	34.1	4.3
	mittel	43	33.4	4.9	43	33.4	4.9	43	33.4	4.8
	niedrig	20	33.1	4.1	20	33.5	4.5	20	34.1	3.7
Annäherungsleistungsorientierung (AL)	hoch	124	22.4	6.1	124	20.3	5.7	124	19.9	5.3
	mittel	82	21.1	6.7	82	19.7	6.8	82	19.4	5.9
	niedrig	44	23.7	5.7	44	22.8	4.7	44	22.3	4.6
Vermeidungsleistungsorientierung (VL)	hoch	124	21.6	7.6	124	18.5	6.3	124	18.2	6.1
	mittel	83	20.9	6.6	83	18.2	6.2	83	18.7	7.6
	niedrig	44	23.5	7.8	44	19.9	6.0	44	21.0	6.2
Arbeitsvermeidung (AV)	hoch	90	18.6	7.2	90	16.0	6.5	90	15.6	6.8
	mittel	43	18.6	6.6	43	15.9	5.4	43	17.5	7.2
	niedrig	21	23.2	7.3	21	19.2	5.4	21	19.9	4.6

4.3.2 Einfluss der Lern- und Leistungszielorientierung auf die schulischen Leistungen

Ausgehend von der Annahme, dass bestimmte motivationale Tendenzen (insbesondere eine hohe Lernzielorientierung) gute schulische Leistungen begünstigen, wird geprüft, ob der Ausprägungsgrad der Zielorientierungen die Testleistungen der Schüler/-innen in den Fächern Deutsch (Leseverständnis, Rechtschreibung), Mathematik und Englisch beeinflusst. Hierzu werden im Folgenden die schulischen Leistungen von Kindern verglichen, deren Zielorientierung (LZ, AL, VL, AV) bezogen auf die teilnehmenden Heidelberger Schüler/-innen im Bereich der oberen bzw. unteren 25 Prozent (oberes bzw. unteres Quartil) liegt. Bei allen vier Vergleichen wurde darauf geachtet, dass sich die Gruppen hinsichtlich der Ausprägung ihrer Zielorientierung maximal unterscheiden. Gleichzeitig wurde darauf Wert gelegt, dass die Untersuchungsgruppen hinsichtlich der durchschnittlichen Intelligenztestleistungen bzw. Bildungsnähe der Elternhäuser vergleichbar sind (vgl. Tabelle 57 und 58).

Tabelle 57 Merkmale der Drittklässler/-innen mit hohen (oberes Quartil: Q4) bzw. niedrigen (unteres Quartil: Q1) Lernzielorientierungen

			HISEI		Intelligenz		Zielorientierung	
Zielorientierung		N	M	SD	M	SD	M	SD
Lernzielorientie-	Q1	146	67.9	15.4	112.6	10.2	27.3	4.3
rung (LZ)	Q4	146	67.9	15.1	112.6	10.1	38.9	1.0
Annäherungs-	Q1	146	65.8	16.0	113.0	10.6	14.0	2.7
leistungsorien-tierung (AL)	Q4	146	66.0	16.1	112.0	9.7	30.2	2.8
Vermeidungs-	Q1	146	66.0	16.5	113.3	10.4	12.2	2.4
leistungsorien-tierung (VL)	Q4	146	65.8	15.4	113.0	10.3	29.6	3.7
Arbeitsvermei-	Q1	146	66.4	16.4	113.4	10.6	10.3	1.6
dung (AV)	Q4	146	66.3	15.1	112.5	10.1	27.7	4.0

Tabelle 58 Merkmale der Sechstklässler/-innen mit hohen (Q4) bzw. niedrigen (Q1) Lernzielorientierungen

			HISEI		Intelligenz		Zielorientierung	
Zielorientierung		N	M	SD	M	SD	M	SD
Lernzielorien-	Q1	70	67.8	12.5	116.1	12.2	26.3	3.9
tierung (LZ)	Q4	70	66.3	13.8	117.2	10.9	37.9	1.6
Annäherungs-	Q1	70	67.6	14.1	116.4	9.9	13.1	2.6
leistungsorien-tierung (AL)	Q4	70	67.8	14.9	116.5	10.9	28.2	2.8

Zielorientierung	N	HISEI		Intelligenz		Zielorientierung	
		M	SD	M	SD	M	SD
Vermeidungs-leistungsorien-tierung (VL)	Q1	70	68.9	14.4	116.9	10.6	11.1	2.0
	Q4	70	68.0	13.6	116.8	11.2	27.2	3.0
Arbeitsvermei-dung (AV)	Q1	70	68.4	14.4	116.1	10.8	10.9	1.9
	Q4	70	68.3	12.6	116.1	11.9	28.4	3.8

Der Vergleich von Drittklässlerinnen und Drittklässlern bzw. Sechstklässlerinnen und Sechstklässlern mit einer eher starken (4. Quartil) bzw. schwachen (1. Quartil) Zielorientierung zeigt, dass sich weder vor noch nach dem Übergang auf die weiterführende Schule bedeutsame Leistungsunterschiede in Abhängigkeit von der Stärke der Zielorientierung ergeben (s. Tabelle 59 und 60). Eine Ausnahme bilden die Leseleistungen am Ende der 3. Klasse sowie die Rechtschreibleistungen am Ende der 6. Klasse. In der 3. Klasse erzielen Kinder mit einer starken Lernzielorientierung etwas bessere Leistungen als Kinder, deren Lernzielorientierung vergleichsweise schwach ausgeprägt sind ($\eta^2 = .02$). Am Ende der 6. Klasse fallen die Rechtschreibleistungen von Schülerinnen und Schülern mit einer hohen Arbeitsvermeidungstendenz vergleichsweise schlecht aus ($\eta^2 = .03$). Die Stärke des Effektes ist jedoch beide Male sehr gering.

Tabelle 59 Schultestleistungen in Abhängigkeit von der Lernzielorientierung (3. Klasse)

Zielorientierung		N	WLLP		DRT-3	
			M	SD	M	SD
Lernzielorientie-rung (LZ)	Q1	146	52.1	7.9	54.1	8.1
	Q4	146	54.6	9.3	55.5	7.8
Annäherungsleis-tungsorientierung (AL)	Q1	146	54.7	9.3	55.4	8.5
	Q4	146	53.7	9.5	55.0	7.2
Vermeidungsleis-tungsorientierung (VL)	Q1	146	55.7	8.7	55.0	8.1
	Q4	146	54.2	9.3	54.8	7.3

Zielorientierung		N	WLLP			DRT-3	
			M	SD		M	SD
Arbeitsvermei-	Q1	146	55.5	9.3		55.4	8.1
dung (AV)	Q4	146	54.0	9.3		54.1	8.3

Tabelle 60 Schultestleistungen in Abhängigkeit von der Lernzielorientierung (6. Klasse)

Zielorientierung		N	SLS 5-8		HSP 5-9		DEMAT-6		Englisch	
			M	SD	M	SD	M	SD	M	SD
Lernzielorientie-	Q1	70	114.2	14.6	56.0	6.9	54.6	7.9	52.3	7.7
rung (LZ)	Q4	70	116.2	13.5	58.1	7.7	55.1	7.2	54.4	8.4
Annäherungs-	Q1	70	114.9	14.0	57.2	7.2	54.1	7.1	54.5	7.4
leistungsorientie- rung (AL)	Q4	70	113.6	14.5	56.4	6.2	56.0	8.2	52.4	9.8
Vermeidungs-	Q1	70	115.3	14.1	57.9	7.0	54.0	7.0	55.0	6.5
leistungsorientie- rung (VL)	Q4	70	115.1	15.5	56.0	6.7	53.2	8.7	54.9	8.7
Arbeitsvermei-	Q1	70	115.5	13.1	58.0	6.9	55.0	6.5	53.9	7.3
dung (AV)	Q4	70	113.3	14.5	55.6	7.3	53.3	9.0	54.1	8.2

4.4 Diskussion

Die Betrachtung der motivationalen Entwicklung von der 3. bis zur 5. Klasse zeigt, dass die populäre Annahme, der zufolge sich die Motivation von Schülern/-innen im Laufe der Schulzeit verringert, nur teilweise bestätigt werden kann: Erwartungskonform zeigt sich zwar eine stetige Verringerung der Leistungsmotivation vom Ende der 3. bis zum Ende der 5. Klasse. Die Lernmotivation bzw. der Wunsch, die eigenen Kenntnisse und Fertigkeiten zu erweitern, bleiben hingegen auf hohem Niveau stabil. Dies gilt sowohl für Schüler/-innen der unterschiedlichen Schularten, Mädchen und Jungen als auch Schüler/-innen mit einer hohen bzw. vergleichsweise niedrigen Intelligenztestleistung. Da im Allgemeinen davon ausgegangen wird, dass sich eine hohe Lernzielorientierung positiv auf den schulischen Erfolg auswirkt, ist es ohne Frage ein erfreulicher Befund, dass in der vorliegenden Studie offenbar weder die Dauer der Beschulung noch der Übergang auf die weiterführenden Schulen eine Verringerung der Lernmotivation zur Folge hat. Dabei darf jedoch nicht außer Acht gelassen werden, dass die Art der Fragen zur Erfassung der Lernzielorientierung auf Seiten der Schüler/-innen möglicherweise sozial erwünschte Antworten begünstigt und damit den Anschein einer besonders hohen Lernzielorientierung verstärkt.

Auf Seiten der Leistungszielorientierung zeigen die Analysen, dass die Entwicklung der Zielorientierungen in den verglichenen Schüler/-innengruppen tendenziell sehr ähnlich verläuft. Nur in wenigen Ausnahmefällen ergeben sich zwischen den Vergleichsgruppen erkennbare, wenn auch geringe motivationale Unterschiede. So sind etwa Jungen im Vergleich zu Mädchen sowohl vor als auch nach dem Übergang auf die weiterführende Schule stärker bemüht, Kompetenz zu demonstrieren (AL). Sie weisen vor dem Übergang zudem eine etwas stärkere Vermeidungsleistungsorientierung und Arbeitsvermeidungshaltung auf. Dieser Unterschied scheint sich nach dem Übergang jedoch auszugleichen.

Der Vergleich der Zielorientierungen von Schülerinnen und Schülern mit unterschiedlichen Bildungsempfehlungen zeigt, dass Schüler/-innen, die zukünftig eine Haupt- oder Realschule besuchen werden, eher als Schüler/-innen mit einer Gymnasialempfehlung den Wunsch verspüren, auf andere einen kompetenten Eindruck zu machen (AL) bzw. mögliche Schwächen zu verbergen (VL). Dies könnte unter anderem damit zusammenhängen, dass diesen Schüler/-innen im Schulalltag, sei es bei Klassenarbeiten oder durch den Erhalt einer spezifischen Bildungsempfehlung, wiederholt vor Augen geführt wird, dass andere Schüler/-innen (zukünftige Gymnasiastinnen/Gymnasiasten) bessere Leistungen erzielen und eine vermeintlich höhere Kompetenz besitzen. Dieser Umstand sowie das Bedürfnis, den eigenen Selbstwert zu schützen, könnten in (zukünftigen) Schüler/-innen der Haupt- und Realschulen den Wunsch stärken, Kompetenz zu demonstrieren bzw. Inkompetenz zu verbergen.

Die Tendenz zur Arbeitsvermeidung scheint bei (zukünftigen) Schülerinnen und Schülern der Haupt- und Realschulen ebenfalls höher ausgeprägt zu sein als bei zukünftigen Gymnasiastinnen/Gymnasiasten. Auch dieser Befund könnte im Sinne eines Selbstschutzes interpretiert werden. In Betracht käme hier unter anderem ein gezieltes „Selfhandicapping". So könnte das Label ,faul' aus Sicht der Betroffenen etwa vorzugswürdiger erscheinen als das Label ,unbegabt'. Dies gilt im Übrigen auch für Schüler/-innen mit einer vergleichsweise niedrigen Intelligenz, für die sich ebenfalls eine vergleichsweise hohe Arbeitsvermeidungstendenz ergibt. Möglich wäre allerdings auch, dass (zukünftige) Haupt- und Realschüler/-innen bzw. Kinder mit geringeren Intelligenztestleistungen, deshalb eine vergleichsweise hohe Arbeitsvermeidungstendenz aufweisen, weil sie dem schulischen Lernen andere (außerschulische) Aktivitäten vorziehen. Hierbei könnte es sich beispielsweise um Aktivitäten handeln, bei denen die betroffenen Schüler/-innen ein höheres Kompetenzerleben erfahren als in den schulischen Bereichen. Ausgehend von der Annahme, dass bestimmte motivationale Tendenzen gute schulische Leistungen begünstigen, wurde schließlich geprüft, ob der Ausprägungsgrad der Zielorientierungen die Testleistungen der Schüler/-innen in den Fächern Deutsch (Leseverständnis, Rechtschreibung), Mathematik und Englisch tatsächlich beeinflusst. Im Ergebnis lassen sich jedoch weder vor noch nach dem Übergang auf die weiterführende Schule bedeutsame Leistungsunterschiede in Abhängigkeit von der Stärke der Zielorientierung feststellen. Dies gilt für alle untersuchten Fertigkeiten und alle Lern-/Leistungsziele. Die populäre Annahme, dass Lernziele Lernhandlungen fördern und den Lernerfolg erhöhen, während Leistungsziele die Lernqualität vermindern, kann somit anhand der PRISE-Studie nicht bestätigt werden. Es zeigt sich vielmehr, dass die Motivation nur eine von vielen Leistungsdeterminanten darstellt und möglicherweise keinen besonders großen Einfluss auf die schulischen Leistung bzw. den Schulerfolg eines Individuums hat.

4.5 Literatur

Daron, C., Butera, F. & Harackiewicz, J. (2007). Achievement goals in social interactions: Learning with mastery vs. performance goals. *Motivation and Emotion, 31*, 61–70.

DeShon, R. P. & Gillespie, J. Z. (2005). A motivated action theory account of goal orientation. *Journal of Applied Psychology, 90*, 1096–1127.

Dweck, C. (1986). Motivational processes affecting learning. *American Psychologist, 41*, 1040–1048.

Dweck, C. & Leggett, E. L. (1988). A social-cognitive approach to motivation and personality. *Psychological Review, 95*, 256–273.

Elliot, A. J. (1997). Integrating the «classic» and «contemporary» approaches to achievement motivation: A hierarchical model of approach and avoidance motivation. In M. Maehr & P. Pintrich (Eds.), *Advances in motivation and achievement* (vol. 10, pp. 143–179). Greenwich, CT: JAI.

Elliot, A. J. & Church, M. A. (1997). A hierarchical model of approach and avoidance achievement motivation. *Journal of Personality and Social Psychology, 72*, 218–232.

Elliott, E. S. & Dweck, C. S. (1988). Goals: An approach to motivation and achievement. *Journal of Personality and Social Psychology, 54*, 5–12.

Elliot, E. S. & Harackiewicz, J. M. (1996). Approach and avoidance achievement goals and intrinsic motivation: A mediational analysis. *Journal of Personality and Social Psychology, 70*, 461–475.

Elliot, A. J. & McGregor, H. A. (2001). A 2 x 2 achievement goal framework. *Journal of Personality and Social Psychology, 80*, 501–519.

Elliot, A. J. & Sheldon, K. M. (1997). Avoidance achievement motivation: A personal goals analysis. *Journal of Personality and Social Psychology, 73*, 171–185.

Elliot, A. J. & Sheldon, K. M. (1998). Avoidance personal goals and the personality-illness relationship. *Journal of Personality and Social Psychology, 75*, 1282–1299.

Elliot, A. J. & Thrash, T. M. (2001). Achievement goals and the hierarchical model of achievement motivation. *Educational Psychology Review, 13*, 139–156.

Elliot, A. J. & Thrash, T. M. (2002). Approach-avoidance motivation in personality: Approach and avoidance temperaments and goals. *Journal of Personality and Social Psychology, 82*, 804–818.

Grant, H. & Dweck, C. S. (2003). Clarifying achievement goals and their impact. *Journal of Personality and Social Psychology, 85*, 541–553.

Harackiewicz, J. M., Barron, K., Pintrich, P. R., Elliot, A. J. & Thrash, T. M. (2002). Revision of achievement goal theory: Necessary and illuminating. *Journal of Educational Psychology, 94*, 638–645.

Horvath, M., Herleman, H. A. & McKie, R. L. (2006). Goal orientation, task difficulty, and task interest: A multilevel analysis. *Motivation and Emotion, 30*, 171–178.

Köller, O. & Schiefele, U. (2006). Zielorientierung. In D. H. Rost (Hrsg.), *Handwörterbuch Pädagogische Psychologie* (3., überarb. u. erw. Aufl., S. 880–886). Weinheim: PVU.

Middleton, M. & Midgley, C. (1997). Avoiding the demonstration of lack of ability: An under-explored aspect of goal theory. *Journal of Educational Psychology, 89*, 710–718.

Midgley, C., Kaplan, A. & Middleton, M. (2001). Performance-approach: Good for what, for whom, under what circumstances and at what cost? *Journal of Educational Psychology, 93*, 77–86.

Nicholls, J. (1984). Achievement motivation: Conceptions of ability, subjective experience, task choice and performance. *Psychological Review, 91*, 328–346.

Rollett, B. (2006). Anstrengungsvermeidung. In D. H. Rost (Hrsg.), *Handwörterbuch Pädagogische Psychologie* (3., überarb. u. erw. Aufl., S. 14–20). Weinheim: PVU.

Schöler, H., Müller, I., Scheib, K. & Roos, J. (2004). *Selbsteinschätzungen der Lern- und Leistungsmotivation von Drittklässlern. Zur Brauchbarkeit der Skalen zur Erfassung der Lern- und Leistungsmotivation (SELLMO).* Heidelberg: Pädagogische Hochschule, Erziehungs- und Sozialwissenschaftliche Fakultät.

Spinath, B., Stiensmeier-Pelster, J., Schöne, C. & Dickhäuser, O. (2002). *Die Skalen zur Erfassung von Lern- und Leistungsmotivation (SELLMO).* Göttingen: Hogrefe.

VandeWalle, D. (1997). Development and validation of a work domain goal orientation instrument. *Educational and Psychological Measurement, 57*, 995–1015.

Wild, E., Rammert, M. & Siegmund, A. (2006). Die Förderung selbstbestimmter Formen der Lernmotivation in Elternhaus und Schule. In M. Prenzel & L. Allolio-Näcke (Hrsg.), *Untersuchungen zur Bildungsqualität von Schule* (S. 370–397). Münster: Waxmann.

5 Veränderung des Fähigkeitsselbstkonzeptes durch den Übergang

Unter Fähigkeitsselbstkonzept versteht man die kognitiv-beschreibende Komponente der Vorstellungen über die eigenen Fähigkeiten. Die Einschätzung der eigenen Fähigkeiten beruht auf Annahmen über die Ausprägung einzelner Fähigkeiten („Mathe kann ich gut"), ihrer Struktur („Mathe fällt mir leicht, aber Sprachen bereiten mir Probleme") und ihrer Stabilität („Für Mathe fehlt mir die Begabung"). Die Selbstwahrnehmung der eigenen Fähigkeiten hat auch eine affektiv-bewertende Komponente („Ich bin stolz darauf, dass ich gut in Sprachen bin") – diese wird jedoch dem Selbstwert und nicht dem Fähigkeitsselbstkonzept zugeordnet (Billmann-Mahecha & Tiedemann, 2006; Stiensmeier-Pelster & Schöne, 2008). Neben dem Fähigkeitsselbstkonzept gibt es weitere Bestandteile der Selbstbeschreibung, wie z. B. das soziale Selbstkonzept oder das emotionale Selbstkonzept, die zusammengenommen das generelle Selbstkonzept ausmachen (Shavelson, Hubner & Stanton, 1976, zit. nach Moschner & Dickhäuser, 2006). Dieser hierarchische Aufbau der Selbsteinschätzung lässt sich auch für das Fähigkeitsselbstkonzept fortführen: Das akademische Fähigkeitsselbstkonzept („ich bin begabt") gliedert sich in ein mathematisch-naturwissenschaftliches und ein sprachliches Fähigkeitsselbstkonzept. Die beiden letzteren lassen sich wiederum unterteilen in einzelne Fächer (z. B. Mathematik), Fachinhalte (z. B. Algebra) bis hin zu konkreten Aufgaben (z. B. Dreisatz) usw. (vgl. Stiensmeier-Pelster & Schöne, 2008).

Im schulischen Kontext ist insbesondere das Fähigkeitsselbstkonzept (und weniger das soziale oder emotionale Selbstkonzept) von Interesse, da es über verschiedene Mechanismen Lernprozesse begünstigen oder erschweren kann (Dickhäuser, 2006), sich auf die Leistungsbereitschaft und -fähigkeit auswirkt (Stiensmeier-Pelster & Schöne, 2008), die Studien- und Berufswahl beeinflusst (Filipp, 2006; Schabel & Gruehn, 2000, zit. nach Köller, Trautwein, Lüdtke & Baumert, 2006) und nicht zuletzt das psychische Wohlbefinden mitbestimmt (Stiensmeier-Pelster & Schöne, 2008). Vor diesem Hintergrund erstaunt es nicht, dass sich die Schule zum Ziel gesetzt hat, Schüler/-innen Erfahrungen zu ermöglichen, die ihr „Zutrauen in die eigene Fähigkeiten" stärken sollen (vgl. beispielsweise den Bildungsplan Mathematik für Gymnasien in Baden-

Württemberg). Schüler/-innen sollen demnach zu einer positiven Einschätzung der eigenen Fähigkeiten und damit zu einem positiven Fähigkeitsselbstkonzept gelangen.

5.1 Quellen des Fähigkeitsselbstkonzepts

Nach Marsh (1986) entsteht das Fähigkeitsselbstkonzept aufgrund von externen und internen[7] Vergleichsprozessen. Externe Vergleichsprozesse beziehen sich auf Vergleiche mit den Fähigkeiten der relevanten Referenzgruppe: Eine Person kommt zu einer positiven Einschätzung der eigenen Fähigkeiten, wenn sie feststellt, dass die Anderen der Referenzgruppe leistungsschwächer sind als sie selbst. Wenn die Person dagegen feststellen muss, dass viele andere Menschen leistungsstärker sind als sie selbst (sie also viele Aufwärtsvergleiche anstellen muss), wird sie zu einem negativen Fähigkeitsselbstkonzept gelangen. Interne (dimensionale) Vergleichsprozesse beziehen sich auf Vergleiche mit anderen Fähigkeiten einer einzelnen Person: Nimmt eine Person wahr, dass sie bessere mathematische als verbale Fähigkeiten hat, so wird sie ihre mathematischen Fähigkeiten besser einschätzen als ihre verbalen Fähigkeiten. Dies ist unabhängig davon, wie die mathematischen Fähigkeiten im Vergleich zu den mathematischen Fähigkeiten anderer Personen ausfallen.

Das Ergebnis externer Vergleichsprozesse ist demnach stark davon abhängig, welche Referenzgruppe gewählt wird. Bezogen auf die Schule wird ein Kind in einer sehr leistungsstarken Klasse zu einer negativeren Einschätzung der eigenen Fähigkeiten gelangen als ein leistungsgleiches Kind in einer leistungsschwachen Klasse. Dieser so genannte Big-Fish-Little-Pond-Effekt (BFLPE) konnte in zahlreichen Studien nachgewiesen werden. In einer relativ frühen Studie konnten beispielsweise Rheinberg und Enstrup (1977) zeigen, dass Schüler/-innen einer Förderschule zu einem positiveren Fähigkeitsselbstkonzept gelangen als Schüler/-innen mit einer vergleichbaren Intelligenz auf einer Grund- bzw. Hauptschule. Auch neuere Studien bestätigen, dass leistungsgleiche Schüler/-innen zu unterschiedlichen Einschätzungen der eigenen Fähigkeiten gelangen in Abhängigkeit davon, wie leistungsstark ihre Mitschüler/-innen sind: In leistungsstarken Klassen gelangt das Kind zu einem negativeren Fähigkeitsselbstkonzept als in einer leistungsschwachen Klasse (zsf. Marsh, 2005; Marsh, Trautwein, Lüdtke, Baumert & Köller, 2007; Treutlein & Schöler, 2009). Die Vermutung, dass der BFLPE über eine schlechtere Benotung der Kinder entsteht – die sozia-

---

[7]   Eine andere in der Literatur zu findende Bezeichnung für die internen Vergleiche ist der Begriff dimensionale Vergleiche. Letztendlich sind damit intraindividuelle Vergleichsprozesse gemeint, in Abgrenzung von interindividuellen Vergleichen (soziale oder externe Vergleiche).

len Vergleiche also lediglich von den Lehrkräften durchgeführt werden – konnte inzwischen widerlegt werden (beispielsweise Marsh, 1987). Dies bedeutet jedoch nicht, dass die Noten irrelevant für die Bewertung der eigenen Fähigkeiten sind – sie sind schließlich der „handfeste Beweis" für die Ausprägung einzelner Fähigkeiten, sodass auch die Noten das Fähigkeitsselbstkonzept beeinflussen (Köller et al., 2006; Marsh et al., 2007). In diesem Zusammenhang muss noch darauf hingewiesen werden, dass auch Lehrkräfte soziale Vergleiche nutzen und ihre Benotung von der Leistungsstärke der Mitschüler/-innen beeinflusst ist (Trautwein & Baeriswyl, 2007; Treutlein, Roos & Schöler, 2008; zsf. Marsh, 2005): In einer leistungsstarken Klasse wird ein Kind schlechter benotet als ein leistungsgleiches Kind in einer leistungsschwachen Klasse. Demnach ist das Fähigkeitsselbstkonzept zum einen beeinflusst von sozialen Vergleichen, die die Schüler/-innen anstellen, zum anderen aber auch durch die Noten, die durch die sozialen Vergleiche der Lehrkräfte entstehen.

Gleichzeitig können soziale Vergleiche auch bewirken, dass Schüler/-innen feststellen, zu einer besonders leistungsstarken bzw. -schwachen Gruppe zu gehören. Stellt ein Kind beispielsweise fest, dass es zwar selbst zu den schlechteren Schülern/Schülerinnen seiner Klasse gehört, diese Klasse aber besonders leistungsstark ist (z. B. eine Klasse auf einem „Elitegymnasium"), kann die Zugehörigkeit zu der besonders leistungsstarken Klasse förderliche Effekte in Hinblick auf das Fähigkeitsselbstkonzept haben. Dieser so genannte Basking-In-Reflected-Glory-Effekt (BIRG) bewirkt also, dass ein Kind sich unabhängig von der eigenen Leistung in den Erfolgen der Mitschüler/-innen gewissermaßen „sonnen" kann. Auch für diesen Effekt gibt es inzwischen Belege. So konnten beispielsweise Köller, Trautwein, Lüdtke und Baumert (2006) nachweisen, dass sich das Fähigkeitsselbstkonzept von Schülern/Schülerinnen im Leistungskurs Mathematik der gymnasialen Oberstufe positiver entwickelt als von Schülern/Schülerinnen im Grundkurs Mathematik. Dieser Effekt bestand zusätzlich zum BFLPE – die beiden Effekte BIRG und BFLPE wirken demnach zusammen.

Neben den externen Vergleichen spielen auch interne Vergleiche eine wichtige Rolle für das Fähigkeitsselbstkonzept, die inzwischen mehrfach nachgewiesen werden konnten (zsf. Möller & Köller, 2004). Die Bewertung der eigenen Fähigkeiten ist demnach davon beeinflusst, wie leistungsfähig sich ein Kind in einem anderen Fach wahrnimmt: Eine gute Leistung im Fach Mathematik führt zu einer geringeren Bewertung der eigenen Fähigkeit im Fach Deutsch als eine schlechte Leistung im Fach Mathematik. Die Abwärtsvergleiche sind stärker ausgeprägt als die Aufwärtsvergleiche (Pohlmann, Möller & Streblow, 2006). Dies bedeutet, dass das mathematische Selbstkonzept bei schlechter Deutschleistung stärker positiv beeinflusst ist, als es bei guter Deutschleistung negativ beeinflusst wird. Gleiches gilt auch für das verbale Selbstkonzept bei entsprechender Leistung im Fach Mathematik.

5.2 Veränderungen des Fähigkeitsselbstkonzepts beim Übergang

Der Übergang von der Grund- auf die weiterführende Schule kann sich bedeutsam auf das Fähigkeitsselbstkonzept auswirken. Aufgrund der veränderten Referenzgruppe können die externen Vergleiche als Quelle für das Fähigkeitsselbstkonzept zu anderen Ergebnissen führen als noch in der Grundschule: Nach dem Übergang können Kinder, die in der Grundschule noch zu den Besten ihrer Klasse gezählt haben, in ihrer neuen Klasse zum Durchschnitt oder unteren Leistungsbereich gehören. Auch der umgekehrte Fall ist möglich – beispielsweise wenn ein Kind, das in einer leistungsstarken Grundschulklasse zu den schlechteren gehört hat, auf die Haupt- oder Realschule selbst auf ein Gymnasium wechselt, und dort zu den Besten zählt.

Diese Auswirkungen eines Kontextwechsels (z. B. beim Übergang) auf das Fähigkeitsselbstkonzept wurden in verschiedenen Studien untersucht. Schon vor dem Übergang, wenn die Übergangsempfehlungen bereits ausgestellt und den Schülern / Schülerinnen bekannt sind, reduziert sich das Fähigkeitsselbstkonzept deutlich (Billmann-Mahecha & Tiedemann, 2006). Dies trifft für alle Kinder zu, unabhängig davon, auf welche Schulart sie wechseln werden. Zwar haben Kinder mit einer Gymnasialempfehlung weiterhin ein positiveres Fähigkeitsselbstkonzept als spätere Real- und Hauptschüler/-innen, sie scheinen jedoch wie alle anderen Kinder auch durch die mit dem Übergang anstehenden Veränderungen verunsichert zu sein. Billmann-Mahecha und Tiedemann (2006) schließen daraus, dass der Übergang ein kritisches Lebensereignis darstellt, das sich zudem über den erwarteten Leistungsdruck schon vor dem tatsächlichen Übergang auf das Fähigkeitsselbstkonzept auswirkt. Schwarzer, Lange und Jerusalem (1982) untersuchten die Veränderungen des Fähigkeitsselbstkonzepts nach vollzogenem Übergang auf die weiterführende Schule. Sie stellten fest, dass sich bereits wenige Monate nach dem Übergang das Fähigkeitsselbstkonzept an die neue Position in der Klasse angepasst hat. Die frühere Bezugsgruppe und damit das Fähigkeitsselbstkonzept in der Grundschule sind nicht mehr wirksam – innerhalb des ersten Schulhalbjahres werden die bisherigen Bewertungen der eigenen Fähigkeiten aufgegeben. Ähnliche Ergebnisse berichtet auch Geck (2004), die nachwies, dass sich bereits zwei Monate nach dem Wechsel in die weiterführende Schule das Fähigkeitsselbstkonzept von Hauptschülern und Hauptschülerinnen deutlich verbessert, das von Gymnasiastinnen und Gymnasiasten verschlechtert hat. Watermann, Klingebiel und Kurtz (2010) konnten für Kinder auf dem Gymnasium nach einem halben Jahr ebenfalls einen deutlichen Rückgang des Fähigkeitsselbstkonzepts feststellen. Bei Kindern auf Real- oder Hauptschulen blieb das Fähigkeitsselbstkonzept auf einem ungefähr gleich bleibenden Niveau. Andere Studien können eine solch schnelle Anpassung des Fähigkeitsselbstkonzepts nicht bestätigen: Marsh (1991) wies mit der High School and Beyond-Studie nach, dass die negativen Effekte des BFLPEs noch zwei Jahre nach Beendigung der High School sichtbar bzw. tendenziell sogar angestiegen waren. Die „kleinen Fische" der High School schätzten ihre Fähigkeiten also selbst zwei Jahre nach Verlassen der High School geringer ein als gleichleistende Studierende, die in ihrer High School zu den „großen Fischen" zählten. Die Tatsache, dass sie eine besonders leistungsstarke High School besuchten, war für die „kleinen Fische" dabei irrelevant – diese Tatsache beeinflusste das Fähigkeitsselbstkonzept nicht positiv[8]. Ähnliche Ergebnisse berichten auch Marsh, Trautwein, Lüdtke, Baumert und Köller (2007): Sie verfolgten die Entwicklung des Fähigkeitsselbstkonzepts von deutschen Abiturientinnen und Abiturienten beim Übergang ins Studium oder in die Berufsausbildung und stellten fest, dass zwei Jahre nach dem Abitur die „kleinen Fische" der Abiturklasse noch „kleiner" geworden waren. Bei der Untersuchung vier Jahre nach dem Abitur waren die Größen der Fische mit der Größe beim Abitur vergleichbar. Auch hier wurde also deutlich, dass der BFLPE noch einige Zeit nach dem Bezugsgruppenwechsel nachwirkt. Diese Ergebnisse stehen in gewissem Widerspruch zu Ergebnissen und ihrer möglichen Erklärungen von Rheinberg und Enstrup (1977): Sie stellten (allerdings in querschnittlichen Studien) fest, dass sich das Fähigkeitsselbstkonzept von vergleichbar intelligenten Kindern auf einer Förder- bzw. Hauptschule in der 8. und 9. Klasse angleicht. In den Klassen vier bis sieben beurteilten die Förderschüler/-innen ihre Fähigkeiten noch positiver als die Hauptschüler/-innen. Rheinberg und Enstrup (1977) schließen daraus, dass die Kinder mit zunehmendem Alter den Bezugsrahmen über ihre jeweilige Klasse und Schule hinaus erweitern.

Für den Übergang in die Sekundarstufe liegen ebenfalls Belege vor, dass der BFLPE aus der Grundschule noch einige Zeit nachwirkt (Gerlach, Trautwein & Lüdtke, 2007). Dabei spielte es keine Rolle, ob die Kinder auf ein Gymnasium – also eine höher bewertete Schulform – wechselten. Dies widerspricht Annahmen, nach denen der BIRG-Effekt gerade beim Übergang von der Grund- auf die weiterführende Schule deutlich werden könnte, da die Schularten für Schüler/ -innen (aber auch Eltern und Lehrkräfte) ein klar wahrnehmbares Kriterium für

---

[8]   Dies bedeutet jedoch nicht automatisch, dass kein BIRG-Effekt entstand. Allerdings fiel der BIRG-Effekt offenbar geringer aus als der BFLPE, sodass als Netto-Effekt nur der BFLPE sichtbar wurde.

die Leistungsfähigkeit eines Kindes sind und sich die Schüler/-innen auch dem Stellenwert der Schulart bewusst sind.[9]

In Bezug auf die internen Vergleiche ist es beim Übergang auf die weiterführende Schule eher unwahrscheinlich, dass sich die Stärken in einzelnen Fächern grundlegend ändern. Dennoch lässt sich dies nicht generell ausschließen, denn aufgrund von speziellen Schwerpunkten der weiterführenden Schule, von schulischen oder außerschulischen Fördermaßnahmen oder des Wechsels von Lehrkräften, durch den schon so manches Mal ein Fach plötzlich Spaß brachte oder aber die bisherige Attraktivität verlor, kann sich die Leistung in einem Fach durch den Übergang deutlich verbessern bzw. verschlechtern. Auch bei Kindern, die wegen einer umschriebenen schulischen Leistungsstörung (Legasthenie oder Dyskalkulie) vielleicht auf die Hauptschule empfohlen wurden und dort in ihrer neuen Klasse trotz dieser Schwäche zu den Klassenbesten gehören, kann der Übergang die Bewertung der eigenen Fähigkeit in Bezug auf einzelnen Fächer verändern. Zu dieser Fragestellung fehlen jedoch bislang Befunde, die vorliegende Studie wird daher auch zu dieser Frage empirische Antworten suchen.

5.3 Fragestellung

Im Folgenden soll untersucht werden, wie sich der Übergang auf das Fähigkeitsselbstkonzept auswirkt:

- Wie schnell passt eine Schülerin / ein Schüler das Fähigkeitsselbstkonzept an die neue Leistungsposition innerhalb der Klasse an? Beziehungsweise: Wie lange bleibt das Fähigkeitsselbstkonzept der Grundschule auch in der weiterführenden Schule erhalten?
- Bewirkt die Empfehlung auf eine höhere Schulart im Sinne des BIRG-Effekts einen „Schutz" gegen ein negatives Fähigkeitsselbstkonzept?
- Geht eine Veränderung der Leistungsposition innerhalb der Klasse auch mit veränderten Noten einher?
- Wie schnell verändert sich das Fähigkeitsselbstkonzept für einzelne Fächer, wenn sich bisher individuell leistungsstarke in leistungsschwache Fächer verändern oder umgekehrt?

---

[9]   Vergleiche hierzu auch den Bericht von Friedrich (2009, S. 172, Fußnote 34) über die Schüler/-innen einer 3. Klasse, die sich zum Geburtstag gegenseitig eine Gymnasialempfehlung wünschten. Ähnliches berichten Billmann-Mahecha und Tiedemann (2006): Bereits Zweitklässler/-innen tauschten sich darüber aus, wer später aufs Gymnasium gehen könne.

5.4 Methode

Um die Auswirkungen der sozialen Vergleiche auf das Fähigkeitsselbstkonzept zu betrachten, wäre die Mehrebenenanalyse eine geeignete Methode. Aufgrund der Stichprobengröße ist dies im vorliegenden Fall jedoch nicht realisierbar, selbst wenn – wie für das vorliegende Kapitel geschehen – die fehlenden Daten mittels multipler Imputation (NORM 2.03, Shafer, 2000) geschätzt wurden. Um dennoch die Leistungsstärke der Klasse berücksichtigen zu können, wird die Leistung eines Kindes jeweils in Bezug gesetzt zur Leistungsstärke der Klasse: Ist ein Kind – verglichen mit seinen Mitschüler/-innen – zu den stärkeren oder schwächeren Kindern der Klasse zu zählen? Anders gefragt: Ist das Kind in seiner Klasse bezogen auf die Leistung sozusagen ein großer oder ein kleiner Fisch? Dazu wird die Testleistung innerhalb jeder Klasse z-standardisiert – sowohl im 3. als auch im 6. Schuljahr (Jahrgang 2002) bzw. 7. Schuljahr (Jahrgang 2001). Zwar entsteht dabei das Problem, dass gleiche z-Werte unterschiedliche Testleistungen repräsentieren. Dies ist allerdings nicht bedeutsam, da im Folgenden nicht interessiert, ob eine gleiche Leistung in Abhängigkeit vom Klassenkontext unterschiedlich von Schülerinnen/Schülern und Lehrkräften wahrgenommen wird[10], sondern die Frage im Vordergrund steht, welche Auswirkungen die Änderung des Klassenkontexts auf die Selbst- und Fremdbewertung hat. Für diese Fragestellung ist die relative Position eines Kindes innerhalb der Leistungshierarchie seiner Klasse zu berücksichtigen. Damit kann auch festgestellt werden, wie sehr sich die Position eines Kindes in der Leistungshierarchie innerhalb seiner Klasse durch den Übergang auf die weiterführende Schule verändert.

Die Differenzen zwischen dem z-Wert in der 3. Klasse und in der 6. bzw. 7. Klasse sowie die Veränderungen der Deutschnote werden in Quartile unterteilt: (1) Kinder, die sich in der Leistungshierarchie innerhalb der Klasse deutlich verbessert haben (obere 25 %); (2) Kinder, die sich in der Leistungshierarchie deutlich verschlechtert haben (untere 25 %). Bei den beiden mittleren Quartilen (50 %) erfolgt die Unterteilung dann, wenn keine Leistungsunterschiede festzustellen sind (Differenz = 0). Dadurch ergeben sich zwei weitere Gruppen: (3) Kinder, deren Position sich in der Leistungshierarchie ein wenig verschlechtert hat (ca. 36 %) und (4) Kinder, deren Position sich in der Leistungshierarchie ein wenig verbessert haben (ca. 14 %). Die Einteilung erfolgt also unabhängig davon, ob ein Kind zu den Besten oder Schlechtesten einer Klasse gehört – denn auch ein leistungsstarkes Kind kann sich durch den Wechsel verschlechtern, es

---

[10] Dies ist in anderen Untersuchungen belegt worden, so wurde z. B. auch für die vorliegende Untersuchungsgruppe in der 3. Klasse gezeigt, dass gleiche Leistungen durch den Klassenkontext sowohl bei Schülerinnen/Schülern als auch Lehrkräften zu unterschiedlichen Bewertungen führen (vgl. Treutlein & Schöler, 2009).

muss aber dadurch noch nicht zu den leistungsschwächsten der Klasse gehören. Die längsschnittlichen Analysen beruhen auf einer Kategorisierung der z-Werte im Rechtschreibtest[11].

Neben den Leistungen in den Schulleistungstests werden auch die Noten in die Analysen einbezogen. Für Schüler/-innen könnten nämlich die Noten Rückmeldung darüber geben, wie leistungsstark ihre Mitschüler/-innen sind. Noten liefern demnach viel Information für soziale Vergleiche. Die Differenz der Noten vor und nach dem Übergang wird ebenfalls in vier Kategorien unterteilt: (a) „mindestens zwei Noten schlechter als in der Grundschule", (b) „eine Note schlechter als in der Grundschule", (c) „gleiche Note wie in der Grundschule" und (d) „mindestens eine Note besser als in der Grundschule". Die Kategorie „mindestens eine Note besser als in der Grundschule" wird nicht weiter unterteilt in „eine Note besser" bzw. „mindestens zwei Noten besser", weil beides nur selten vorkommt.

Um die Fähigkeitsselbstkonzepte der Fächer miteinander vergleichen zu können (dimensionale Vergleiche) werden die Differenzen zwischen den Schulnoten der einzelnen Schuljahre vor und nach dem Übergang (3. und 6. bzw. 7. Schuljahr) berechnet. Da die Deutsch- und Mathematiknoten längsschnittlich erfasst wurden, kann überprüft werden, wie sich das Fähigkeitsselbstkonzept verändert, wenn in der Grundschule die Deutschnote besser war als die Mathematiknote, sich dies aber in der weiterführenden Schule gegenläufig verändert. Oder umgekehrt: In der weiterführenden Schule ist die Deutschnote besser als die Mathematiknote. In diese Analyse werden alle diejenigen Kinder einbezogen, bei denen die Differenz zwischen Deutsch- und Mathematiknote in der Grundschule und die Differenz zwischen diesen Noten in der weiterführenden Schule mindestens zwei Noten beträgt. Da sich viele Kinder in einem der beiden Fächer um eine Note in der weiterführenden Schule verschlechtern, wurde zur Gruppenbildung diese Differenz gewählt.

Neben den Noten werden auch die Ergebnisse der Schulleistungstests für Deutsch, Mathematik und Englisch miteinander verglichen. Die Differenz der T-Werte wird wie folgt kategorisiert: (1) Bei einer Differenz von maximal 5 T-Werten zwischen den jeweiligen Testleistungen gilt die Leistung als vergleichbar; (2) bei einer Differenz von mehr als 5 T-Werten gelten die Leistungen in den beiden Bereichen als stärker bzw. schwächer. Diese dimensionalen Vergleiche, d. h. die Analysen der Fähigkeitsselbstkonzepte der einzelnen Fächer und ihrer Veränderung, erfolgen querschnittlich.

Die Deskription der Ergebnisse basiert auf den Originaldaten (ohne Imputation).

---

[11] Die Leistung im Fach Mathematik wurde in der Grundschule nicht mit einem standardisierten Verfahren überprüft.

5.5 Ergebnisse

Ausprägungen des Fähigkeitsselbstkonzepts in Abhängigkeit von Fach, Klassenstufe und Schulart

Bei der querschnittlichen Beschreibung ergeben sich erwartungsgemäß durchschnittliche Ausprägungen der Fähigkeitsselbstkonzepte für die einzelnen Fächer und auch für die verschiedenen Klassenstufen[12] (vgl. Tabelle 61).

Tabelle 61 Fähigkeitsselbstkonzept (FSK) in Abhängigkeit von Fach und Klassenstufe (*T*-Werte)

	FSK	M	SD	Min	Max
3. Klasse	Schreiben	50.01	10.00	18.57	78.92
	Mathematik	50.05	10.00	20.85	70.09
6. Klasse	Deutsch	51.72	10.31	26.00	71.00
	Mathematik	52.18	9.39	28.00	69.00
	Englisch	52.27	10.34	27.00	70.00
7. Klasse	Deutsch	51.22	9.40	26.00	71.00
	Mathematik	51.08	9.84	28.00	69.00
	Englisch	51.50	9.31	27.00	70.00

Die Ausprägungen der Fähigkeitsselbstkonzepte in Abhängigkeit von der Schulart bestätigen auf den ersten Blick den BIRG-Effekt: Schüler/-innen auf Gymnasien haben durchschnittlich ein höheres Fähigkeitsselbstkonzept als Real- oder Hauptschüler/-innen, und Realschüler/-innen bewerten ihre eigenen Fähigkeiten besser als Hauptschüler/-innen (vgl. Tabelle 62).

Tabelle 62 Fähigkeitsselbstkonzept (FSK) in Abhängigkeit von Klassenstufe und Schulart (mittlerer *T*-Wert)

	FSK	Gymnasium	Realschule	Hauptschule
6. Klasse	Deutsch	51.95	51.70	46.56
	Mathematik	52.08	53.44	45.56
	Englisch	53.80	49.27	39.13
	Gesamt	55.12	54.20	39.75

---

12 Die *T*-Wertnormen des 3. Schuljahres wurden anhand der vorliegenden Untersuchungsgruppe berechnet. Die *T*-Wertnormen der 6. bzw. 7. Klasse entsprechen den Normen der Eichstichproben (*DISK-Gitter*, Rost, Sparfeldt & Schilling, 2007).

FSK		Gymnasium	Realschule	Hauptschule
7. Klasse	Deutsch	51.42	49.95	52.70
	Mathematik	51.15	50.54	51.82
	Englisch	52.31	48.08	50.73
	Gesamt	53.71	50.95	55.42

Bei genauerer Betrachtung wird jedoch deutlich, dass nicht die Wertigkeit einer Schulart für die Fähigkeitsselbstbewertung wirksam ist. In den einzelnen Schularten werden aber unterschiedliche Noten verteilt. Werden nämlich die Noten berücksichtigt, dann ist das Fähigkeitsselbstkonzept abhängig von dieser Leistungsbewertung: Kinder, die eine gute Note erhalten, bewerten ihre Fähigkeiten besser als Kinder, die eine schlechte Note erhalten, und zwar unabhängig von der Schulart (vgl. Tabelle 63).

Tabelle 63 Fähigkeitsselbstkonzept in Abhängigkeit von Benotung und Schulart (*T*-Werte)

FSK	Klasse	Schulart	Note 1	Note 2	Note 3	Note 4	Note 5
Deutsch	6	Gymnasium	63.31	55.79	46.87	37.38	
		Realschule		55.81	50.33	44.25	45.00
		Hauptschule			46.17	46.00	
	7	Gymnasium	61.00	54.05	48.29	43.50	
		Realschule		54.64	49.62	47.38	
		Hauptschule			55.00		
Mathematik	6	Gymnasium	59.67	55.88	47.17	43.87	
		Realschule		60.13	50.25	49.67	49.00
		Hauptschule			52.00	34.50	
	7	Gymnasium	61.00	55.57	47.67	42.91	
		Realschule		56.11	49.40	45.00	44.00
		Hauptschule			47.00	51.00	49.00
Englisch	6	Gymnasium	64.95	54.56	48.88	41.29	
		Realschule		53.40	47.78	39.75	
		Hauptschule			53.50	30.25	
	7	Gymnasium	62.11	53.89	47.77	43.50	
		Realschule		56.33	47.95	43.50	
		Hauptschule			60.00	47.60	50.00

Leere Zellen: keine entsprechenden Werte vorhanden bzw. weniger als fünf Werte vorhanden

Unabhängig von der Schulart korrelieren sowohl in der 6. als auch in der 7. Klasse die Noten mit einem ähnlichen Fähigkeitsselbstkonzept – zumindest bis ans Ende der 7. Klasse berücksichtigen die Kinder bei der Bewertung der eigenen Fähigkeiten demnach nicht, welche Schulart sie besuchen. In Deutsch, Mathematik und Englisch zeigen sich jeweils vergleichbare Effekte (vgl. Tabelle 63).

5.6 Fähigkeitsselbstkonzept und Schultestleistungen

Die Korrelationen zwischen dem Fähigkeitsselbstkonzept und den Testleistungen in Deutsch sind zwar statistisch bedeutsam (ausgenommen zwei Koeffizienten in der 7. Klasse; s. Tabelle 64), tragen aber nur wenig zur Varianzaufklärung bei. Die höchsten Korrelationen zwischen Selbstkonzept und Leistung zeigen sich in der 6. Klasse mit $r = .47$ zwischen dem Fähigkeitsselbstkonzept in Deutsch und der Rechtschreibtestleistung).

Tabelle 64   Korrelationen zwischen dem Fähigkeitsselbstkonzept in Deutsch und den Testleistungen im Lesen (*WLLP* bzw. *SLS*) und Rechtschreiben (*DRT* bzw. *HSP*)

	Fähigkeitsselbstkonzept		
	Schreiben	Deutsch	
Testleistung	3. Klasse	6. Klasse	7. Klasse
Lesegeschwindigkeit 3. Klasse	.22 **	.30 **	.05
Rechtschreiben 3. Klasse	.28 **	.47 **	.17
Lesegeschwindigkeit 5. Klasse	.36 **	.36 **	---
Rechtschreiben 5. Klasse	.38 **	.40 **	---
Lesegeschwindigkeit 6. Klasse	.26 **	.34 **	.22 **
Rechtschreiben 6. Klasse	.29 **	.31 **	.23 **
Lesegeschwindigkeit 7. Klasse	.21 **	---	.11 **
Rechtschreiben 7. Klasse	.19 *	---	.27 **

Die Korrelationen zwischen dem Fähigkeitsselbstkonzept in Mathematik und den Mathematiktestleistungen (*DEMAT*) sind alle statistisch signifikant, ebenfalls aber nur gering bis mittelhoch (vgl. Tabelle 65). Die Korrelationskoeffizienten liegen zwischen $r = .25$ und $r = .38$ und variieren damit geringer als im Fach Deutsch.

Tabelle 65 Korrelationen zwischen dem Fähigkeitsselbstkonzept und den Testleistungen in Mathematik (*DEMAT*)

Mathematiktestleistung	Fähigkeitsselbstkonzept Mathematik		
	3. Klasse	6. Klasse	7. Klasse
5. Klasse	.33 **	.32 **	---
6. Klasse	.25 **	.36 **	.28 **
7. Klasse	.26 **	--- **	.38 **

Deutlich höher als in Deutsch und Mathematik liegen die Korrelationen zwischen dem Fähigkeitsselbstkonzept in Englisch und den Englischtestleistungen, die Koeffizienten variieren zwischen $r = .31$ und $r = .52$. Die höchsten Korrelationen treten dabei in der 6. Klasse auf (vgl. Tabelle 66).

Tabelle 66 Korrelationen zwischen dem Fähigkeitsselbstkonzept und den Testleistungen in Englisch

Englischtestleistung	Fähigkeitsselbstkonzept Englisch	
	6. Klasse	7. Klasse
5. Klasse	.51 **	---
6. Klasse	.52 **	.31 **
7. Klasse	---	.44 **

5.6.1 Soziale Vergleiche

Sowohl in Grund- als auch weiterführender Schule vergleichen die Schüler/-innen ihre Leistungen mit anderen Schülerinnen und Schülern. Das Ergebnis solcher sozialen Vergleiche wirkt sich auf die Selbsteinschätzung der eigenen Fähigkeiten aus. Welche Rolle spielen diese sozialen Vergleiche für die Veränderung des Fähigkeitsselbstkonzepts von der 3. bis zur 6. Klasse?

Kinder, die in der 3. Klasse zu den schlechteren Schüler/-innen ihrer Klasse zählen und nach dem Übergang zu den Klassenbesten gehören, erhöhen ihr Fähigkeitsselbstkonzept bedeutsam. Auch diejenigen Kinder, die sich nur wenig innerhalb der leistungsbezogenen Rangreihe verbessern, schätzen ihre eigenen Fähigkeiten bedeutsam höher ein. Im Vergleich dazu vermindert sich das Fähig-

keitsselbstkonzept von Kindern, die in der 3. Klasse noch zu den besten Schü-
ler/-innen ihrer Klasse zählten und nach dem Übergang zu den Leistungsschwächsten gehören(vgl. Abbildung 4).

Interessant in diesem Zusammenhang ist die Leistung in den Leistungstests:
Kinder, die ihre Stellung in der klassenbezogenen Leistungshierarchie verbessern, werden nach dem Übergang häufig auf der Hauptschule beschult. Ihre Leistung im Leistungstest fällt (deswegen) deutlich schlechter aus als die Leistung
von Kindern, die sich in der klassenbezogenen Leistungshierarchie verschlechtern (diese Kinder sind größtenteils auf dem Gymnasium zu finden). Dennoch
gelangen sie zu einer besseren Einschätzung der eigenen Fähigkeiten als noch
auf der Grundschule. Der unterschiedliche Ausgangspunkt in der 3. Klasse wird
bis ans Ende der 6. Klasse ausgeglichen – zu diesem Zeitpunkt unterscheiden
sich die Selbstbewertungen nicht mehr bedeutsam zwischen den Gruppen.

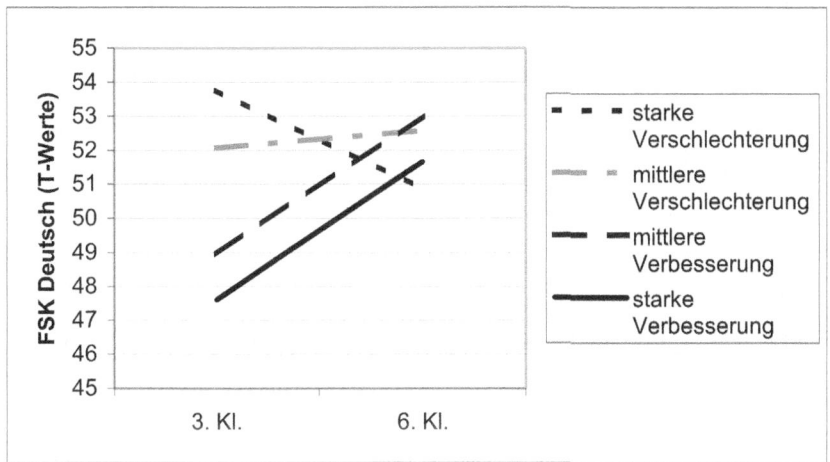

Abbildung 4   Veränderung des Fähigkeitsselbstkonzeptes von der 3. bis zur 6.
Klasse in Abhängigkeit von der Veränderung der Stellung in der
Leistungshierarchie in der Klasse (starke Verbesserung = das
Kind steigt durch den Wechsel des Klassenkontexts zu den bes-
ten Kinder der Klasse auf – Ausmaß der Verbesserung liegt im
oberen Quartil)

Bis ans Ende der 7. Klasse setzt sich der Trend, der schon bis ans Ende der
6. Klasse zu erkennen war, fort. Kinder, die ihre Stellung in der klassenbezogenen Leistungshierarchie deutlich verbessern können, bewerten ihre Fähigkeiten
auch höher. Dies ist tendenziell auch am Ende der 7. Klasse festzustellen (vgl.

Abbildung 5). Da alle Gruppen zu einem ähnlichen Fähigkeitsselbstkonzept im Laufe der Schulzeit gelangen, könnte dies als ein gering ausgeprägter BIRG-Effekt interpretiert werden: Demnach werten Kinder, die sich in der Leistungshierarchie ihrer Klasse verschlechtern, deswegen ihre Fähigkeiten nicht so deutlich ab, weil sie größtenteils auf dem Gymnasium sind. Die Tatsache, eine „gute" Schule zu besuchen, könnte ein Mindern des Fähigkeitsselbstkonzeptes eventuell bremsen.

Diese Veränderungen sind unabhängig vom Geschlecht – Mädchen und Jungen bewerten ihre Fähigkeiten und deren Veränderung in ähnlicher Weise.

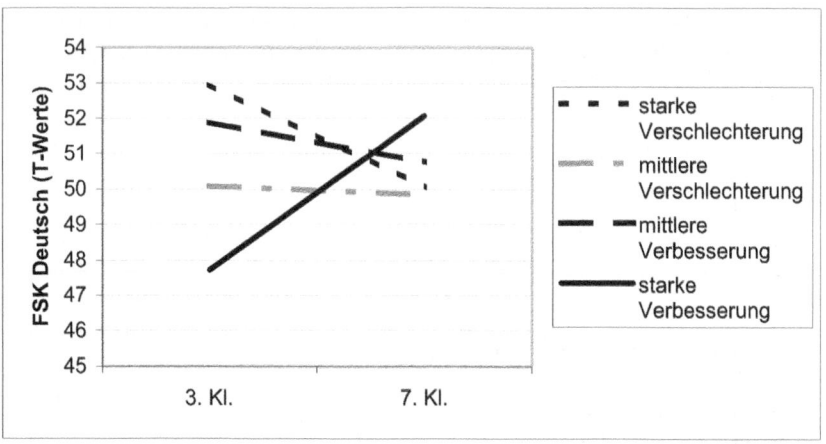

Abbildung 5   Veränderung des Fähigkeitsselbstkonzeptes von der 3. bis zur 7. Klasse in Abhängigkeit von der Veränderung der Stellung in der Leistungshierarchie in der Klasse

Wird das Fähigkeitsselbstkonzept in Abhängigkeit davon betrachtet, wie sich die Deutschnote zwischen der 3. und 6. Klasse entwickelt hat, zeigt sich, dass Kinder, die in der weiterführenden Schule eine Note besser bewertet werden als in der Grundschule, die Einschätzung der eigenen Fähigkeiten deutlich erhöhen. Selbst wenn die Deutschnote auf der weiterführenden Schule vergleichbar ist, erhöht sich das Fähigkeitsselbstkonzept. Dies könnte darauf hindeuten, dass die Kinder es auf der weiterführenden Schule als schwieriger erleben, eine gute Note zu bekommen und deswegen bereits zufrieden sind, wenn sie die Note der Grundschule behalten. Verschlechtert sich die Deutschnote durch den Übergang, verschlechtert sich auch das Fähigkeitsselbstkonzept (vgl. Abbildung 6).

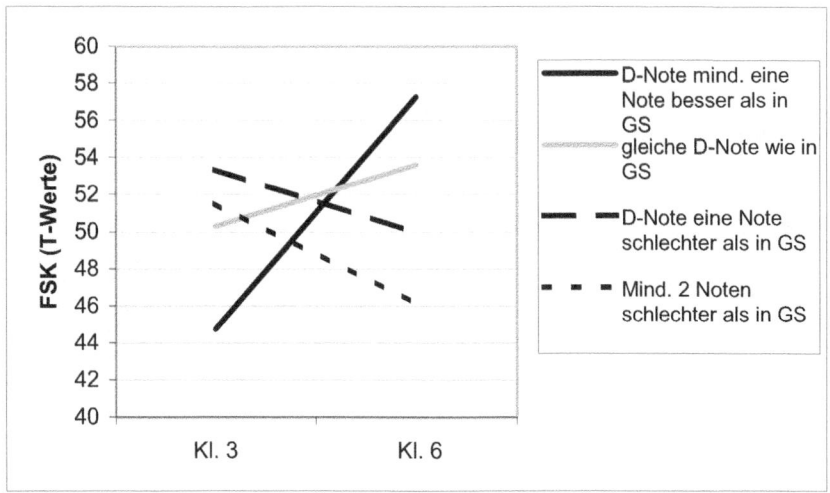

Abbildung 6 Veränderung des Fähigkeitsselbstkonzeptes in Abhängigkeit von der Veränderung der Deutschnote

Die Veränderung, die bis ans Ende der 6. Klasse zu erkennen ist, zeigt sich in ähnlicher Form auch zwischen der 3. und 7. Klasse. Kinder, deren Deutschnote sich nach dem Übergang um mindestens eine Note verbessert, verbessern auch ihr Fähigkeitsselbstkonzept. Die gleiche Note wie in der 3. Klasse führt ebenfalls zu einem tendenziell besseren Fähigkeitsselbstkonzept als in der Grundschule. Eine Verschlechterung der Deutschnote in der weiterführenden Schule geht mit einer Abnahme des Fähigkeitsselbstkonzeptes einher: Je stärker sich die Deutschnote verschlechtert, umso geringer wird die eigene Fähigkeit im Fach Deutsch eingeschätzt (vgl. Abbildung 7).

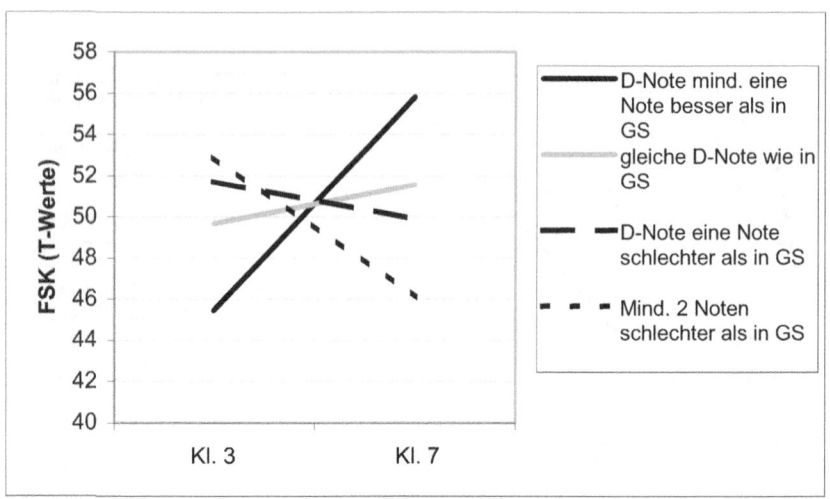

Abbildung 7   Veränderung des Fähigkeitsselbstkonzeptes in Abhängigkeit von
der Deutschnote vor und nach dem Übergang

Beim Fähigkeitsselbstkonzept in Mathematik zeigen sich ähnliche Effekte. Kinder, die nach dem Übergang in Mathematik mindestens eine Note besser benotet werden als in der Grundschule, verbessern ihr Fähigkeitsselbstkonzept bedeutsam. Selbst bei gleichbleibender Mathematiknote in der weiterführenden Schule steigt das Fähigkeitsselbstkonzept in Mathematik. Wie bei den Deutschnoten kann auch hier angenommen werden, dass die Kinder eine gute Note in der weiterführenden Schule als höherwertig einschätzen als in der Grundschule. Dieser Effekt ist auf allen Schularten zu finden – er ist demnach nicht das Ergebnis eines BIRG-Effekts. Dazu passt auch, dass sich die Verschlechterung um eine Note in Mathematik nicht auf das Fähigkeitsselbstkonzept auswirkt – dies wird offenbar als „normal" eingeschätzt. Eine Verschlechterung der Mathematiknote um mehr als eine Note geht allerdings mit einer bedeutsamen Verringerung des Fähigkeitsselbstkonzepts in Mathematik einher (vgl. Abbildung 8). Deutlich wird auch, dass die Abnahme des Fähigkeitsselbstkonzeptes etwas langsamer erfolgt als die Zunahme des Fähigkeitsselbstkonzepts. Kinder, die aus der Grundschule ein positives Fähigkeitsselbstkonzept mitbringen, haben offenbar ein Polster aufgebaut, das sie davor schützt, die schlechten Noten allein auf die eigenen Fähigkeiten zu beziehen.

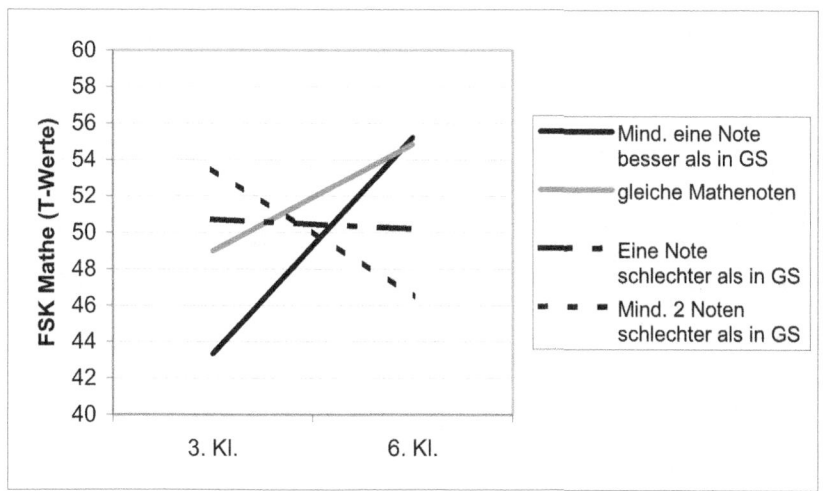

Abbildung 8   Veränderung des Fähigkeitsselbstkonzeptes in Abhängigkeit von der Entwicklung der Mathematiknote bis Ende der 6. Klasse

Bis Ende der 7. Klasse bleiben diese Effekte bestehen. Lediglich die Verschlechterung der Mathematiknote um eine Note (verglichen mit der Grundschulnote) bewirkt ebenfalls eine geringe Minderung des Fähigkeitsselbstkonzepts (vgl. Abbildung 9).

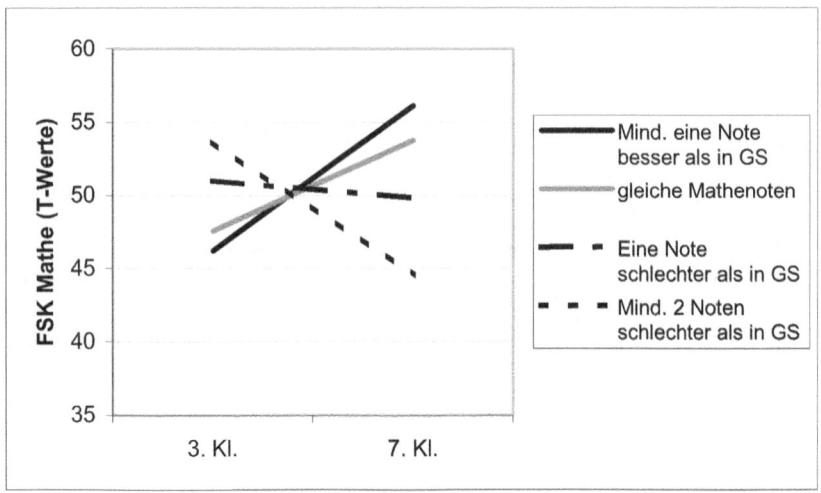

Abbildung 9   Veränderung des Fähigkeitsselbstkonzepts in Abhängigkeit von der Entwicklung der Mathematiknote bis Ende der 7. Klasse

Aufgrund der bisher dargestellten Ergebnisse könnte vermutet werden, dass eine Verbesserung/Verschlechterung der Leistung in den Schulleistungstests mit besseren/schlechteren Noten einhergeht und die Noten für die Kinder der ausschlaggebende Grund zur Anpassung ihres Fähigkeitsselbstkonzepts darstellen. Es könnte also sein, dass die Noten sozusagen eine vermittelnde Rolle spielen.

Wird allerdings die Kovariation von Veränderung der Noten und der Stellung in der klassenbezogenen Leistungshierarchie betrachtet, zeigt sich, dass sich die Noten nur „nach unten" anpassen, nicht jedoch besser werden (vgl. Abbildung 10 für den Jahrgang 2002 bzw. Abbildung 11 für den Jahrgang 2001): Kinder, die in der Grundschule eine – verglichen mit ihren Klassenkameraden/-kameradinnen – schwache Leistung erzielen und (deswegen?) eine schlechte Note erhalten, werden auch in der weiterführenden Schule schlecht benotet. Wie oben dargestellt, befindet sich ein Großteil der Kinder, die sich von den schlechteren zu den Klassenbesten verändern, auf der Hauptschule. Demnach kann gefolgert werden, dass diese Kinder auf der Hauptschule weiterhin schlechte Noten erhalten – diese allerdings im Vergleich zu den Noten ihrer Mitschüler/-innen gut ausfallen. Diese Kinder können sich als kompetent wahrnehmen, selbst wenn sie schlechte Noten erhalten. Umgekehrt bedeutet dies allerdings auch, dass diejenigen Kinder, die sich durch den Übergang verschlechtern, zwar in den Leistungstests eine bessere (vom Gymnasium geprägte) Leistung erzielen als Kinder, die sich verbessern, allerdings erhalten sie ähnliche Noten wie die Kinder, die sich in der leistungsbezogenen Rangreihe ihrer Klasse nach oben gearbeitet haben. Solche Kinder haben demnach ein geringeres Fähigkeitsselbstkonzept, obwohl sie in den Leistungstests bessere Leistungen erzielen.

Zwei Schlussfolgerungen liegen nahe: Zum einen sprechen die Befunde dafür, dass der BIRG-Effekt (falls überhaupt vorhanden) deutlich geringer ausgeprägt ist als der BFLP-Effekt. Zum anderen lässt sich feststellen, dass die Benotung auf den einzelnen Schularten unterschiedlich ausfällt (wie auch oben bereits dargestellt). Lehrkräfte orientieren sich demnach bei der Benotung möglicherweise zwar in geringem Ausmaß an der Stellung in der klassenbezogenen Leistungshierarchie, allerdings vergeben sie je nach Schulart unterschiedliche Noten. Für das Fähigkeitsselbstkonzept der Schüler/-innen bleibt dies eher ohne Folgen – für sie gilt im Wesentlichen der Leistungsvergleich mit ihren Mitschüler/-innen.

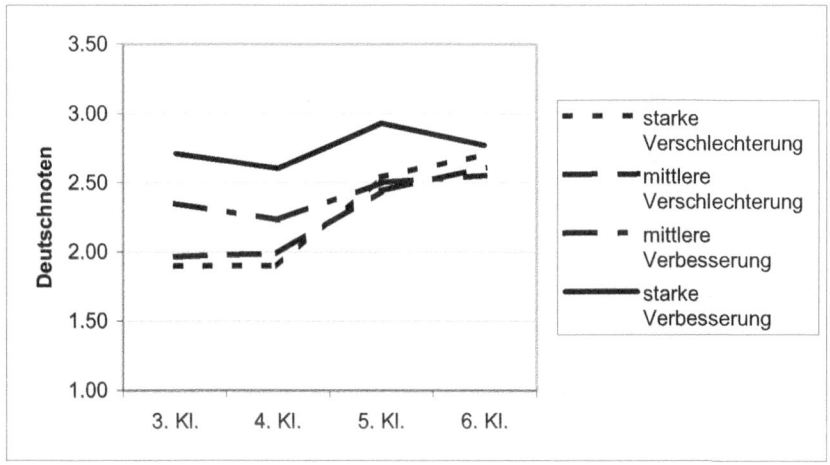

Abbildung 10   Veränderung der Deutschnoten in Abhängigkeit von der Veränderung in der klassenbezogenen Leistungshierarchie (3.-6. Klasse)

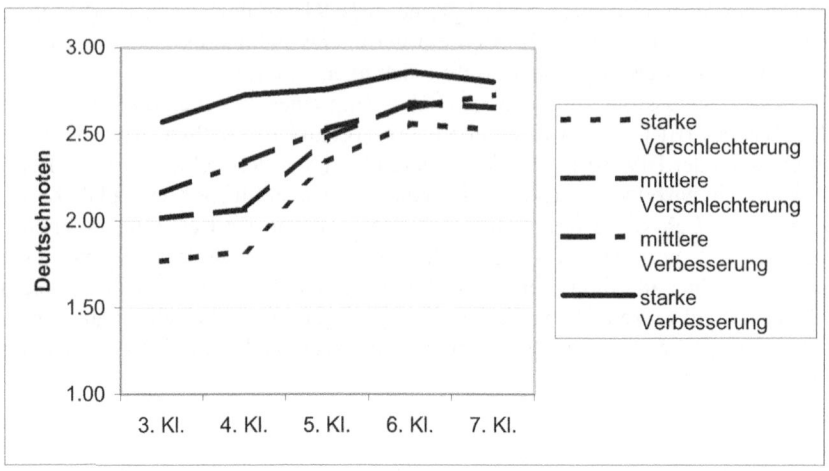

Abbildung 11   Veränderung der Deutschnoten in Abhängigkeit von der Veränderung in der klassenbezogenen Leistungshierarchie (3.-7. Klasse)

5.6.2 *Interne Vergleiche*

Zeigen Kinder in der 6. bzw. 7. Klasse im Mathematik-Test eine bessere Leistung als im Rechtschreibtest, fällt das Fähigkeitsselbstkonzept in Mathematik deutlich besser aus, als wenn in Mathematik und Deutsch die gleiche oder in Mathematik eine schwächere Leistung als in Deutsch erzielt wird (vgl. Abbildung 12 bzw. 13). Die Bewertung der eigenen Fähigkeit in Deutsch ändert sich dagegen nicht, wenn die Leistung im Rechtschreibtest besser ausfällt als im Mathematiktest.

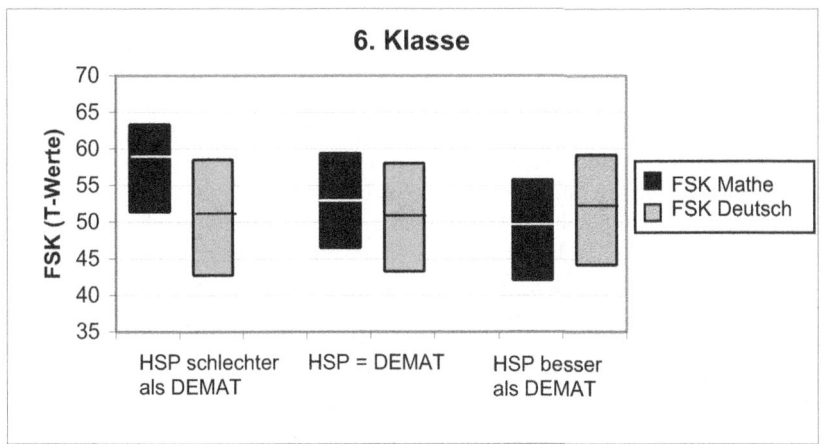

Abbildung 12 Interne Vergleiche zwischen Deutsch und Mathematik in der 6. Klasse (dargestellt ist der Interquartilbereich mit Median)

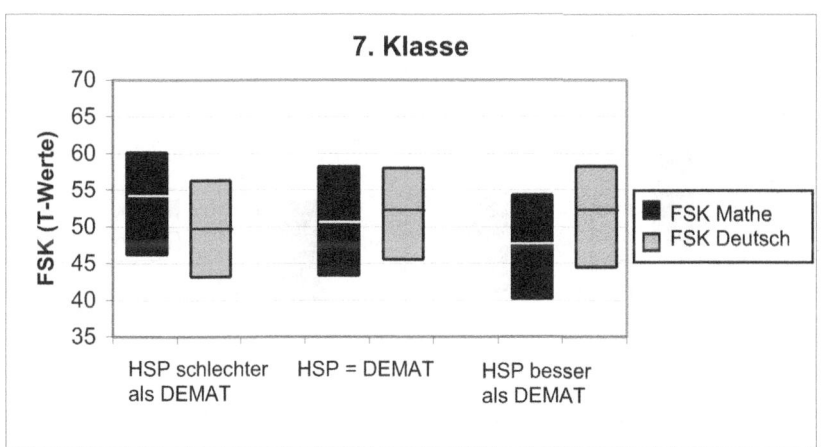

Abbildung 13 Interne Vergleiche zwischen Deutsch und Mathematik in der 7. Klasse (dargestellt ist der Interquartilbereich mit Median)

Nach den oben dargestellten Ergebnissen lässt sich vermuten, dass eine bessere Leistung auch mit besseren Noten einhergeht, welche für die Kinder eine deutlich wahrnehmbare Grundlage für das Fähigkeitsselbstkonzept sein können. Werden allerdings die gleichen Analysen mit einer Stichprobe von Kindern durchgeführt, die in Mathematik und Deutsch die gleiche Note erhalten, jedoch im Leistungstest unterschiedlich abschneiden, zeigen sich die gleichen Effekte: Das Fähigkeitsselbstkonzept in Mathematik wird vom internen Vergleich mit der Deutschleistung beeinflusst. Das Fähigkeitsselbstkonzept in Deutsch ist dagegen unabhängig vom Abschneiden in Deutsch bzw. Mathematik. Dies spricht dafür, dass das Fähigkeitsselbstkonzept nicht nur über die Noten vermittelt ist, sondern dass die Kinder wahrnehmen, was ihnen leicht oder schwer fällt.

Auch beim Vergleich der Leistungen in den Fächern Deutsch und Englisch zeigt sich, dass das Fähigkeitsselbstkonzept in Englisch stärker von dimensionalen Vergleichen beeinflusst ist als das Fähigkeitsselbstkonzept in Deutsch.

In der 6. Klasse fällt das Fähigkeitsselbstkonzept in Englisch bedeutsam besser aus, wenn das Kind im Rechtschreiben schlechter als in Englisch abschneidet, als wenn es im Rechtschreiben besser abschneidet oder in Deutsch und Englisch eine vergleichbare Leistung erzielt. Bei einer vergleichbaren Leistung von Deutsch und Englisch fällt auch das Fähigkeitsselbstkonzept der beiden Fächer ähnlich aus. Die eigene Fähigkeit in Deutsch wird besser eingeschätzt, wenn die Rechtschreibleistung besser ausfällt als die Leistung in Englisch (vgl. Abbildung 14).

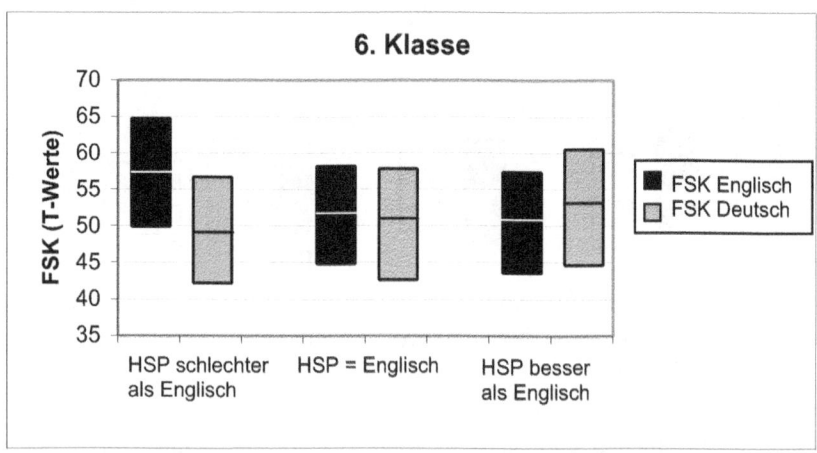

Abbildung 14   Interne Vergleiche in den Fächern Deutsch und Englisch in der 6. Klasse (dargestellt ist der Interquartilbereich mit Median)

In der 7. Klasse verstärkt sich dieser Effekt: Kinder, die in Englisch besser sind als in Deutsch, haben ein positiveres Fähigkeitsselbstkonzept in Englisch als Kinder, die in Deutsch und Englisch ähnliche Leistungen zeigen ($p < .05$). Fallen die Leistungen in Deutsch und Englisch vergleichbar aus, führt dies immer noch zu einer positiveren Einschätzung der eigenen Fähigkeiten in Englisch als in Deutsch ($p < .05$).

Das Fähigkeitsselbstkonzept in Deutsch fällt nur dann besonders positiv aus, wenn die Leistung in Deutsch deutlich über der Leistung in Englisch liegt. Der „Vorsprung" des Fähigkeitsselbstkonzepts in Deutsch gegenüber Englisch ist jedoch nicht so stark ausgeprägt, wie es der Fall ist, wenn die Leistung in Englisch besser ausfällt als in Deutsch (vgl. Abbildung 15).

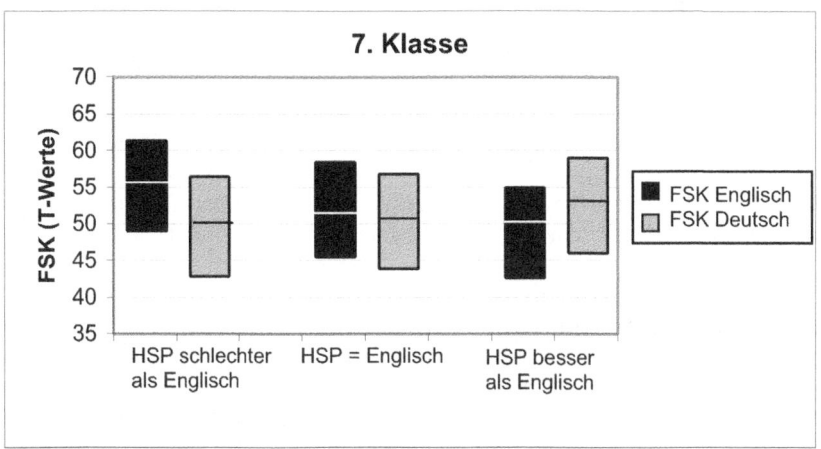

Abbildung 15   Interne Vergleiche zwischen den Fächern Deutsch und Englisch in der 7. Klasse(dargestellt ist der Interquartilbereich mit Median)

Die Analysen lassen vermuten, dass Deutsch insgesamt als relativ einfaches Fach bewertet wird – eine gute Leistung im Fach Deutsch wird daher weniger stark gewichtet als in Englisch oder Mathematik. Wie wirken sich nun dimensionale Vergleiche zwischen Mathematik und Englisch aus?

In der 6. Klasse gilt: Je besser die Leistung in Mathematik/Englisch im Vergleich zum jeweils anderen Fach ausfällt, umso stärker steigt das Fähigkeitsselbstkonzept im entsprechenden Fach. Die Unterschiede zwischen den drei Gruppen sind bedeutsam ($p < .05$). Bei vergleichbarer Leistung in Mathematik und Englisch fällt auch das Fähigkeitsselbstkonzept für die beiden Fächer ähnlich aus (vgl. Abbildung 16).

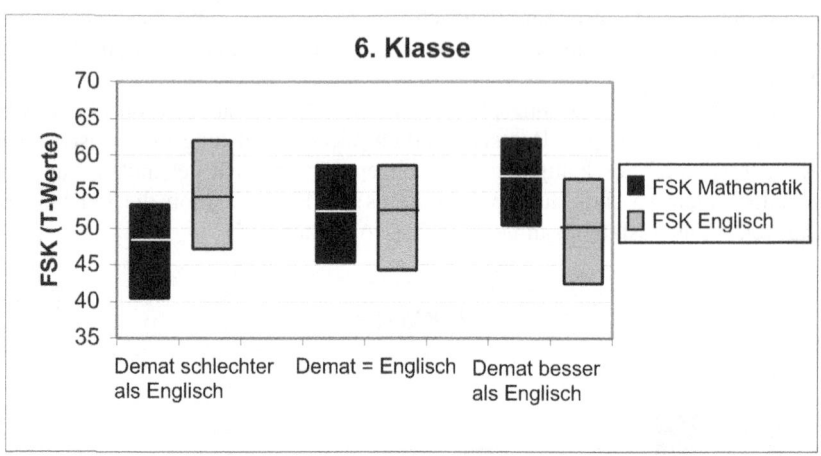

Abbildung 16　Interne Vergleiche zwischen Mathematik und Englisch in der 6. Klasse (dargestellt ist der Interquartilbereich mit Median)

In der 7. Klasse wirken sich die internen Vergleiche anders aus: Kinder, die in Englisch deutlich besser als in Mathematik abschneiden, haben ein positiveres Fähigkeitsselbstkonzept in Englisch als Kinder, die in Mathematik besser abschneiden als in Englisch. Für das Fähigkeitsselbstkonzept in Mathematik gilt, dass es umso besser ausfällt, je größer der Unterschied zwischen der Mathematik- und Englischleistung ist (alle drei Gruppen unterscheiden sich signifikant). Bei vergleichbarer Leistung in Mathematik und Englisch sind auch die Fähigkeitsselbstkonzepte der beiden Fächer vergleichbar. Bei einer vergleichsweise guten Mathematikleistung haben Kinder in der 6. Klasse ein höheres Fähigkeitsselbstkonzept als bei einer guten Englischleistung, in der 7. Klasse ist dies nicht mehr der Fall: Eine gute Englischleistung ist mit einem ähnlich hohen Fähigkeitsselbstkonzept in Englisch verbunden wie das Fähigkeitsselbstkonzept in Mathematik bei einer guten Mathematikleistung (vgl. Abbildung 17).

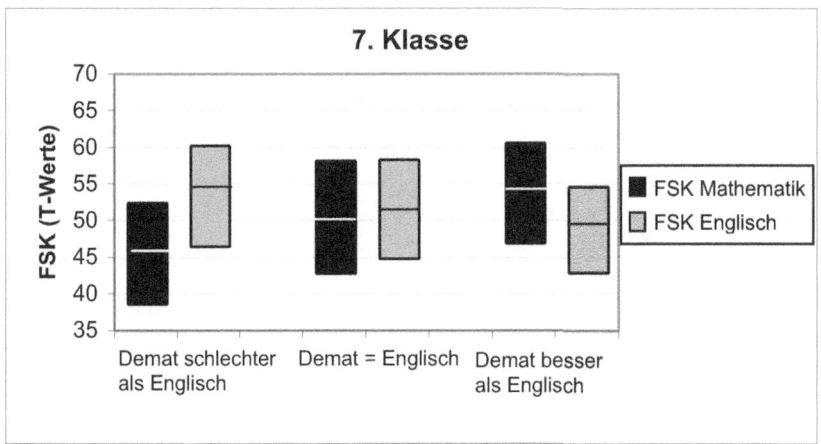

Abbildung 17   Interne Vergleiche zwischen Mathematik und Englisch in der 7. Klasse (dargestellt ist der Interquartilbereich mit Median)

Bei einer guten Mathematikleistung ist das Fähigkeitsselbstkonzept in Mathematik (zumindest in der 6. Klasse) höher als das Fähigkeitsselbstkonzept in Englisch bei einer guten Englischleistung. Mathematik wird (zumindest gilt dies bis Ende der 6. Klasse) als schwierigstes Fach beurteilt– eine gute Leistung in diesem Fach wirkt sich besonders positiv auf das Fähigkeitsselbstkonzept aus. Englisch wird als schwieriger erlebt als Deutsch.

Wie verändert sich das Fähigkeitsselbstkonzept in einem Fach, wenn sich auf der weiterführenden Schule die dimensionalen Vergleiche verändern? Zur Beantwortung dieser Frage wird die längsschnittliche Entwicklung des Fähigkeitsselbstkonzepts in Abhängigkeit von der Notenentwicklung betrachtet. Im Jahrgang 2002 (3. bis 6. Klasse) konnten 14 Kinder begleitet werden, deren Deutschnote in der Grundschule schlechter, in der weiterführenden Schule besser als die Mathematiknote war. Sieben Kinder waren in der Grundschule in Mathematik schlechter als in Deutsch, in der weiterführenden Schule umgekehrt (vgl. Tabelle 67).

Tabelle 67   Durchschnittsnoten (Jahrgang 2002)

	N	Mathe 3. Kl.	Deutsch 3. Kl.	Mathe 6. Kl.	Deutsch 6. Kl.
Deutsch überholt Mathematik	14	2.07	2.71	3.71	2.29
Mathematik überholt Deutsch	7	2.43	1.86	2.04	3.50

Von der 3. bis zur 7. Klasse konnten 19 bzw. drei Kinder untersucht werden (vgl. Tabelle 68).

Tabelle 68 Durchschnittsnoten (Jahrgang 2001)

	N	Mathe 3. Kl.	Deutsch 3. Kl.	Mathe 7. Kl.	Deutsch 7. Kl.
Deutsch überholt Mathematik	19	1.95	2.63	3.95	2.53
Mathematik überholt Deutsch	3	2.33	1.33	2.33	3.33

Erzielt ein Kind in der 3. Klasse eine bessere Deutsch- als Mathematiknote, in der 6. Klasse jedoch eine bessere Mathematik- als Deutschnote, verringert sich das Fähigkeitsselbstkonzept in Deutsch bedeutsam (*p* < .05; vgl. Abbildung 18).

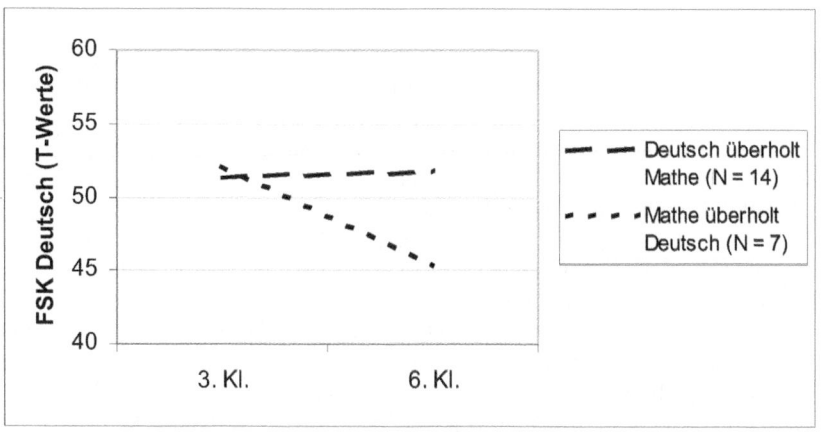

Abbildung 18 Entwicklung des Fähigkeitsselbstkonzepts in Deutsch in Abhängigkeit von veränderten Ergebnissen dimensionaler Vergleiche (3.-6. Klasse)

Das Fähigkeitsselbstkonzept in Mathematik erhöht sich dafür bedeutsam (vgl. Abbildung 19). Fällt in der weiterführenden Schule – anders als in der Grundschule – die Deutschnote besser aus als die Mathematiknote verändert sich das Fähigkeitsselbstkonzept in Deutsch kaum, das Fähigkeitsselbstkonzept in Mathematik verringert sich etwas stärker (jedoch ebenfalls nicht statistisch signifikant).

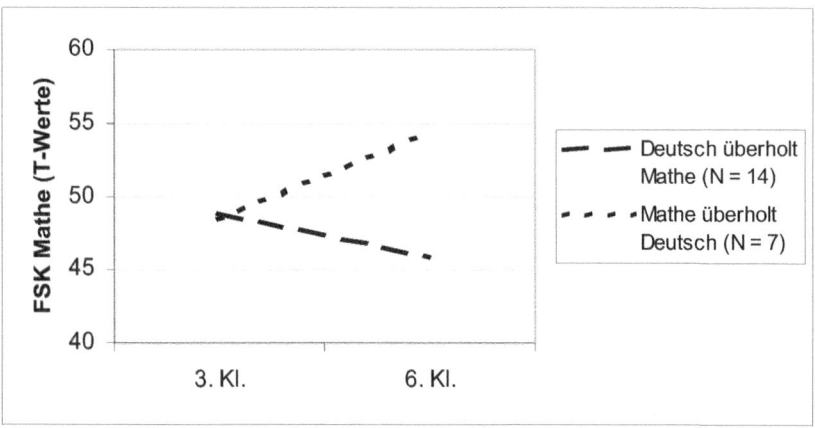

Abbildung 19   Entwicklung des Fähigkeitsselbstkonzepts in Mathematik in Abhängigkeit von veränderten Ergebnissen dimensionaler Vergleiche (3.-6. Klasse)

Bei der Analyse der Deutsch-/Mathematiknote am Ende der 3. und 7. Klasse zeigen sich ähnliche Effekte: Kinder, die in der Grundschule eine bessere
Deutsch- als Mathematiknote erhalten haben, bei denen sich in der weiterführenden Schule die Bewertung jedoch gegenläufig verändert, vermindern tendenziell
ihr Fähigkeitsselbstkonzept in Deutsch (vgl. Abbildung 20) und erhöhen das Fähigkeitsselbstkonzept in Mathematik bedeutsam (vgl. Abbildung 21). Der umgekehrte Effekt zeigt sich bei Kindern, deren Deutschnote in der Grundschule
schlechter ausfiel als die Mathematiknote, in der weiterführenden Schule jedoch
besser war als die Mathematiknote. Diese Kinder erhöhen tendenziell ihr Fähigkeitsselbstkonzept in Deutsch und verringern ihr Fähigkeitsselbstkonzept in Mathematik bedeutsam.

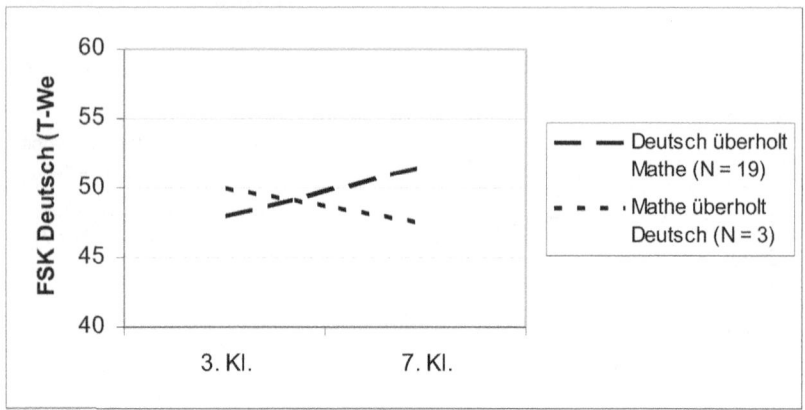

Abbildung 20   Entwicklung des Fähigkeitsselbstkonzepts in Deutsch in Abhängigkeit von internen Vergleichen (3.-7. Klasse)

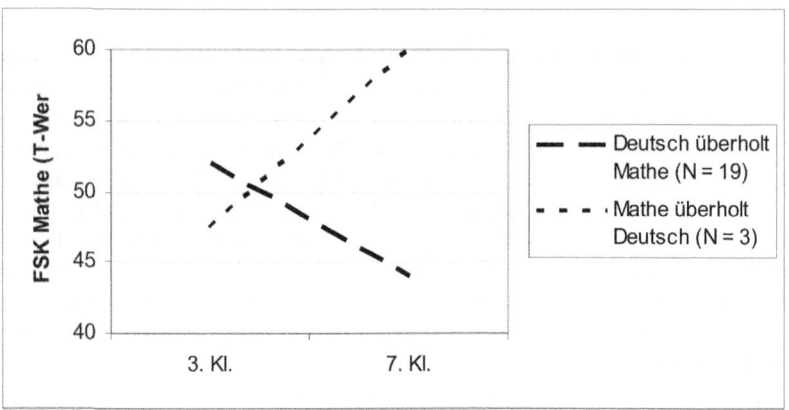

Abbildung 21   Entwicklung des Fähigkeitsselbstkonzepts in Mathematik in Abhängigkeit von internen Vergleichen (3.-7. Klasse)

5.7 Diskussion

Wie verändert sich das Fähigkeitsselbstkonzept beim Übergang von der Grundauf die weiterführende Schule? Durch den Übergang können sich die sozialen und internen Vergleiche verändern – und dies wirkt sich auf das Fähigkeitsselbstkonzept aus. Bei den sozialen Vergleichen überwiegt der Big-Fish-Little-Pond-Effekt über den Basking-In-Reflected-Glory-Effekt. Das bedeutet, dass

Kinder ihre jeweiligen Klassenkameraden/-kameradinnen als Bezugsgruppe wählen – mit Kindern anderer Klassen oder gar Schularten werden die eigenen Leistungen nicht verglichen. Schneidet ein Kind innerhalb dieser Bezugsgruppe relativ gut ab, entwickelt es ein positives Fähigkeitsselbstkonzept. Stellt das Kind fest, dass es in seiner Klasse zu den leistungsschwächeren Schülern/Schülerinnen gehört, ist die Bewertung der eigenen Fähigkeit eher gering. Diese sozialen Vergleichsprozesse finden in allen Schularten statt – die Wertigkeit der jeweiligen Schulart bzw. die Leistungsstärke der Schulart spielt für diese sozialen Vergleiche keine bzw. nur eine geringe Rolle. Dabei wirken die in der Grundschule angestellten Vergleiche lange nach: Kinder, die nach dem Übergang zu den leistungsstärksten Kinder ihrer Klasse aufsteigen, haben am Ende der 6. Klasse tendenziell noch ein geringeres Fähigkeitsselbstkonzept als Kinder, die nach dem Übergang zu den Leistungsschwächsten absteigen. Erst am Ende der 7. Klasse verändert sich dies. Dass sich das Fähigkeitsselbstkonzept dieser beiden Gruppen am Ende der 6. bzw. 7. Klasse nicht bedeutsam voneinander unterscheidet, könnte zum einen auf einen geringen BIRG-Effekt hindeuten: Da die Kinder, die sich in der Leistungshierarchie absteigen, größtenteils auf dem Gymnasium sind, könnte die relativ geringe Abnahme des Fähigkeitsselbstkonzept darauf zurückzuführen sein, dass die Kinder zwar wahrnehmen, dass sie schwächer abschneiden als ihre Klassenkameraden/-kameradinnen, dies aber für die Bewertung ihrer eigenen Leistungsfähigkeit weniger ins Gewicht fällt, da sie auf dem Gymnasium sind. Zum anderen könnte das positive Fähigkeitsselbstkonzept der Grundschule sozusagen als Polster wirken, das davor schützt, die in der weiterführenden Schule erlebten Misserfolge sofort auf die eigenen Fähigkeiten zu attribuieren.

Die Entwicklung des Fähigkeitsselbstkonzeptes variiert deutlich in Abhängigkeit von den Noten. Verbessert sich die Note gegenüber der Grundschule, dann erhöht sich auch das Fähigkeitsselbstkonzept. Verschlechtert sich die Note nach dem Übergang, dann wird die eigene Fähigkeit geringer bewertet. Methodische Gründe verhindern allerdings Aussagen zur Dauer dieses „Anpassungsprozesses" – am Ende der 6. Klasse hat sich das Fähigkeitsselbstkonzept bereits entsprechend angepasst. Die Noten und auch das Fähigkeitsselbstkonzept verteilen sich zwar auf den drei Schularten unterschiedlich weit (Kinder auf einem Gymnasium haben sowohl bessere Noten als auch ein besseres Fähigkeitsselbstkonzept als Kinder auf Realschulen, die wiederum bessere Noten und Selbsteinschätzungen als Kinder auf Hauptschulen haben), allerdings wirken sie sich in ähnlicher Weise auf das Fähigkeitsselbstkonzept aus. Hinsichtlich des Fähigkeitsselbstkonzepts lässt sich demnach bestätigen, dass es günstiger ist, ein/e gut/er Realschüler/-in zu sein als ein/e schlechte/r Schüler/-in auf dem Gymnasium. Diskutiert werden kann, ob das Fähigkeitsselbstkonzept oder die Leistungsfähigkeit eines Kindes ausschlaggebend für die weitere (auch nachschulische) Entwicklung sind. Der Standpunkt zu dieser Frage dürfte sich auch auf die Entscheidung am Ende der 4. Klasse auswirken, auf welche weiterführende Schule ein Kind wechselt.

Vor diesem Hintergrund erscheint das hohe Ziel im Bildungsplan, allen Schülern und Schülerinnen in jedem Fach Erfahrungen zu ermöglichen, die sie zu einer positiven Einschätzung der eigenen Fähigkeiten gelangen lassen, kaum realisierbar. Wenn soziale Vergleiche die Basis für die Ausprägung des Fähigkeitsselbstkonzepts darstellen, gibt es zwangsläufig immer Kinder, die schlechter als ihre Mitschüler/-innen abschneiden. (In diesem Fall wäre es lediglich möglich, in einigen Fächern ein positives Fähigkeitsselbstkonzept aufzubauen.) Dieses Ziel positiver Fähigkeitsselbstkonzepte könnte erst dann möglich werden, wenn soziale Vergleiche nicht mehr stattfinden. Auch durch die oft geforderte und sicher auch in gewissem Maße sinnvolle Leistungsbewertung aufgrund einer individuellen Bezugsnorm kann dieser soziale Vergleich des einzelnen vermutlich nicht vollständig überwunden werden. Rückmeldung über den eigenen Lernfortschritt in Verbindung mit kooperativen Lernformen (statt kompetitiven Lernformen, die soziale Vergleichsprozesse betonen) erweist sich aber nach Marsh (1991) als eine Möglichkeit, ein positives Fähigkeitsselbstkonzept aufzubauen. Als weitere Möglichkeiten zur Minimierung sozialer Vergleiche von Schüler/-innen schlägt er vor, Schulleistungen in einen größeren Bezugsrahmen einzubinden (z. B. über schulartübergreifende Leistungstests, Rückmeldung über das Erreichen bestimmter Kriterien oder indem die Schüler/-innen insbesondere von hochleistenden Schulen kollektiv an ihre hohe Leistung erinnert werden, sodass es darüber zu einer Gruppenidentifikation statt zu sozialen Vergleichen kommt, vgl. auch Watermann et al., 2010). Die Wirkungen sozialer Vergleiche müssen auch vor dem Hintergrund der frühen Verteilung der Kinder auf verschiedene Schularten diskutiert werden. Während es für begabte Schüler/-innen sicherlich günstig wäre, längere Zeit mit schwächeren Schüler/-innen zusammen unterrichtet zu werden (v. a. für diejenigen Schüler/-innen, die auf dem Gymnasium aufgrund sozialer Vergleiche ein geringes Fähigkeitsselbstkonzept aufbauen), kann es für schwächere Schüler/-innen günstig sein, in einem insgesamt schwächeren Leistungsumfeld unterrichtet zu werden. Zumindest ein Teil dieser Schüler/-innen wird in diesem Umfeld aufgrund des sozialen Vergleichs zu einer realistischeren Einschätzung der eigenen Fähigkeiten gelangen.

Auch durch den internen Vergleich wird das Fähigkeitsselbstkonzept beeinflusst. Insbesondere dann, wenn im offenbar als schwierig erlebten Fach Mathematik die Leistung besser als in Deutsch oder Englisch ausfällt, wirkt sich dies positiv auf das (mathematische) Fähigkeitsselbstkonzept aus. Im Vergleich dazu ist das Fähigkeitsselbstkonzept in Deutsch deutlich weniger durch dimensionale

Vergleiche beeinflusst. Auch wenn sich das „bessere Fach" nach dem Übergang in der weiterführenden Schule verändert, wird nur das Fähigkeitsselbstkonzept in Mathematik angepasst. Eine Erklärung könnte sein, dass es in Mathematik (aber auch Englisch) einfacher ist, wahrzunehmen, ob einem dieses Fach „liegt". Im Fach Deutsch werden – gerade auf der weiterführenden Schule – neben den Fähigkeiten Rechtschreiben und Lesen (die hier untersucht wurden) zunehmend auch Fähigkeiten wie Aufsätze schreiben, Interpretationen von Texten usw. gefragt.

Im Unterschied zu Pohlmann et al. (2006) wurden hier die Effekte interner Vergleiche auch bei Kindern analysiert, die in Deutsch und Mathematik die gleichen Noten erhalten haben. Lediglich im Leistungstest unterschieden sich die Kinder in der Deutsch- von der Mathematikleistung. Es zeigte sich ebenfalls, dass das Fähigkeitsselbstkonzept in Mathematik, nicht aber in Deutsch von dimensionalen Vergleichen beeinflusst ist. Dies spricht dafür, dass das Fähigkeitsselbstkonzept nicht nur durch die Noten vermittelt ist, sondern dass die Kinder selbst wahrnehmen, was ihnen leicht oder schwer fällt, wo ihre Stärken, wo ihre Schwächen liegen.

In der weiterführenden Schule scheinen soziale und dimensionale Vergleiche anders als in der Grundschule zu wirken. Im Idealfall führen sie zu einer positiven Veränderung des Fähigkeitsselbstkonzepts.

5.8 Literatur

Billmann-Mahecha, E. & Tiedemann, J. (2006). Übergangsempfehlungen als kritisches Lebensereignis: Migration, Übergangsempfehlung und Fähigkeitsselbstkonzept. In A. Schründer-Lenzen (Hrsg.), *Risikofaktoren kindlicher Entwicklung – Migration, Leistungsangst und Schulübergang* (S. 193–207). Wiesbaden: VS.

Dickhäuser, O. (2006). Fähigkeitsselbstkonzepte. Entstehung, Auswirkung, Förderung. *Zeitschrift für Pädagogische Psychologie, 20*, 5-8.

Filipp, S.-H. (2006). Entwicklung von Fähigkeitsselbstkonzepten. *Zeitschrift für Pädagogische Psychologie, 20*, 65–72.

Friedrich, K. (2009). *Unterrichtskonzept und Schriftspracherwerb. Zum Einfluss verschiedener pädagogisch-didaktischer Konzepte auf Lese- und Rechtschreibleistungen, soziale Kompetenzen und Leistungsmotivation*. Unveröff. Dissertation, Pädagogische Hochschule Heidelberg.

Geck, C. (2004). *Fähigkeitsselbstkonzepte vor und nach dem Übergang in die weiterführende Schule*. Einsehbar unter: www.iim.uni-giessen.de/Postertag2004/pdf/Geck.pdf [23.04.2009].

Gerlach, E., Trautwein, U. & Lüdtke, O. (2007). Referenzgruppeneffekte im Sportunterricht. Kurz- und langfristig negative Effekte sportlicher Klassenkameraden auf das sportbezogene Selbstkonzept. *Zeitschrift für Sozialpsychologie, 38*, 73–83.

Köller, O., Trautwein, U., Lüdtke, O. & Baumert, J. (2006). Zum Zusammenspiel von schulischer Leistung, Selbstkonzept und Interesse in der gymnasialen Oberstufe. *Zeitschrift für Pädagogische Psychologie, 20*, 27–39.

Marsh, H. (1986). Verbal and math self-concepts: An internal/external frame of reference model. *American Educational Research Journal, 23*, 129–149.

Marsh, H. (1987). The big-fish-little-pond effect on academic self-concept. *Journal of Educational Psychology, 79*, 280–295.

Marsh, H. (1991). Failure of high-ability high schools to deliver academic benefits commensurate with their students' ability levels. *American Educational Research Journal, 28*, 445–480.

Marsh, H. (2005). Big-fish-little-pond effect on academic self-concept. *Zeitschrift für Pädagogische Psychologie, 19*, 119–127.

Marsh, H., Trautwein, U., Lüdtke, O., Baumert, J. & Köller, O. (2007). The Big-Fish-Little-Pond-Effect: Persistent negative effects of selective high schools on self-concept after graduation. *American Educational Research Journal, 44*, 631–669.

Möller, J. & Köller, O. (2004). Die Genese akademischer Selbstkonzept: Effekte dimensionaler und sozialer Vergleiche. *Psychologische Rundschau, 55*, 19–27.

Moschner, B. & Dickhäuser, O. (2006). Selbstkonzept. In D. Rost (Hrsg.), *Handwörterbuch Pädagogische Psychologie* (S. 685–692). Weinheim: PVU.

Pohlmann, B., Möller, J. & Streblow, L. (2006). Zur Bedeutung dimensionaler Aufwärts- und Abwärtsvergleiche. *Zeitschrift für Pädagogische Psychologie, 20*, 19–25.

Rheinberg, F. & Enstrup, B. (1977). Selbstkonzept der Begabung bei Normal- und Sonderschülern gleicher Intelligenz: Ein Bezugsgruppeneffekt. *Zeitschrift für Entwicklungspsychologie und Pädagogische Psychologie, 9*, 171–180.

Schwarzer, R., Lange, B. & Jerusalem, M. (1982). Selbstkonzeptentwicklung nach einem Bezugsgruppenwechsel. *Zeitschrift für Entwicklungspsychologie und Pädagogische Psychologie, 14*, 125–140.

Stiensmeier-Pelster, J. & Schöne, C. (2008). Fähigkeitsselbstkonzept. In W. Schneider & M. Hasselhorn (Hrsg.), *Handbuch der Pädagogischen Psychologie* (S. 62–73). Göttingen: Hogrefe.

Trautwein, U. & Baeriswyl, F. (2007). Wenn leistungsstarke Klassenkameraden ein Nachteil sind. Referenzgruppeneffekte bei Übertrittsentscheidungen. *Zeitschrift für Pädagogische Psychologie, 21*, 119–133.

Treutlein, A., Roos, J. & Schöler, H. (2008). Einfluss des Leistungsniveaus einer Schulklasse auf die Benotung am Ende des 3. Schuljahres. *Schweizerische Zeitschrift für Bildungswissenschaften, 30*, 579–593.

Treutlein, A. & Schöler, H. (2009). Zum Einfluss der schulischen Lernumwelt auf die Schulleistung. In J. Roos & H. Schöler (Hrsg.), *Schriftspracherwerb in der Grundschule – Längsschnittanalyse zweier Kohorten über die Grundschulzeit* (S. 109–144). Wiesbaden: VS.

Watermann, R., Klingebiel, F. & Kurtz, T. (2010). Die motivationale Bewältigung des Grundschulübergangs aus Schüler- und Elternsicht. In K. Maaz, J. Baumert, C. Gresch & N. McElvany (Hrsg.), *Der Übergang von der Grundschule in die weiterführende Schule.* Verfügbar unter http://www.bmbf.de/pub/bildungsforschung_band_vierunddreissig.pdf [2.11.10]

6 Kriterien zur Wahl der Einzelschule

6.1 Hintergrund

Der Übergang von der Grundschule in den Sekundarbereich beinhaltet neben der Grundschulempfehlung durch die Lehrkräfte auch die Wahl einer geeigneten weiterführenden Schule. Nachdem mit Erhalt der Bildungsempfehlung die Schulart festgelegt wurde, gilt es nun, eine Einzelschule des entsprechenden Bildungszweigs auszusuchen. Eltern wie Kinder beschäftigen sich im Kontext der Entscheidungsfindung mit folgenden Fragen:

- Welche Lernmöglichkeiten findet das Kind in der neuen Schule?
- Bietet die Schule die Anforderungen und Förderung, die das Kind benötigt?
- Welches Schulprofil passt zum Kind?
- Trifft es dort auf verständnisvolle und kompetente Lehrkräfte?
- Ist die Schule gut erreichbar?
- Sind soziale Kontakte zu Mitschülerinnen und Mitschülern auch außerhalb der Unterrichtszeit möglich?
- Welche möglichen finanziellen Belastungen sind mit der Wahl der Schule verbunden?

Während in ländlichen Gebieten häufig nur eine oder keine Schule der jeweiligen Schulform zur Verfügung steht, existieren im städtischen Raum im Normalfall mehrere Schulen derselben Schulart, so dass sich für Eltern und Kinder die Frage ergibt, auf welche dieser Schulen das Kind wechseln soll. In Heidelberg stehen den Familien vier private und vier staatliche Gymnasien, zwei private und drei öffentliche Realschulen, inzwischen nur noch vier Hauptschulen[13] sowie eine Gesamtschule zur Auswahl. Hinzu kommen eine Waldorfschule und eine internationale (englischsprachige) Schule. Die Kinder der untersuchten Jahrgänge wechselten zu einem Zeitpunkt auf die weiterführende Schule, als die Schließung

---

[13] Zum Zeitpunkt der Entscheidungsfindung (vor Beginn des Schuljahres 2006/07) standen noch acht Hauptschulen zur Auswahl. Diese wurden im Schuljahr 2007/08 auf vier Hauptschulen reduziert.

einiger Hauptschulen absehbar war. Aus diesem Grund galt nicht nur für angehende Realschüler/-innen und Gymnasiasten/Gymnasiastinnen sondern auch für
die angehenden Hauptschüler/-innen eine freie Wahl der Schule, ohne Bindung
an Schulbezirke, wie sie im Bereich des Wechsels auf die Hauptschule vorher
üblich war.

Bei der Entscheidung über die weiterführende Schule können verschiedene
Kriterien herangezogen werden. Wild, Rammert und Siegmund (2006) stellten in
ihrer Untersuchung fest, dass 85.6 % der Eltern sich über das didaktische Konzept der weiterführenden Schule Gedanken machten. Fast genauso viele Eltern
(84.8 %) ziehen die Erreichbarkeit der Schule als Kriterium heran, 82.3% der Eltern orientieren sich bei ihrer Entscheidung am Ruf der Schule. Als weitere
Gründe für die Wahl einer spezifischen Schule werden das Vorhandensein von
Arbeitsgemeinschaften, Projekten und Initiativen, die Schulwahl von Freun-
den/Freundinnen des Kindes, spezielle Förderkurse für leistungsschwache Schü-
ler/-innen und die Kompetenz der Lehrkräfte genannt. Dabei ergeben sich Unterschiede bei den herangezogenen Kriterien in Abhängigkeit von Schulform und
Bildungsabschluss der Eltern: Für die Eltern zukünftiger Hauptschüler/-innen
spielt der Ruf der Schule eine geringere Rolle als für die Eltern der Schüler/-in-
nen anderer Schulformen. Eltern von Gesamtschüler/-innen legen Wert auf die
Ganztagesbetreuung und das Angebot an Arbeitsgemeinschaften. Eltern von
Kindern, die auf dem Gymnasium beschult werden sollen, wählen eher Schulen
mit traditionellen Erziehungszielen. Der Bildungsabschluss der Eltern macht sich
bei der Entscheidung über Schulen mit und ohne Hausaufgabenbetreuung bemerkbar: Eltern, die selbst einen geringen Bildungsstand haben, melden ihr Kind
eher an Schulen an, an denen eine Hausaufgabenbetreuung besteht, als Eltern,
die einen höheren Bildungsabschluss haben. Der Bildungsabschluss der Eltern,
der im Normalfall mit dem sozioökonomischen Hintergrund der Familie in Zusammenhang steht, beeinflusst im Falle möglicher Schulgebühren zudem die
Entscheidung über den Besuch einer privaten oder öffentlichen Schule (OECD
1994, zit. nach Clausen, 2006).

Clausen (2006) konnte ebenfalls zeigen, dass die Eltern von Kindern mit
Gymnasial- und Realschulempfehlungen unterschiedliche Entscheidungskriterien heranziehen. Er stellte fest, dass Eltern, deren Kind eine Gymnasialempfehlung erhalten hat, v. a. das Schulprofil – und dabei insbesondere das Fächerangebot – als Grund für ihre Schulwahl nennen. Dieses Merkmal spielt für Eltern angehender Realschüler/-innen kaum eine Rolle, sie haben bei ihrer Entscheidung
v. a. den Schulweg im Blick. Allerdings muss davon ausgegangen werden, dass
bei Gymnasien aufgrund der unterschiedlichen Züge und Angebote eher ein spezifisches Schulprofil existiert und wahrnehmbar ist als bei Realschulen. Ähnliche
Ergebnisse zeigen sich auch in Abhängigkeit vom elterlichen Bildungsniveaus:

Eltern mit geringem Bildungsniveau orientieren sich stärker am Schulweg, Eltern mit höherem Bildungsniveau eher am Schulprofil (Clausen, 2006).

Unabhängig vom elterlichen Bildungsniveau oder der empfohlenen Schulart stellten Büchner und Koch (2001) den Wunsch des Kindes als den Punkt mit der höchsten Priorität bei der Wahl der weiterführenden Schule fest. Daneben war für Eltern und Kinder bei ihrer Entscheidung wichtig, dass das Kind mit Freunden und Freundinnen aus der Grundschule auf die weiterführende Schule wechseln kann und die neue Schule zudem gut erreichbar ist. Für die Eltern war außerdem von Bedeutung, dass gute Lernmöglichkeiten, auch hinsichtlich des sozialen Lernens, zur Verfügung stehen und ein gutes Verhältnis zwischen Eltern, Kindern und Lehrkräften besteht.

Im Folgenden soll dargestellt werden, welche Kriterien zur Wahl der Einzelschule von den Eltern in Heidelberg genannt wurden. Dabei sollen insbesondere Unterschiede aufgrund der empfohlenen Schularten und dem sozioökonomischen Hintergrund beleuchtet werden.

6.2 Methode

Die Eltern wurden im Elternfragebogen gebeten, den wichtigsten Grund bei der Wahl der Einzelschule anzugeben. Im Anschluss an diese offene Frage wurde ihnen zudem eine Reihe von möglichen Gründen vorgegeben, die sie durch Ankreuzen als ebenfalls relevant im Entscheidungsprozess markieren konnten (vgl. Abbildung 2).

Zur Analyse des wichtigsten Kriteriums bei der Schulwahl wurde wie bei Clausen (2006) zuerst lediglich die erste Antwort auf die offene Frage nach dem wichtigsten Grund für die Entscheidung berücksichtigt. Diese erstgenannte Antwort kann somit als die für die Eltern relevanteste gelten. In einem zweiten Schritt wurden zudem weitere Kriterien bei der Schulwahl mit einbezogen.

Die Kategorisierung der Gründe erfolgte in Anlehnung an Clausen (2006) nach acht Oberkategorien (s. unten). Zusätzlich wurde eine weitere Kategorie eingeführt, die bei den Elternnennungen häufig vorkam, die Zuweisung der Schule durch das Schulamt, weil das Kind an der gewünschten Schule keinen Platz erhielt oder von der Schule aufgrund einer Beeinträchtigung wie körperlicher Behinderung oder LRS abgelehnt wurde. Die Kategorien berücksichtigten folgende Inhalte:

1. Vermutete Schulqualität
   - Schulleitung
   - Lehrkörper
   - Leistungsanforderungen

- Klima
- Beziehung Schule – Eltern

2. Schulprofil
   - Pädagogisches Konzept
   - Fächerangebot (Sprachenfolge, bilingualer Zug, Musikprofil, Sportprofil, Naturwissenschaften)
   - Zusatzangebote (Hausaufgabenbetreuung, Mittagstisch, AG's, spez. Förderangebote)
   - Wertevermittlung (soziale Werte, christliche Werte)
   - Passung Kind – Schule (psycho-soziale Passung, leistungsmäßige Passung)

3. Schulische Rahmenbedingungen
   - Umfeld (Soziales Umfeld)
   - Schulform (Realschule, Gesamtschule, Gymnasium)
   - Organisation (Privatschule, Ganztagsschule, Mädchenschule)
   - Physikalische Eigenschaften der Schule (Schulgröße, Klassengröße, Ausstattung)

4. Schulqualität in der Außensicht
   - Ruf der Schule
   - Orientierung an eigenen Idealvorstellungen
   - Empfehlung durch Bekannte
   - Positiver Eindruck nach Infoabend / Schnuppernachmittag

5. Persönliche Erfahrung

6. Wunsch des Kindes

7. Schulbesuch anderer Kinder (Freunden / Freundinnen, Mitschüler/-innen der Grundschule)

8. Schulweg

9. Zugewiesen / 2. Wahl / „Notlösung"

Am Ende der 4. Klasse wurden die Kinder, die an der EVES-Studie teilnahmen, im Fragebogen für Schüler/-innen gebeten, Gründe zu nennen, die sie dazu bewegt haben, auf eine bestimmte weiterführende Schule gehen zu wollen. Die Kinder konnten unter verschiedenen Gründen die für sie zutreffenden auswählen:

- Weil es meine Eltern so wollen
- Weil es eine Ganztagsschule ist

- Weil mir die Fächer dort gefallen
- Weil mir die Schule gefällt
- Weil die Schule bei uns in der Nähe liegt
- Weil meine Schwester / mein Bruder dort auch hingehen
- Weil meine Freunde dort auch hingehen werden.

6.3 Ergebnisse

6.3.1 Wie informieren sich die Eltern über den Übergang?

Nahezu alle Eltern lassen sich von Lehrkräften in der Grundschule über den Übergang informieren.[14] Ein Großteil der Eltern fand dieses Gespräch im Rückblick hilfreich. Informationsveranstaltungen mit Vertretern/Vertreterinnen der weiterführenden Schulen werden am seltensten als hilfreich erlebt (vgl. Abbildung 22). Schnuppernachmittage an den weiterführenden Schulen werden von fast genauso vielen Eltern in Anspruch genommen wie das Gespräch mit den Grundschullehrkräften – sie werden aber nicht im selben Ausmaß als hilfreich wahrgenommen.

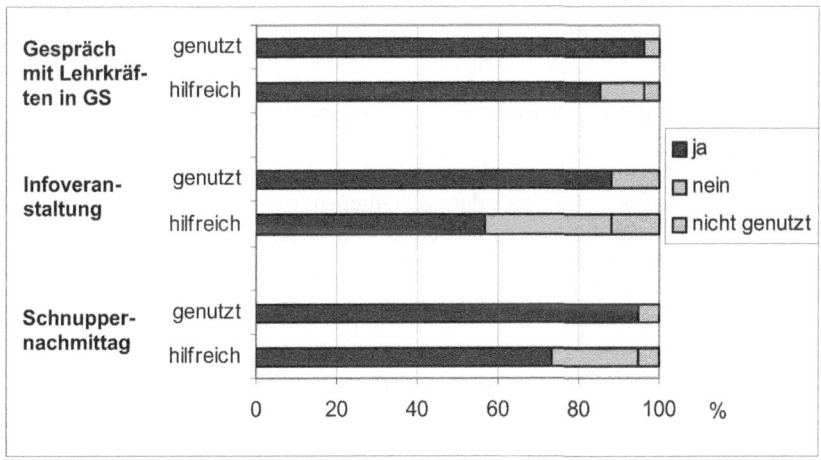

Abbildung 22   Suche nach Informationen zum Übergang in die weiterführende Schule

---

[14]   Das Schulgesetz sieht diese Beratungsgespräche als Option auf Wunsch der Eltern. Zu vermuten ist, dass in der Praxis einige Schulen auf diese Beratungsgespräche bestehen.

Die Informationssuche verläuft größtenteils unabhängig von der Bildungsempfehlung, die das Kind erhalten hat. Lediglich bei den Schnuppernachmitta-
gen zeigt sich, dass sie von angehenden Hauptschüler/-innen und deren Eltern
seltener zur Information bezüglich des Übergangs genutzt werden (χ^2 = 16.65; df
= 2; p = .001) – allerdings ist es auch möglich, dass in den Hauptschulen ein sol-
ches Angebot seltener stattfindet. Die befragten Eltern von Realschülern und Realschülerinnen haben die Schnuppernachmittage alle genutzt (vgl. Abbildung
23).

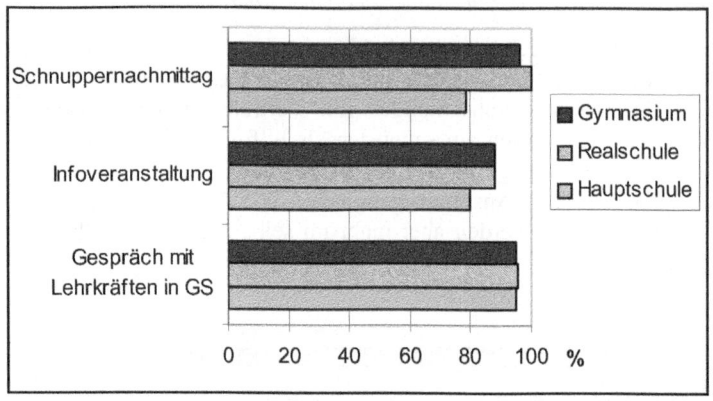

Abbildung 23   Informationssuche in Abhängigkeit der Bildungsempfehlung

Die Informationssuche verläuft unabhängig vom sozioökonomischen Hintergrund des Kindes – dies lässt darauf schließen, dass aufgrund der erhaltenen
Bildungsempfehlung die jeweils passenden Angebote der Schulen wahrgenommen werden.

**6.3.2   Kriterien bei der Wahl der Einzelschule in Abhängigkeit von der Bil-
dungsempfehlung**

Abgesehen vom Wunsch des Kindes, der unabhängig von der Bildungsempfehlung gleich häufig berücksichtigt wird, ergeben sich bei den anderen Kriterien
Unterschiede in Abhängigkeit von der Bildungsempfehlung (χ^2 = 90.26, df = 16,
p <.001).

Eltern von Kindern mit Hauptschulempfehlung berücksichtigten die vermutete Schulqualität seltener als Eltern von Kindern mit Realschul- oder Gymnasialempfehlung (von den befragten Eltern der Hauptschüler/-innen nannte niemand
einen Grund für die Schulwahl, welcher der Kategorie „vermutete Schulqualität"
zuzuordnen ist). Für sie ist die Schulqualität in der Außensicht bedeutsamer als

für die anderen Eltern – sie verlassen sich eher auf fremde Erfahrungen bzw. den Ruf der Schule und nehmen die Schule selbst nicht unter die Lupe. Ein weiterer überzufällig häufig genannter Grund von Eltern angehender Hauptschüler/-innen ist die Zuweisung der Schule durch das Schulamt sowie der Schulweg – über alle genannten Gründe hinweg, wird er von knapp 60 % der Eltern als Kriterium herangezogen (vgl. Abbildung 24 und 25).

Bei der Wahl eines Gymnasiums wird das Schulprofil als wichtigster Grund für die Entscheidung berücksichtigt. Auch persönliche Erfahrungen mit der ins Auge gefassten Schule sind für die Entscheidung wichtig. Dies bestätigt sich auch, wenn nicht nur der wichtigste Grund, sondern alle genannten Gründe betrachtet werden. Bei Betrachtung aller genannter Gründe zeigt sich zudem, dass bei der Wahl des Gymnasiums die Schulqualität eine Rolle spielt (vgl. Abbildung 25). Bei der Entscheidung wenig berücksichtigt werden dagegen die Rahmenbedingungen oder der Schulbesuch von Freunden und Freundinnen des Kindes.

Sowohl die Rahmenbedingungen als auch der Schulbesuch von Freunden und Freundinnen sind Faktoren, die von Eltern angehender Realschüler/-innen bei ihrer Entscheidung über die weiterführende Schule eine große Rolle spielen. Dagegen sind für sie Schulprofil sowie persönliche Erfahrungen weniger bedeutsam. Auch der Schulweg ist für die Entscheidung über die künftige Realschule maßgeblich.

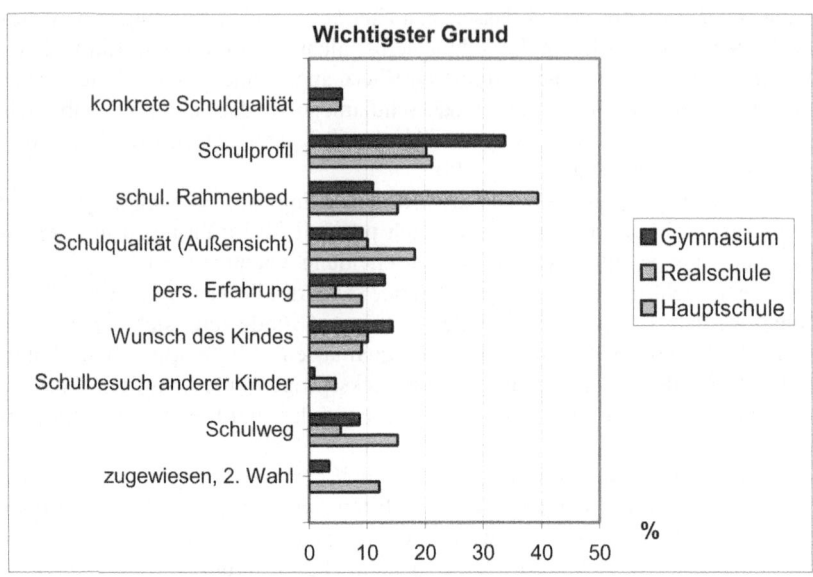

Abbildung 24   Wichtigster Grund bei der Wahl der weiterführenden Schule in
              Abhängigkeit der Bildungsempfehlung

Unter Berücksichtigung aller Gründe, die von den Eltern genannt werden,
zeigt sich, dass insbesondere Kinder mit Gymnasialempfehlung bei der Entscheidung über die weiterführende Schule mitreden dürfen (vgl. Abbildung 25).
Werden alle genannten Gründe berücksichtigt, bestätigen sich die Ergebnisse unter Berücksichtigung des wichtigsten Grundes.

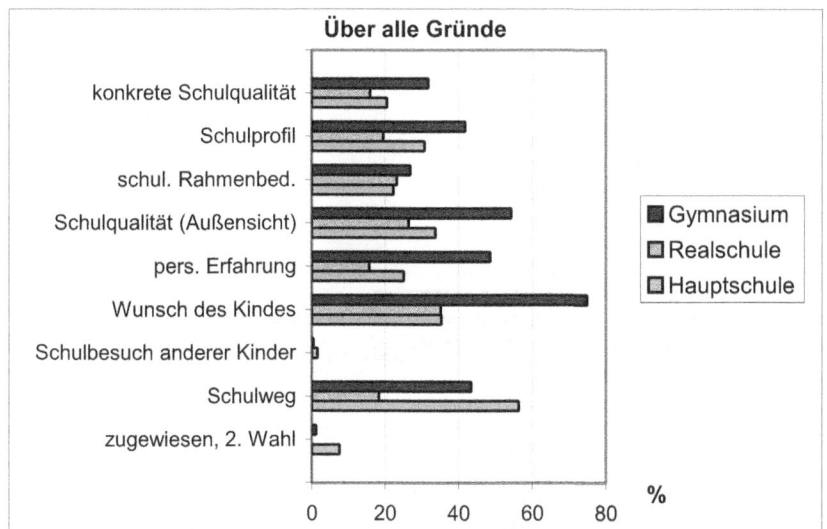

Über alle Gründe

Abbildung 25 Gründe der Eltern bei der Wahl der weiterführenden Schule (alle genannten Gründe wurden berücksichtigt)

Welche Kriterien im Einzelnen waren für die Eltern wichtig? Auch hier zeigen sich Unterschiede in Abhängigkeit von der Bildungsempfehlung ($\chi^2 = 132.66$; $df = 46$, $p < .001$). Bei der Wahl eines Gymnasiums sind das Profil/Fächerangebot und Geschwisterkinder auf der Schule die entscheidenden Kriterien. Dagegen spielen die Schulform (und damit der Schulabschluss) sowie die Klassengröße keine Rolle (vgl. Abbildung 26).

Die Wahl einer Realschule ist in hohem Maße abhängig von der Klassengröße, dem angestrebten Schulabschluss und der Organisationsform als Ganztagesschule. Auch Freunde und Freundinnen, die beabsichtigen, dieselbe Schule zu besuchen, sind ein häufiges Argument für eine spezifische Wahl. Weniger wichtig ist bei der Wahl der Realschule das Fächerprofil, was daran liegen mag, dass sich die verschiedenen Realschulen nicht im selben Ausmaß unterscheiden wie dies Gymnasien tun.

Bei der Wahl der Hauptschule spielen wiederum andere Kriterien eine Rolle: Verglichen mit den Kriterien bei der Wahl der anderen beiden Schulformen wird hier besonders häufig die Zuweisung zur Schule genannt. Empfehlungen durch Bekannte und die Tatsache, dass bereits die Eltern diese Schule besuchten, sind ebenfalls häufiger genannte Argumente. Angestrebter Schulabschluss, Ganztagesbetreuung inklusive Mittagessen und der Schulweg sind ebenfalls be-

deutsam für die Wahl. Kaum eine Rolle spielt – wie bei der Wahl der Realschule
– das Fächerprofil, was vermutlich darauf zurückgeführt werden kann, dass sich
auch die Hauptschulen in diesem Merkmal kaum unterscheiden.

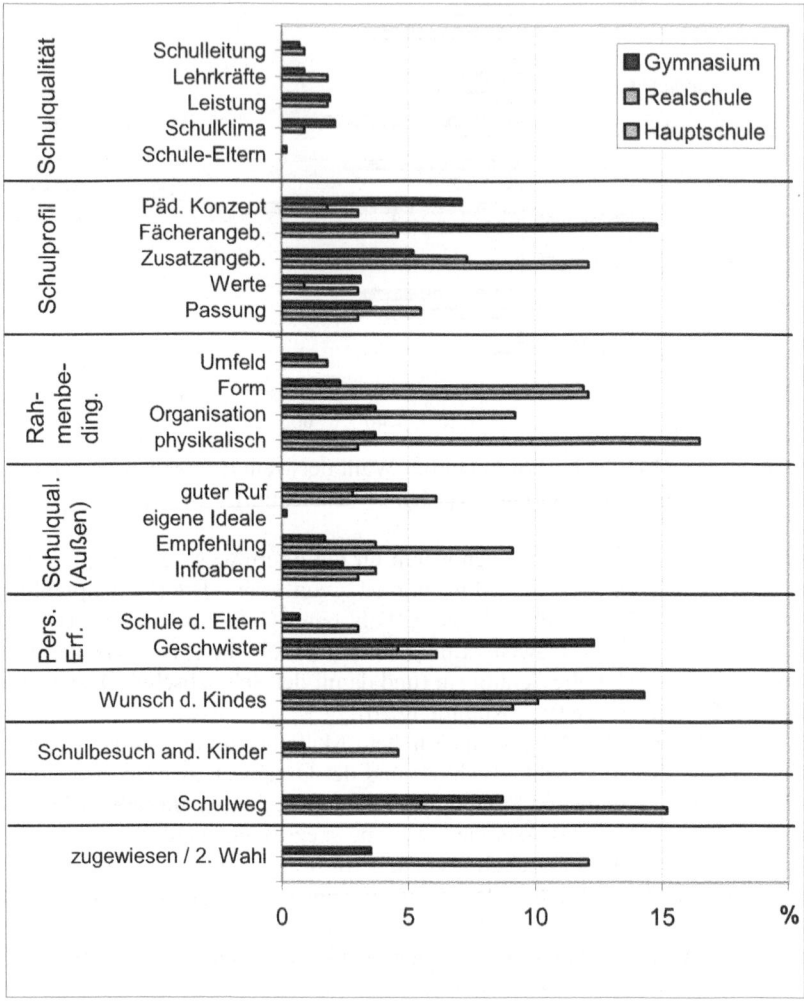

Abbildung 26   Elterngründe bei der Wahl der Schule in Abhängigkeit der Bildungsempfehlung

6.3.3 Entscheidungskriterien in Abhängigkeit vom sozioökonomischen Hintergrund

Sozioökonomischer Hintergrund und Bildungsempfehlung können nicht unabhängig voneinander betrachtet werden. Bei der Analyse wird allerdings deutlich, dass sich Eltern mit unterschiedlichem sozioökonomischen Status an unterschiedlichen Merkmalen orientieren (χ^2 = 59.15, df = 24, p <.001). Lediglich die vermutete Schulqualität wird von allen sozioökonomischen Schichten gleichermaßen häufig berücksichtigt.

Für Eltern mit sehr hohem sozioökonomischen Status (viertes Quartil) ist v. a. das Schulprofil von Bedeutung, wobei insbesondere auf Wertevermittlung geachtet wird. Diesen Wunsch sehen Eltern offenbar häufig in Schulen mit kirchlichem Träger realisiert, die zur Unterstützung dieses Ziels entsprechende „Compassion-Programme" realisieren. Diese Schulen sind ausnahmslos Privatschulen mit Schulgebühren, wodurch sich erklären mag, dass diese Alternative nur von Eltern mit hohem sozioökonomischen Hintergrund in Betracht gezogen wird. Rahmenbedingungen wie Schulqualität in der Außensicht und der Schulweg spielen für finanziell besser gestellte Eltern eine untergeordnete Rolle (vgl. Abbildung 27).

Eltern mit unterdurchschnittlichem sozioökonomischen Status (erstes und zweites Quartil) orientieren sich demgegenüber bei ihrer Entscheidung an den schulischen Rahmenbedingungen, der Schulqualität in der Außensicht und dem Wunsch des Kindes. Eltern mit geringeren finanziellen Möglichkeiten (erstes Quartil) berichten zudem häufig von einer Zuweisung zu einer Schule durch das Schulamt. Bei den Rahmenbedingungen spielt neben physikalischen Merkmalen auch die Organisationsform der Schule eine Rolle: Die Wahl der Eltern fällt dann mit der Begründung zur Möglichkeit eines höheren Schulabschlusses auf eine Mädchen- (Realschulbereich) oder Gesamtschule.

Persönliche Erfahrungen mit der Schule – im Normalfall durch den Schulbesuch älterer Geschwister – werden von Eltern mit geringem sozioökonomischen Status seltener, von Eltern mit leicht überdurchschnittlichem sozioökonomischen Status dagegen häufiger beachtet. Möglicherweise verliert der Hauptschulabschluss zunehmend an Ansehen und der Wunsch nach einem höheren Bildungsabschluss steigt. Besucht nun das erste Kind eine Hauptschule, werden hohe Bildungsaspirationen von Eltern bewirken, dass sie für das nachfolgende Kind den Besuch einer höher qualifizierenden Schulart anstreben. In diesem Fall haben sie jedoch noch keine Erfahrung mit der ausgesuchten Schule sammeln können (da das Geschwisterkind auf einer anderen Schule ist und sie möglicherweise selbst ebenfalls eine andere Schule besuchten). Umgekehrt können Eltern, deren erstes Kind ein Gymnasium besucht und die ihr nachfolgendes Kind eben-

falls auf das Gymnasium schicken, bereits auf Erfahrungen mit der Schule zu-
rückgreifen.

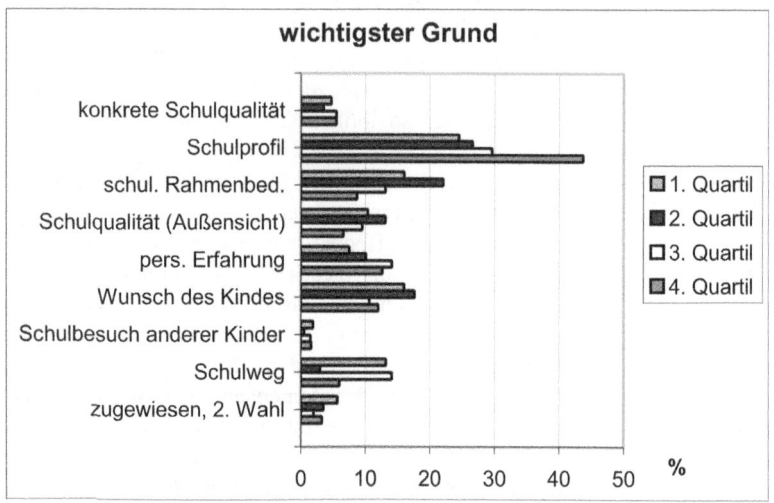

Abbildung 27   Wichtigster Grund bei der Wahl der weiterführenden Schule in
Abhängigkeit des sozioökonomischen Hintergrunds (HISEI)

Bei der Analyse kann berücksichtigt werden, ob Kinder mit gleicher Grundschulempfehlung auf eine Schule wechseln, die von der Mehrheit der Mitschülerinnen und Mitschüler gewählt wurde. Von Kindern, die auf ein Gymnasium
wechselten, trafen 60 Eltern ihre Entscheidung mit dem Strom, 64 Eltern wählten
eine andere Schule. Eltern, die bei ihrer Entscheidung konform mit den anderen
Grundschuleltern gehen, berücksichtigen bei der Wahl v. a. den Schulweg und
seltener die schulischen Rahmenbedingungen. Eltern, die ihre Wahl gegen den
Strom treffen, berücksichtigen umgekehrt in verstärktem Maß die Rahmenbedingungen und weniger den Schulweg. Bei allen anderen Kriterien stimmen die beiden Elterngruppen überein. Real- und Hauptschüler/-innen konnten in die Analyse nicht einbezogen werden, da hier zu wenige Elternfragebogen vorlagen.

6.3.4   Kriterien der Kinder bei der Wahl der Schule

Werden die Kinder nach den Gründen für die Wahl der Einzelschule befragt,
zeigt sich – ähnlich wie bei der Befragung der Eltern – dass die angehenden
Gymnasiasten und Gymnasiastinnen das Fächerprofil überzufällig häufig als
Grund nennen (vgl. Abbildung 28). Angehende Hauptschüler/-innen nennen

mangels Entscheidungsmöglichkeit die angebotenen Fächer signifikant seltener als Grund. Gleiches gilt für das Gefallen der Schule: Kinder, die auf ein Gymnasium empfohlen wurden, geben häufiger als Hauptschüler/-innen an, dass sie auf die Schule wechseln, weil sie ihnen gefällt. Die anderen zur Auswahl stehenden Gründe werden von Schüler/-innen aller Schulformen in gleichem Ausmaß genannt.

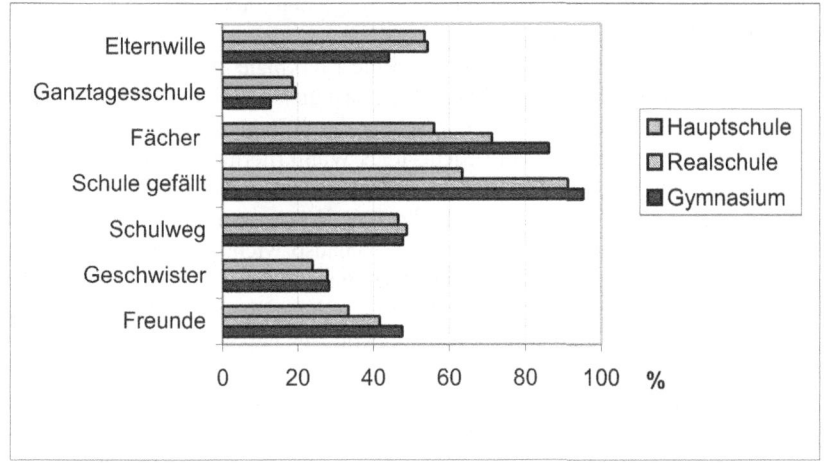

Abbildung 28   Von den Kindern genannte Kriterien bei der Wahl der weiterführenden Schule

6.4 Diskussion

Welche Kriterien ziehen Eltern bei der Entscheidung über die Einzelschule heran?

Wie bei Clausen (2006) zeigte sich, dass bei der Wahl des Gymnasiums das Schulprofil, insbesondere das Fächerangebot (vorwiegend im Bereich Sprachen) ein wesentliches Merkmal ist. Zudem erwiesen sich in der PRISE-Stichprobe Geschwisterkinder als „Entscheidungshilfe" bei der Wahl der Schule – es kann davon ausgegangen werden, dass bei der Wahl der Schule für das ältere Geschwisterkind auch das Schulprofil eine Rolle spielt. Anders als in der Untersuchung von Clausen (2006) ist in Heidelberg bei der Wahl der Realschule der Schulweg kein entscheidendes Kriterium. Nur bei der Wahl der Hauptschule wird dieses Kriterium von den Eltern berücksichtigt. Die Wahl der Realschule ist primär abhängig von Rahmenbedingungen wie Klassengröße, angestrebter

Schulabschluss oder der Organisation als Ganztagesschule sowie der Schulwahl
von Freunden und Freundinnen des Kindes.

Die Argumente für eine spezifische Hauptschule erweitern die Daten der
Studie von Clausen (2006). Kriterien für die Wahl einer Hauptschule sind neben
dem schon erwähnten Schulweg die Schulqualität in der Außensicht (insbesondere Empfehlungen durch Bekannte oder Erfahrungen der Eltern durch den eigenen Schulbesuch auf der entsprechenden Schule), die Zuweisung durch das
Schulamt sowie der Möglichkeit einer Ganztagesbetreuung inklusive Mittagessen an der Schule.

Ähnlich wie bei Clausen (2006) sind die Merkmale Wertevermittlung und
guter Ruf der Schule bei der Wahl des Gymnasiums wichtiger als bei der Wahl
einer Realschule, die Empfehlung der Schule durch Bekannte ist demgegenüber
bei der Wahl der Realschule ein bedeutsames Wahlkriterium. Interessanterweise
spielen diese Merkmale bei der Wahl einer Hauptschule eine mindestens genauso
wichtige, wenn nicht sogar größere Rolle: Die Wertevermittlung wird von den
Eltern angehender Hauptschüler/-innen als genauso wichtig betrachtet wie von
den Eltern angehender Gymnasiasten und Gymnasiastinnen. Das gleiche gilt für
den guten Ruf der Schule. Die Empfehlung durch Bekannte spielt für die Wahl
der Hauptschule sogar eine dreimal größere Rolle als bei der Wahl der Realschule.

Einige Befunde von Clausen (2006) können nicht bestätigt werden. So
spielt beispielsweise bei der Berücksichtigung aller genannten Gründe der
Schulweg für die Wahl des Gymnasiums (43 % der Eltern berücksichtigen den
Schulweg bei der Schulwahl) eine sehr viel größere Rolle als für die Wahl einer
Realschule (18 %, bei der Wahl der Hauptschule 56 %). Dies ist bei Clausen
(2006) umgekehrt: 54 % der von ihm befragten Eltern berücksichtigten den
Schulweg bei der Wahl der Realschule, 47 % bei der Wahl eines Gymnasiums.
Möglicherweise macht sich hier die Einführung von G8 bemerkbar: Da sich die
Unterrichtszeiten für Schülerinnen und Schüler der Gymnasien deutlich verlän-
gert haben, wird die Zeit zur Bewältigung des Schulweges bedeutsamer.

Ein weiterer interessanter Unterschied zu Clausen ist das Kriterium Diszip-
linanforderungen: Während dieses Merkmal in der Studie von Clausen (2006)
immerhin ein paar wenige Male erwähnt wurde, wurde es von den im Rahmen
der PRISE-Studie befragten Eltern nicht ein einziges Mal als Kriterium genannt.

Auch die Ergebnisse zu den Schulwahl-Kriterien in Abhängigkeit vom sozioökonomischen Hintergrund der Studie von Clausen (2006) lassen sich in Heidelberg nicht finden. Hier weichen die Ergebnisse völlig voneinander ab. Ursache könnte sein, dass Clausen (2006) neben Heidelberger auch Mannheimer Eltern befragte, während im Rahmen von PRISE ausschließlich die Heidelberger
Eltern mit einem entsprechend hohen sozioökonomischen Hintergrund befragt

wurden. Möglicherweise ist die homogenere Stichprobe für die unterschiedlichen Ergebnisse verantwortlich. Der sozioökonomische Hintergrund beeinflusst auch die Informationssuche zum Übergang nicht. Diese ist vielmehr von der Bildungsempfehlung abhängig – je nach Bildungsempfehlung werden die von den Schulen der empfohlenen Schulart bereit gestellten Angebote (wie z. B. ein Schnuppernachmittag) wahrgenommen. Dabei fällt auf, dass das Potenzial von Informationsveranstaltungen mit Vertretern und Vertreterinnen der weiterführenden Schulen weniger genutzt wird – die Eltern erleben diese Form der Information als am wenigsten hilfreich.

Die Entscheidungskriterien von Eltern, die sich bei der Wahl an anderen Eltern der selben Grundschule orientieren bzw. anders als ein Großteil der Eltern entscheiden, können im Rahmen der vorliegenden Schule bestätigt werden: Eltern, die „mit dem Strom schwimmen" berücksichtigen in verstärktem Ausmaß den Schulweg während Eltern, die „gegen den Strom schwimmen" den Rahmenbedingungen der Schule mehr Beachtung schenken.

Die Kinder ziehen bei der Wahl ihrer zukünftigen Schule vergleichbare Kriterien für die einzelnen Schularten heran wie ihre Eltern. Lediglich das Fächerprofil und die Gestaltung der Schule differieren zwischen Kindern, die aufs Gymnasium wechseln und angehenden Hauptschüler/-innen.

Wie wirkt sich die Wahl der Einzelschule auf die Schüler/-innenschaft einer Schule aus?

Die Wahl des Gymnasiums und der Hauptschule ist stark vom Schulweg abhängig ist. Zumindest im Hinblick auf die Hauptschule muss davon ausgegangen werden, dass in diesen Schulen kaum eine Durchmischung von Kindern unterschiedlicher Wohngebiete – und damit auch sozialer Milieus – stattfindet. Realschulen, von denen eine geringere Anzahl zur Auswahl steht, erreichen diese Durchmischung vermutlich eher. Dies wirkt sich möglicherweise auch auf die sozialen Prozesse innerhalb einer Schule/Klasse aus. Auch die Wahl des Gymnasiums hängt vom Schulweg ab. Allerdings ist der Weg zum Gymnasium häufig weiter – zu denken ist hier typischerweise an die zahlreichen Schülerinnen und Schüler, die von umliegenden Gemeinden nach Heidelberg fahren, weil es bei ihnen vor Ort kein Gymnasium gibt. Es kann angenommen werden, dass das Kriterium „Schulweg" so zu verstehen ist, dass ein noch längerer Schulweg vermieden werden soll. Demnach würde bei Gymnasien eine Durchmischung der Schüler/-innenschaft stattfinden, selbst wenn der Schulweg als Kriterium herangezogen wird.

Sicher sind die Entscheidungskriterien auch vom jeweils vor Ort verfügbaren schulischen Angebot beeinflusst. So ergibt sich beispielsweise in Heidelberg aufgrund der großen Menge an Gymnasien mit ihren vielfältigen Profilen und

Merkmalen die Notwendigkeit, die einzelnen Gymnasien sehr detailliert zu vergleichen. Der Wettbewerbsdruck zwischen den Gymnasien bewegt zudem die Gymnasien dazu, ihr spezifisches Profil auszuarbeiten und darzustellen. Die Konkurrenz unter den Hauptschulen ist insofern vermutlich geringer ausgeprägt, als die einzelnen Schulen bis zur Öffnung der Schulbezirksgrenzen eh keine Möglichkeit hatten, die Entscheidung der Eltern zu beeinflussen. Zumindest unmittelbar nach Öffnung der Schulbezirksgrenzen (zum Zeitpunkt der Befragung der PRISE-Eltern) war offenbar das Profil der einzelnen Hauptschulen noch nicht so stark ausdifferenziert, dass die Entscheidung der Eltern davon hätte bedingt sein können. Unklar bleibt an dieser Stelle, ob sich unter entsprechendem Konkurrenzdruck bei den Hauptschulen ebenfalls ein Profil abzeichnen wird.

6.5 Literatur

Büchner, P. & Koch, K. (2001). *Von der Grundschule in die Sekundarstufe. Band 1: Der Übergang aus Kinder- und Elternsicht.* Opladen: Leske + Budrich.

Clausen, M. (2006). Warum wählen Sie genau diese Schule? *Zeitschrift für Pädagogik, 52,* 69–90.

Wild, E., Rammert, M. & Siegmund, A. (2006). Die Förderung selbstbestimmter Formen der Lernmotivation in Elternhaus und Schule. In M. Prenzel & L. Allolio-Näcke (Hrsg.), *Untersuchungen zur Bildungsqualität von Schule* (S. 370–397). Münster: Waxmann.

7 Bewertung des Übergangs durch Schüler/-innen und Eltern

Der Übergangsprozess in die weiterführende Schule bringt für Schüler/-innen und ihre Familien eine Vielzahl von Veränderungen mit sich. So ist der Schulformwechsel u. a. mit einem Wechsel der Umgebung verbunden. Schüler/-innen müssen sich hinsichtlich Schulweg (häufig längere Wege und nicht selten Anfahrten mit Bus oder Bahn), Schulgebäude (Anzahl und Größe) und vor allen Dingen in einer neuen Klasse mit Schülerinnen und Schülern, die sie nicht kennen, neu orientieren. Zudem erfolgt eine Trennung von vielen ihrer bisherigen Mitschülerinnen und Mitschüler, guten Freundinnen und Freunden sowie vertrauten Lehrkräften. Andere soziale Netze sind zu knüpfen. In der Auseinandersetzung und Begegnung mit neuen Schulfächern und damit auch Fachlehrkräften (Fachlehrer/-innenprinzip) und Fachräumen ist ein Neuanfang zu suchen. Veränderte Unterrichtszeiten – insbesondere durch G8 auch lange Schultage – und die Tatsache, dass die Kinder nicht mehr wie in der Grundschule die Ältesten, sondern nun die Jüngsten der Schule sind, kommen hinzu. Auch mag sich die Stellung einzelner Schüler/-innen durch das Leistungsgefüge der neuen Klasse verändern, schulische Leistungen können sich verbessern oder verschlechtern (vgl. Kap. 5). Mit dem Übergang auf die weiterführende Schule sind nicht zuletzt auch schulartspezifische Erwartungen des sozialen Umfelds verbunden, die möglicherweise in einem höheren Leistungsdruck resultieren.

Durch die Verkürzung der Schulzeit bis zum Abitur auf 12 Jahre haben sich Stoffmenge bzw. curriculare Inhalte insbesondere in den unteren Jahrgängen sehr verdichtet. Von Schüler/-innen des Gymnasiums wird vermehrt ein hohes Lerntempo und selbstständiges Arbeiten, auch bei den Hausaufgaben, erwartet.

7.1 Forschungsbefunde zum subjektiven Erleben des Übergangs

Subjektiv können diese Veränderungen ganz unterschiedlich wahrgenommen werden. Für Schüler/-innen sind vermutlich andere Veränderungen relevant als für ihre Eltern und möglicherweise erfreuen oder beanspruchen sie ganz andere Dinge als erwartet. Von einer Mutter wurde uns erzählt, dass ihr Sohn das erste halbe Jahr immer eine Bushaltestelle weiter als eigentlich nötig gefahren ist, weil er – eher klein und schmächtig – sich nicht durch die Massen an zusteigenden Studierenden drängen konnte und wollte, um an der passenden Haltestelle auszusteigen. Dieser Schüler hat recht schnell einen Weg gefunden, mit der neuen Herausforderung umzugehen, so dass für ihn das Busfahren bzw. Aussteigen kein Problem mehr war, Die Mutter war allerdings entsetzt, als sie nach einem halben Jahr zufällig von dieser Problemlösestrategie ihres Sohnes erfuhr. Auch verschiedene Studien zeigen, dass nicht alle Veränderungen, die mit dem Übergang einhergehen, für Schüler/-innen beanspruchend sein müssen. So konnten beispielsweise Elias, Gara und Ubriaco (1985) zeigen, dass Kindern weniger die größere Menge an Hausaufgaben, strengeren Lehrkräfte und höheren Leistungserwartungen zu schaffen machten, als vielmehr die Besorgnis über Konflikte mit ihren Lehrkräften (z. B. wenn sie nicht das richtige Unterrichtsmaterial eingepackt hatten oder mit einigen Lehrkräften nicht zurecht kamen) sowie Mitschülerinnen und Mitschülern (z. B. wenn sie von disen geärgert, unter Druck gesetzt und /oder ausgeschlossen wurden). Gleichzeitig vermissten sie ihre bisherigen Freundinnen und Freunde (Elias et al., 1985). Die komplexe neue Sozialwelt schien demnach für diese Kinder die größte Herausforderung zu sein. Um den Kindern das Kennenlernen der neuen Mitschüler/-innen zu erleichtern, wird inzwischen in vielen Schulen dafür gesorgt, dass die 5. Klassen in den ersten ein bis zwei Schulwochen keinen „normalen" Unterricht erhalten, sondern hauptsächlich mit Aktivitäten beschäftigt sind, die dem Kennenlernen dienen, wie z. B. Steckbriefe schreiben oder bereits in der ersten Schulwoche drei Tage ins Schullandheim fahren.

Die Besorgnis der Kinder hinsichtlich der neuen Mitschüler/-innen zeigt sich auch bei Mitzlaff und Wiederhold (1989): Sie stellten ebenfalls fest, dass sich die Kinder vor dem Übergang viele Gedanken über ihre neuen Mitschüler/ -innen machen und befürchten, keine neuen Freunde oder Freundinnen zu finden. Den meisten Kindern macht es zu schaffen, sich von der Grundschule, den Mitschüler/-innen und den vertrauten Grundschullehrkräften zu lösen. In dieser Studie wurde auch festgestellt, dass die oben dargestellten objektiven Veränderungen, die mit dem Übergang verbunden sind, von den Schülern und Schülerinnen zwar als „neu" wahrgenommen wurden, deren Bewertung jedoch ganz unterschiedlich ausfiel. Das Fachlehrer/-innenprinzip scheint demnach von Kindern erst dann negativ bewertet zu werden, wenn die Anzahl an verschiedenen Lehrkräften eine gewisse „Höchstgrenze" (10 oder mehr Lehrkräfte) übersteigt. Fast alle Schüler/-innen bedauern es, keine direkte Bezugsperson (wie in der Grundschule die Klassenlehrkraft, die viele Fächer selbst unterrichtete) mehr zu haben. Die Fächervielfalt ist für die meisten Schüler/-innen spannend, auch wenn sich daraus in den ersten Wochen bei vielen Schüler/-innen Schwierigkeiten ergeben, weil sie beispielsweise die Hausaufgaben zum falschen Termin erledigen oder das entsprechende Material am falschen Tag einpacken. Die vielen neuen Fächer bringen auch mehr Hausaufgaben und Klassenarbeiten mit sich – die ungewohnte Menge an Hausaufgaben und Klassenarbeiten erzeugt bei einigen Schüler/-innen einen gewissen Leistungsdruck. Auch die Größe des bzw. der Schulgebäude war für viele Schüler/-innen anfangs ungewohnt – es dauerte einige Zeit, bis sie sich zurechtfanden. Zu Kritik veranlasste viele Schüler/-innen die Gestaltung der Klassenräume und des Schulhofes – aus der Grundschule waren sie gewohnt „ihr" Klassenzimmer z. B. mit Bildern zu schmücken (vgl. dazu auch Büchner & Koch, 2001). Die mit längeren Schultagen und größeren Mengen an Hausaufgaben verbundene Verkürzung der Freizeit macht vielen Kindern ebenfalls zu schaffen (s. auch Büchner & Koch, 2001) – eine Problematik, die sich verschärft, wenn die Anfahrtswege länger werden, dadurch deutlich früheres Aufstehen als bisher und zudem Wartezeiten auf Bus bzw. Bahn hingenommen werden müssen. Schließlich zeigen sich sehr viele Schüler/-innen negativ überrascht über das Verhalten älterer Mitschüler/-innen. Über die besuchte Grundschule äußerte sich die große Mehrheit der Schüler/-innen positiv (Mitzlaff & Wiederhold, 1989).

Valtin, Wagner, Ostrop und Darge (2000) belegen, dass der Übergang von Schülern und Schülerinnen unterschiedlicher Schularten jeweils anders wahrgenommen wird, wobei Hauptschüler/-innen insgesamt die größten Veränderungen wahrnehmen, gleichzeitig erleben sie den Übergang auf die weiterführende Schule am positivsten. Sie geben häufiger als Kinder auf anderen Schularten an, in der weiterführenden Schule bessere Leistungen zu erzielen als in der Grundschule. Kinder auf Gymnasien stellen fest, dass sie verglichen mit der Grundschule schlechtere Leistungen erzielen. Sie erleben die Anforderungen als höher und die Lehrkräfte als strenger als in der Grundschulzeit. Auf allen Schularten fühlen sich die Kinder sowohl vor als auch nach dem Übergang von ihren Lehrkräften gerecht behandelt, sind aber der Meinung, dass die Lehrkräfte der weiterführenden Schule weniger daran interessiert sind, dass sie etwas lernen, als die Lehrkräfte der Grundschule. In Bezug auf die Mitschüler/-innen fürchten sich die Kinder nach erfolgtem Übergang davor, sich zu blamieren oder dass sich Mitschüler/-innen sich über sie lustig machen könnten. Insgesamt betrachtet nimmt außerdem die Lernfreude etwas ab. Dies entspricht Daten aus anderen Längsschnittstudien (beispielsweise Darge, 2008 oder Helmke, 1993), in denen gezeigt werden konnte, dass die Schulfreude mit jedem weiteren Schuljahr abnimmt. Van Ophuysen, Harazd und Schürer (2006) stellten fest, dass unmittelbar nach dem Übergang die Schulfreude zunächst deutlich zunimmt, wobei sich für Hauptschüler/-innen die stärkste, für Kinder der Gymnasien die geringste Zunahme an Schulfreude ergab. Festzuhalten ist allerdings, dass Kinder auf Gymnasien bereits vor dem Übergang eine sehr hohe Schulfreude äußerten. Der Anstieg direkt nach dem Übergang ist vermutlich auf einen Erholungseffekt oder darauf zurückzuführen, dass die ersten positiven Eindrücke überwiegen und der Alltag noch nicht eingesetzt hat. Am Ende der 5. Klasse hat die Schulfreude deutlich abgenommen und liegt unter dem Niveau am Ende der 4. Klasse (van Ophuysen et al., 2006; Watermann, Klingebiel & Kurtz, 2010). Nach Fend (2003) erfolgt der stärkste Einbruch der Lernfreude im Laufe der 7. Klasse. Van Ophuysen et al. (2006) konnten auch differenzielle Effekte feststellen: So zeigten Kinder auf Gymnasien zwar die höchste Schulfreude im Vergleich zu Kindern auf anderen Schularten, jedoch gleichzeitig die stärkste negative Veränderung im Leistungsniveau. Demgegenüber berichteten Hauptschüler/-innen am Ende der 5. Klasse über eine höhere Schulfreude als im Jahr zuvor. Positiv überrascht waren Schüler/-innen insbesondere vom Engagement ihrer Lehrkräfte – sie hatten befürchtet, dass die neuen Lehrkräfte kaum Zeit für sie haben würden. Auch die Bewertung des schulischen Umfelds (Schulgebäude, Schulhof und Freizeitaktivitäten) und der Möglichkeit, neue Freunde zu finden, fiel nicht so negativ aus, wie die Schüler/-innen es in der 4. Klasse befürchteten. Dagegen erlebten die Schüler/-innen negative Überraschungen im Hinblick auf den Umgang mit älteren Schüler/-innen der Schule.

Büchner und Koch (2001) konnten als eine wesentliche Erfahrung von Kindern nach dem Übergang feststellen, dass es für sie schwieriger wird, gute Noten zu erhalten. Die Schüler/-innen sehen sich mit höheren Leistungsanforderungen konfrontiert und versuchen, dies über verstärktes Üben zu kompensieren, bekommen aber dennoch häufiger als in der Grundschule schlechte Noten.

Nach Kurtz, Watermann, Klingebiel und Szczesny (2010) kann davon ausgegangen werden, dass die positiven Gefühle – insbesondere das Gefühl der Herausforderung – beim Übergang überwiegen. Einige wenige Kinder nehmen die Veränderungen jedoch als z. T. starke Bedrohung wahr. Kurtz et al. (2010) konnten zeigen, dass die Wahrnehmung des Übergangs von den Schülerinnen und Schülern bedingt wird durch das elterliche Verhalten: Der Übergang wird v. a. dann als Bedrohung wahrgenommen, wenn die Kinder eine starke elterliche Kontrolle (d. h. Kontrolle, Belohnung und Sanktionierung des Leistungsverhalten und der Leistungsergebnisse) erleben. Dagegen sehen Kinder den Übergang als Herausforderung, wenn sich das elterliche Verhalten duch strukturierende Instruktion, soziale Wertschätzung und Autonomieunterstützung auszeichnet.

Im Folgenden soll dargestellt werden, wie die Heidelberger Schüler/-innen und Eltern den Übergang auf die weiterführende Schule erlebt haben. Anders als in bisherigen Studien vollzogen Kinder, die nun ein Gymnasium besuchen, einen Wechsel auf das achtjährige Gymnasium (G 8). Eine weitere Besonderheit der Heidelberger Stichprobe ergibt sich bei den Hauptschüler/-innen: Da ein Teil der Heidelberger Hauptschulen am Ende des Schuljahrs 2006/2007 geschlossen bzw.

mit anderen Hauptschulen zusammengelegt wurde, stand für einen Teil der Kinder ein zweiter Schulwechsel an.

7.2 Methode

Die Auswertung der Elternfragebogen und der Fragebogen für Schüler/-innen erfolgt aufgrund des z. T. relativ geringen Rücklaufs rein deskriptiv (vgl. Tabelle 69). Die in den Fragebogen enthaltenen Subskalen des *FEESS* und des Angstfragebogens, die den Schüler/-innen z. T. von der 4. Klasse an vorgelegt wurden (vgl. 2.3), werden querschnittlich analysiert, da bei einer längsschnittlichen Betrachtung die Fallzahlen (insbesondere für die Hauptschule) sehr gering ausfallen würden. Für die querschnittliche Betrachtung steht eine hinreichend große Anzahl Fragebogen zur Verfügung (vgl. Tabelle 70).

Tabelle 69 Anzahl Fragebogen von Schüler/-innen und Eltern

	Gymnasium	Realschule	Hauptschule
Fragebogen für Schüler/-innen	383	188	56
Elternfragebogen	430	95	18

Tabelle 70 Stichprobengrößen beim *FEESS* und dem Angstfragebogen

	Gymnasium	Realschule	Hauptschule
Klasse 4	407	138	59
Klasse 5	180	53	(4)
Klasse 6	358	88	20
Klasse 7	193	40	14

(4) – in den Analysen nicht berücksichtigte Fragebögen

Die geringe Anzahl an Elternfragebogen von Kindern auf Hauptschulen hängt vermutlich auch mit Sprachschwierigkeiten der Eltern zusammen. Die Kinder auf Hauptschulen füllten die Schüler/-innen-Fragebogen teilweise in der Schule aus.

7.3 Ergebnisse

7.3.1 Der Wechsel auf die neue Schule aus Sicht der Kinder

Über 80 % der befragten Schüler/-innen sind mit ihrer neuen Schule zufrieden bzw. sehr zufrieden (vgl. Abbildung 29). Damit fällt die Zufriedenheit mit der Schule deutlich höher aus als in der 4. Klasse. Direkt nach dem Übergang in die 5. Klasse ist die Zufriedenheit noch etwas höher als ein Jahr später.

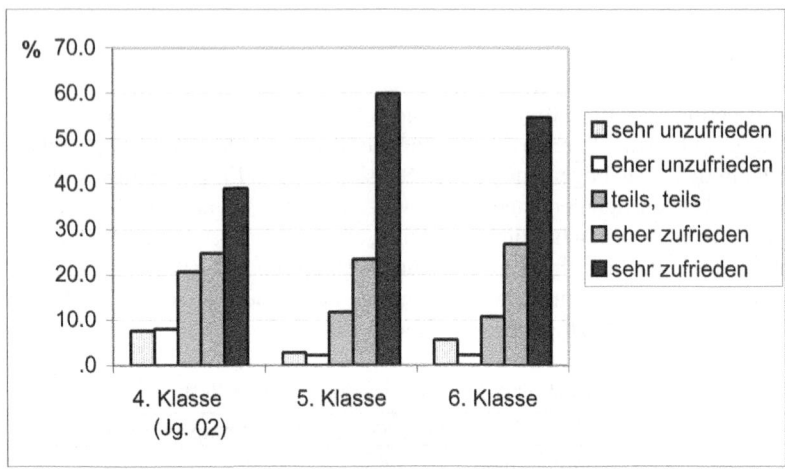

Abbildung 29   Zufriedenheit mit der Grund- und weiterführenden Schule (aus Sicht der Schüler/-innen), Ende 4./Anfang 5. Klasse: Jahrgang 2002, Anfang 6. Klasse: Jahrgang 2001

    Insbesondere die Unterrichtsfächer gefallen den Schüler/-innen besser als in der Grundschule (vgl. Abbildung 30). Bei einem Blick auf die beliebtesten und unbeliebtesten Fächer (vgl. Tabelle 71) zeigt sich, dass dabei nicht so sehr die neu hinzugekommenen Fächer (wie Naturphänomene oder Welt-Zeit-Gesell-schaft) für Freude sorgen. Vielmehr muss davon ausgegangen werden, dass neue Unterrichtsinhalte bereits bekannte Fächer interessanter machen (z. B. Sport (Mädchen und Jungen), BK und Musik (Mädchen) oder Mathematik (Jungen)). Über die Unterrichtsfächer äußern sich insbesondere die Fünftklässler/-innen po-sitiv– sie sind etwas häufiger als die Sechstklässler/-innen der Meinung, die Un-terrichtsfächer seien in der neuen Schule besser, als in der Grundschule (vgl. Abbildung 30). Hinsichtlich der Haltung zu Mitschülern und Mitschülerinnen sowie Klassenlehrkräften zeigt sich der umgekehrte Effekt: Fünftklässler/-innen stimmen etwas seltener als Sechstklässler/-innen der Aussage zu, Mitschüler/ -innen bzw. Klassenlehrer/-in seien in der neuen Schule besser. Es kann dem-nach davon ausgegangen werden, dass mit zunehmender Gewöhnung an das neue Umfeld die Fächer an Attraktivität verlieren und Mitschüler/-innen und Klassenlehrkräfte an Beliebtheit gewinnen.

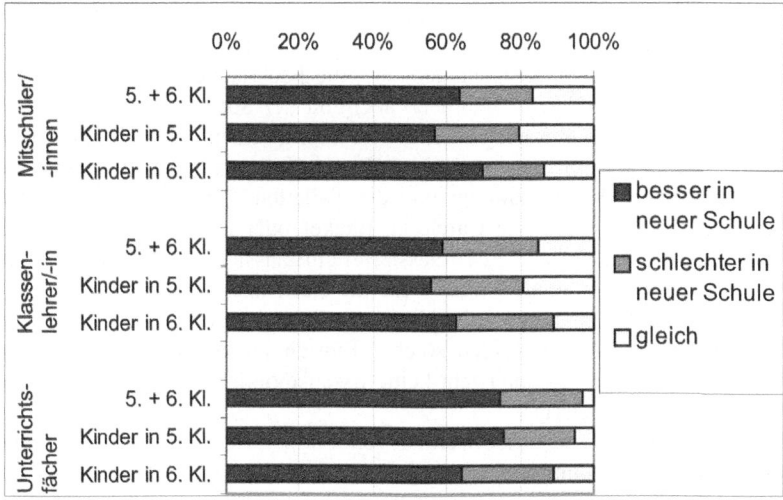

Abbildung 30 Vergleich von Grund- und weiterführender Schule hinsichtlich Mitschülern/Mitschülerinnen, Klassenlehrkräften und Unterrichtsfächern bei Fünft- und Sechstklässler/-innen

Tabelle 71 Häufigkeit (in %), der als beliebtestes/unbeliebtestes Fach genannten Fächer bei Mädchen und Jungen

	Gesamt		Mädchen		Jungen	
	Beliebtestes Fach	Unbeliebtestes Fach	Beliebtestes Fach	Unbeliebtestes Fach	Beliebtestes Fach	Unbeliebtestes Fach
Sport/Schwimmen	43.1	6.4	39.1	8.8	48.0	3.6
Fremdsprache	28.2	21.6	32.4	18.9	22.8	24.3
BK/Musik	24.8	16.3	35.5	14.3	12.8	17.9
Mathematik	23.9	21.9	21.8	28.0	26.3	14.7
Naturphän./Bio	19.8	13.8	23.0	14.7	16.7	12.7
Deutsch	12.7	18.4	16.4	16.3	8.2	21.5
Ek/Gk/Ge/WZG	8.4	25.8	4.5	30.9	12.8	19.9
Technik /HTW	6.3	2.7	7.6	2.3	4.3	3.2
Religion	3.7	6.2	4.2	6.2	3.2	6.0
ITG	2.9	.4	3.0	.7	2.8	.0

Werden die Kinder nach weiteren Dingen gefragt, die sie in ihrer neuen Schule besser bzw. schlechter finden als in der Grundschule, zeigt sich, dass sowohl Fünft- als auch Sechstklässler/-innen insbesondere Merkmale des Schulgeländes bzw. -gebäudes als Verbesserung nennen (Abbildung 31 und 32). Positiv bewertet wird die Anzahl der Schulgebäude, die Fachräume, die Toiletten, der Schulhof (falls vorhanden mit Bäumen/Park) und der Sportplatz. Negative Bewertungen ergeben sich überwiegend durch zu häufige Raumwechsel (jedes Fach in einem anderen Raum), das erschwerte Zurechtfinden auf dem Gelände, die wenig „heimeligen" Klassenzimmer und die Toiletten. Sehr positiv fallen den Kindern Annehmlichkeiten wie Cafeteria, Bäcker oder die Mensa auf (soweit vorhanden). Insbesondere den Fünftklässlern/Fünftklässlerinnen ist diese Neuerung viele positive Nennungen wert – für die Sechstklässler/-innen sind diese Aspekte bereits alltäglicher geworden. Negative Bewertungen dieses Punktes beziehen sich häufig auf das Fehlen solcher Einrichtungen, insbesondere dann, wenn vor dem Nachmittagsunterricht keine Essensmöglichkeit besteht, oder auf das Angebot in der Cafeteria.

Eindeutig negativ bewertet werden von Fünft- wie Sechstklässler/-innen gleichermaßen die Leistungsanforderungen in der neuen Schule. Besonders häufig wird über die vielen Klassenarbeiten und Hausaufgaben geklagt, darüber, dass man viel lernen muss und im Unterricht zu schnell zu viel Stoff bearbeitet wird. Positive Äußerungen beziehen sich hauptsächlich auf den Umgang mit guten Noten und das Erleben des Unterrichts. Schüler/-innen geben an, beim Erhalt guter Noten nicht mehr als „Streber/-in" bezeichnet zu werden, weniger Langeweile im Unterricht zu erleben und darüber hinaus, dass sich die Wartezeiten auf „die Langsameren" in der Klasse bei Aufgaben im Unterricht verkürzt hätten. Der Aussage, sie müssten sich auf der neuen Schule viel mehr anstrengen als in der Grundschule, um eine gute Note zu bekommen, stimmen 79 % der Fünftklässler/-innen und 82 % der Sechstklässler/-innen unabhängig von der Schulform zu (vgl. Tabelle 72). Klagen über hohe Leistungsanforderungen nehmen von der 5. Klasse (21 % der Schüler/-innen) zur 6. Klasse (30 % der Schüler/-innen) zu. Die Frage, ob sich die Bewertung der Leistungsanforderungen in Abhängigkeit der besuchten Schulart unterscheidet, ist mit ja zu beantworten: Im Gymnasium und der Realschule überwiegen negative Bewertungen dieses Merkmals, während es Hauptschüler/-innen eher positiv auffällt. Von den Schülerinnen und Schülern der 5. Klassen fallen 27 % die Leistungsanforderungen negativ und knapp 10 % positiv auf. Von den Realschülerinnen und -schülern erwähnen dieses Merkmal 12 % negativ und 7 % positiv, während 5 % Hauptschüler/-innen in 5. Klassen Leistungsanforderungen nur in positivem Zusammenhang nennen. Am Ende der 6. Klasse vermehren sich die negativen Stimmen zumindest auf den Gymnasien deutlich: Nun betrachten 38 % der Gymnasiasten/Gymnasiastinnen die Leistungsanforderungen in negativem Licht und nur 8 % positiv. In der Realschule erwähnen 15 % der Kinder die Leistungsanforderungen negativ und knapp 5 % positiv. Dagegen nehmen die positiven Stimmen bei Hauptschülern und Hauptschülerinnen stark zu, hier finden sich 30 % positive Nennungen, die 10 % negativen Nennungen gegenüber stehen.

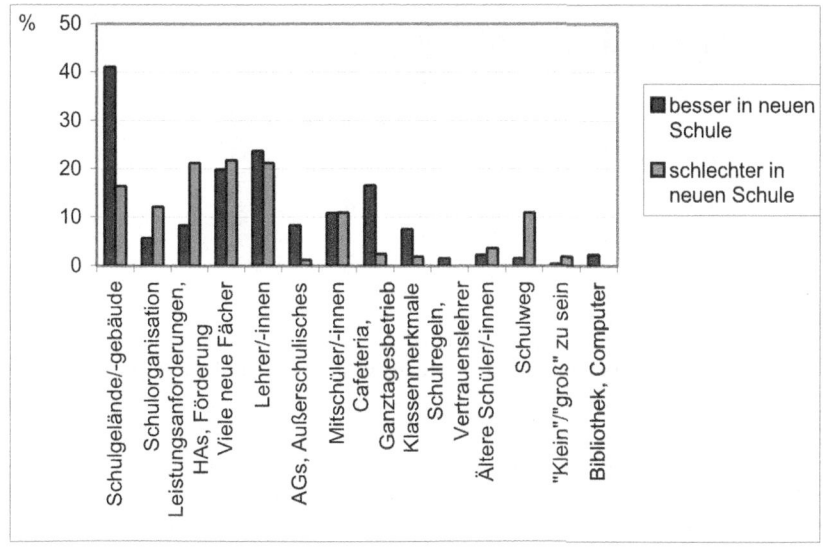

Abbildung 31   Nennungen auf die (offene) Frage, was an der neuen Schule besser/schlechter ist (Fünftklässler/-innen)

Auch schulorganisatorische Merkmale werden eher negativ als positiv bewertet. Besonders häufig werden die zu wenigen und zu kurzen Pausen genannt, in denen dann auch noch zwischen den Räumen gewechselt werden muss, sowie die langen Unterrichtszeiten und die vielen Doppelstunden. Andererseits heben manche Kinder genau diese Punkte als besonders positiv hervor. Bei den Kindern der 5. Klassen findet zudem der Schulweg negative Kritik. Lange Anfahrten und frühes Aufstehen gehören für einige Schüler/-innen nach dem Übergang zum Schulalltag. Bei den Sechstklässler/-innen wird deutlich, dass sie sich mit diesen Veränderung vermutlich arrangiert haben – sie nennen den Schulweg und die damit verbundenen Folgen seltener als Verschlechterung.

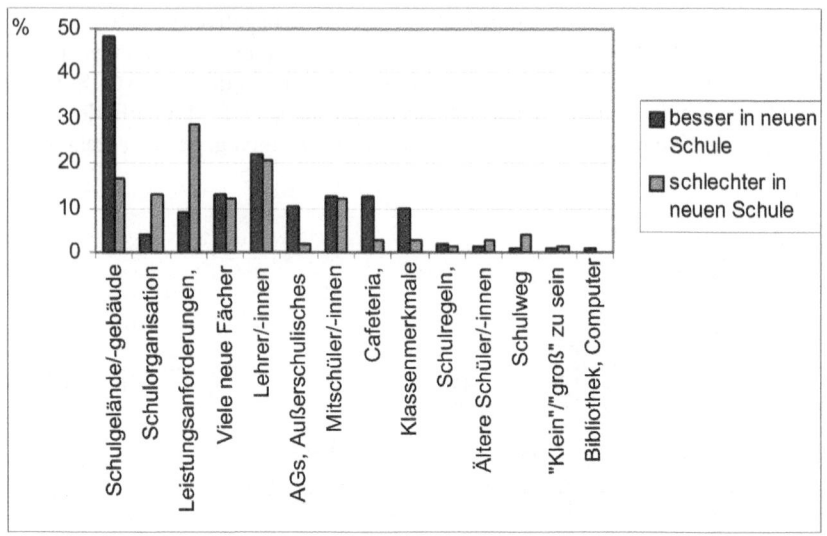

Abbildung 32   Nennungen auf die (offene) Frage, was an der neuen Schule besser / schlechter ist (Sechstklässler/-innen)

Wie schon berichtet, ist ein Großteil der Schüler/-innen aller Schularten der
Ansicht, dass sie sich auf der neuen Schule mehr anstrengen müssen, um gute
Noten zu erhalten (vgl. Tabelle   72). In der Grundschule fanden es 80 % der
Gymnasiastinnen und Gymnasiasten einfacher, gute Zensuren zu erhalten. Demgegenüber stimmen 42 % der Realschüler/-innen und ca. die Hälfte (53 %) der
befragten Hauptschüler/-innen dieser Aussage zu. Hauptschüler/-innen berichten
zudem, dass sie in der Hauptschule besser im Unterricht mitkommen als in der
Grundschule. Kinder auf Gymnasien müssen dagegen vermehrt die Erfahrung
machen, dem Unterricht nicht mehr so gut folgen zu können wie in der Grundschule. Relativ unabhängig von der Schulform benötigen insbesondere Fünft-
klässler/-innen Hilfe bei den Hausaufgaben. Dies entspricht Aussagen von Eltern, ihr Kind müsse nach dem Wechsel häufig zuerst lernen zu lernen. Von Seiten der Schule werde Selbstständigkeit erwartet, die auf der Grundschule in diesem Maße nicht gefordert wurde (vgl. Abschn. 7.3.2). Sechstklässler/-innen berichten von weniger Hilfsbedarf bei Hausaufgaben (es kann jedoch nicht ausgeschlossen werden, dass das Antwortmuster soziale Erwünschtheit widerspiegelt).

Tabelle 72 Prozentuale Zustimmung zu folgenden Aussagen

	Fünftklässler/-innen			Sechstklässler/-innen		
	Haupt- schule	Real- schule	Gym- nasium	Haupt- schule	Real- schule	Gym- nasium
„Auf meiner neuen Schule muss ich mich viel mehr anstrengen, wenn ich eine gute Note haben möchte."	81	76	80	80	83	82
„Auf der Grundschule war es nicht so schwierig, eine gute Note zu bekommen."	42	48	80	53	56	80
„Seit ich auf der neuen Schule bin, brauche ich häufiger einmal Hilfe mit den Schularbeiten."	48	45	54	38	41	49
„Auf der neuen Schule komme ich im Unterricht besser mit."	76	58	43	77	60	37

Mit dem Übergang auf die neue Schule sind viele Wünsche verbunden – nicht alle realisieren sich. Die größte Enttäuschung erleben Schüler/-innen nach dem Übergang hinsichtlich der Noten: 97 % der Kinder wünschen sich in der 4. Klasse, nach dem Schulwechsel gute Noten zu bekommen – für 68 % lässt sich dieser Wunsch umsetzen, für 29 % geht er nicht in Erfüllung (vgl. Abbildung 33). Der Wunsch, schnell neue Freunde/Freundinnen zu finden, geht für 84 % der Schüler/-innen in Erfüllung. Fast alle Schüler/-innen (98 %) wünschen sich viele nette Lehrkräfte und für 80 % realisiert sich dieser Wunsch. Das geringste Wunschpotenzial ergibt sich hinsichtlich der Anzahl gewünschter Freunden/Freundinnen: 78 % der Viertklässler/-innen wünschen sich, dass sie nach dem Schulwechsel mehr Freunde/Freundinnen haben, wobei sich dieser Wunsch für 83 % von ihnen erfüllt.

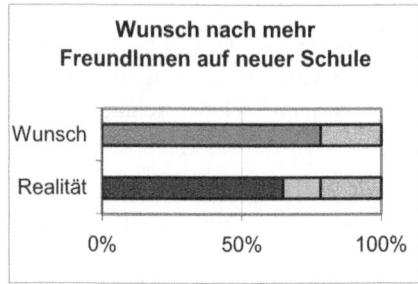

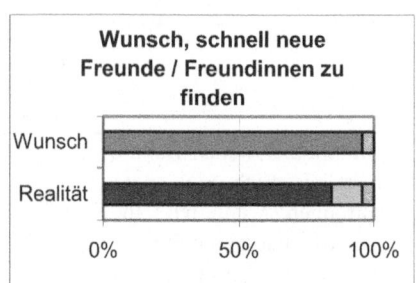

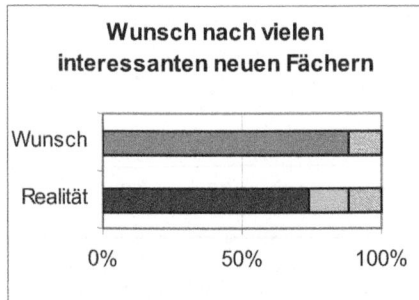

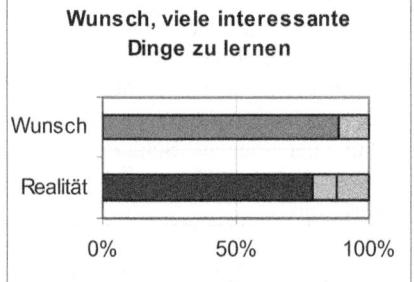

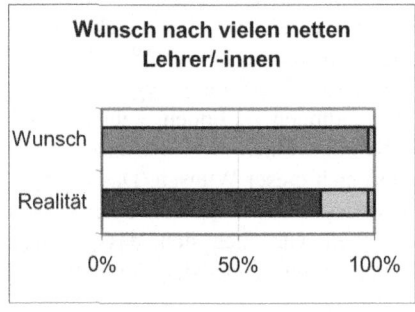

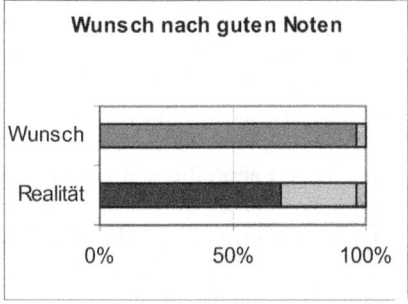

Abbildung 33 Wünsche vor und Realität nach dem Übergang (███ gewünscht,
▨ nicht gewünscht, ██ realisiert, ░ nicht realisiert)

Emotionale und soziale Schulerfahrungen (FEESS)

Die querschnittliche Analyse der Schuleinstellung – des „Sich-Wohl-Fühlens"[15] – zeigt, dass sich die Schüler/-innen nach dem Übergang in der Schule wohler fühlen als vor dem Übergang (vgl. Abbildung 34). Insbesondere in der 5. Klasse ist ein deutlicher Anstieg erkennbar, und Schüler/-innen fühlen sich gegen Ende des fünften Schuljahres besonders wohl. Bis zur 7. Klasse nimmt das „Sich-Wohl-Fühlen" in der Schule wieder ab, bleibt aber noch über dem Niveau der 4. Klasse. Leichte Unterschiede hinsichtlich des Wohlfühlens in der Schule sind zwischen den Schüler/-innen der einzelnen Schularten erkennbar – diese sind jedoch nicht statistisch bedeutsam.

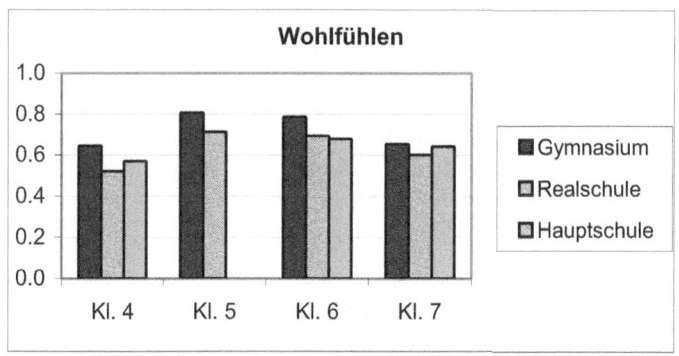

Abbildung 34   Wohlfühlen in den einzelnen Schuljahren (1 = hohe Ausprägung bei allen Items, 0 = geringe Ausprägung bei allen Items)

Ein ähnliches Muster ergibt sich bezüglich des Gefühls angenommen zu sein (vgl. Abbildung 35). Unabhängig von der Schulart haben Schüler/-innen in den weiterführenden Schulen etwas stärker als in der Grundschule den Eindruck, von ihren Lehrkräften verstanden und unterstützt zu werden. Auch dieses Gefühl reduziert sich bis zum Ende der 7. Klasse.

---

[15]   Der Begriff „Schuleinstellung" bezeichnet nach Rauer und Schuck (2003) nicht die Einstellung zur Schule, sondern das Sich-Wohl-Fühlen in der Schule. Um Missverständnisse zu vermeiden, wird im Folgenden von „Wohlfühlen" geschrieben anstatt von „Schuleinstellung".

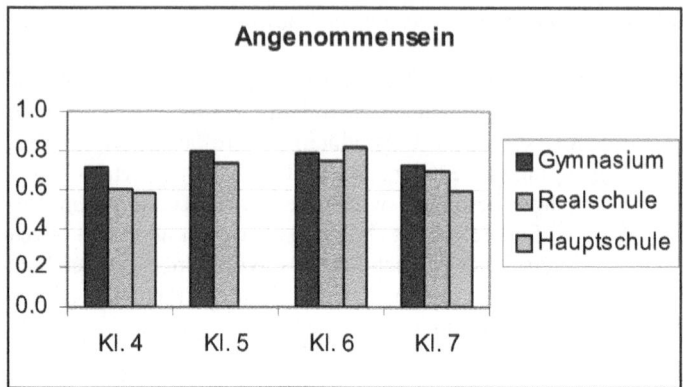

Abbildung 35   Gefühl des Angenommenseins in den einzelnen Schuljahren (1 =
„stimmt" bei allen Items, 0 = „stimmt nicht")

Die Lernfreude fällt – verglichen mit Wohlfühlen und Angenommensein –
relativ gering aus (vgl. Abbildung 36), wobei sich das niedrige Ausgangsniveau
der 5. Klasse bis zum Ende der 7. Klasse unabhängig von der Schulart weiter
verringert.

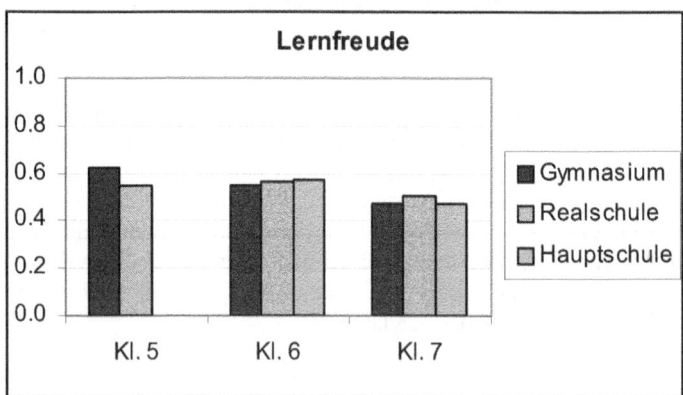

Abbildung 36   Lernfreude in den Schuljahren 5 bis 7 (1 = „stimmt" bei allen
Items, 0 = „stimmt nicht")

Dagegen fällt die soziale Integration in die Klasse erfreulich hoch aus (vgl.
Abbildung 37). Die meisten Kinder fühlen sich demnach in vollem Ausmaß von
den Mitschülerinnen und Mitschülern angenommen und in die Klasse integriert.

Bei den Hauptschülerinnen und Hauptschülern nimmt die soziale Integration von der 6. zur 7. Klasse ab. Dies könnte darauf zurückzuführen sein, dass vor dem 7. Schuljahr (Jhg. 01) bzw. 6. Schuljahr (Jhg. 02) die Hauptschulen zusammengelegt und die Klassen dadurch neu zusammengesetzt wurden. Dafür spricht auch, dass Kinder des Einschulungsjahrgangs 2001 in der 6. Klasse (also vor Zusammenlegung der Hauptschulen) im Mittel einen Wert von .95 erreichen. Demnach fällt die soziale Integration sehr hoch aus. Dagegen erzielen Kinder des Einschulungsjahrgangs 2002 nach Zusammenlegen der Hauptschulen im 6. Schuljahr einen Wert von .65, woraus sich schließen lässt, dass die Umstellung auf neue Mitschüler/-innen die soziale Integration verringert.

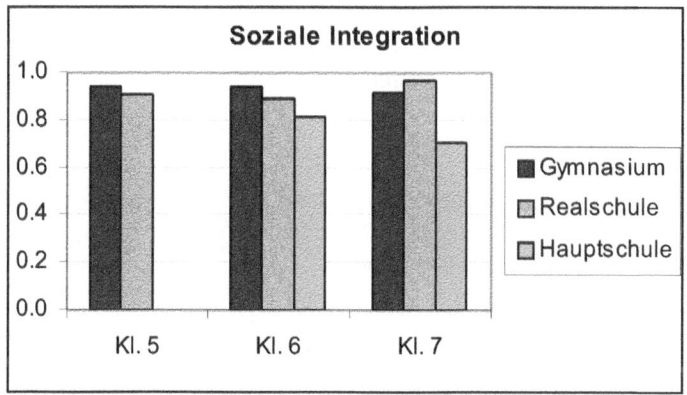

Abbildung 37   Soziale Integration in den Schuljahren 5 bis 7 (1 = „stimmt" bei allen Items, 0 = „stimmt nicht")

Hinsichtlich erlebter Prüfungsangst zeigt sich in den einzelnen Schularten ein unterschiedlicher Effekt: Während die Prüfungsangst der Kinder auf Gymnasien bis ans Ende der 7. Klasse ansteigt, verringert sich die Prüfungsangst der Hauptschüler/-innen (vgl. Abbildung 38). Kinder, die eine Realschule besuchen, halten ihre Prüfungsangst durchgängig auf einem mittleren Niveau. Festgestellt werden kann aber auch, dass positive Gefühle überwiegen: Die Prüfungsangst fällt insgesamt viel geringer aus als beispielsweise das Gefühl des Wohlfühlens und Angenommenseins.

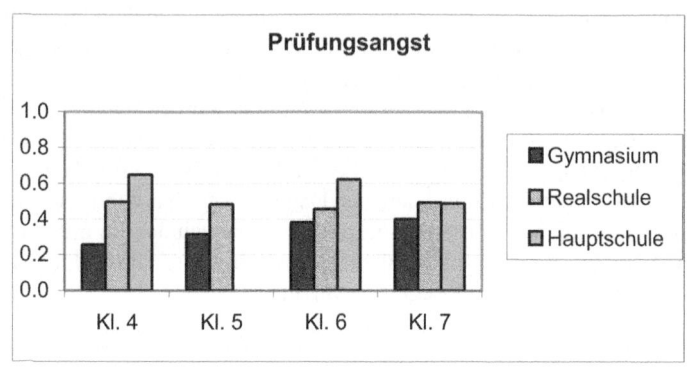

Abbildung 38   Prüfungsangst in den einzelnen Schuljahren (1 = „stimmt" bei allen Items, 0 = „stimmt nicht")

Übergang und Freunde/Freundinnen

Die meisten Schüler/-innen kannten bereits ein paar Kinder auf der neuen Schule, bevor sie dorthin wechselten (vgl. Abbildung 39), knapp 22 % wechselten zu
einer Schule, in der sie niemanden kannten.

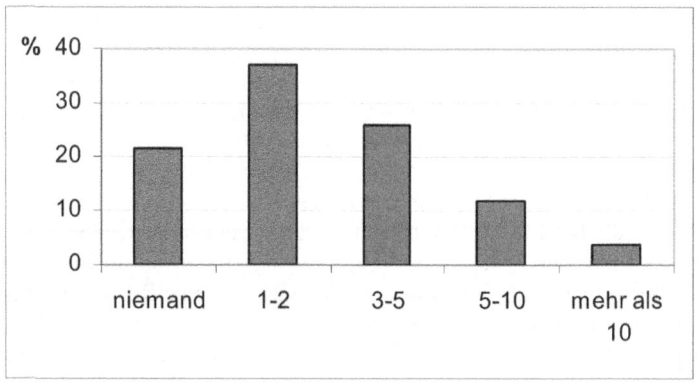

Abbildung 39   Anzahl bekannte Kinder in der neuen Schule („Wie viele Deiner
Klassenkameraden in der neuen Schule hast du bereits gekannt,
bevor Du auf diese Schule gewechselt bist?")

Von den Kindern, die jemanden auf der neuen Schule kannten, wechselte
ein Großteil mit einem/einer Freund/-in auf die neue Schule (vgl. Abbildung 40).

Knapp 89 % aller Kinder geben an, dass sie sich schnell mit den neuen Mitschü-
ler/-innen angefreundet haben und 79 % fühlten sich in ihrer Klasse sofort wohl.

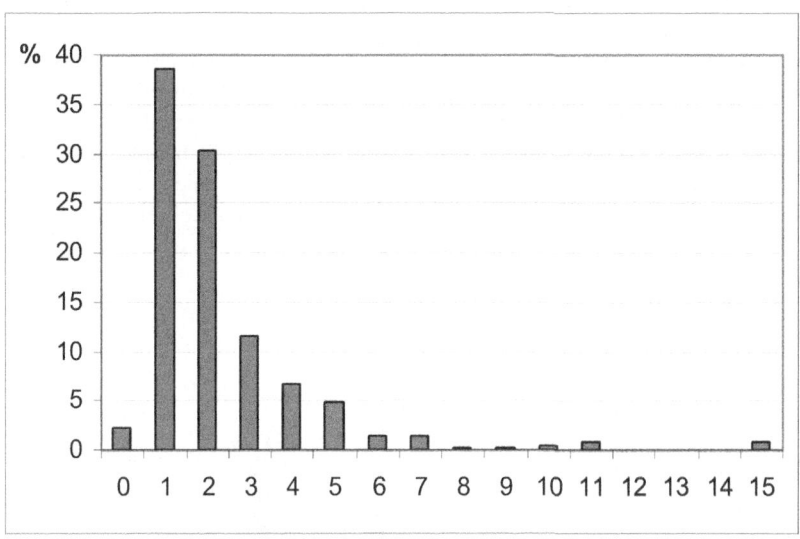

Abbildung 40   Anzahl Freunde/Freundinnen, die auf die gleiche Schule gewechselt haben

89 % aller Kinder möchten keine andere Schule als die, zum Zeitpunkt der
Befragung besuchte. Dies entspricht der hohen Zufriedenheit mit der besuchten
Schule. Von denjenigen Kindern, die gerne auf eine andere Schule gegangen wären, geben 57 % als Motivation für diesen Wunsch an, dass Freunde/Freundinnen
auf eine andere Schule gegangen sind und sie gerne mit diesen zusammengeblie-
ben wären. 11 % der Kinder wären gerne aufgrund eines höheren Schulabschlusses und den damit verbundenen besseren Berufsaussichten auf eine andere Schule gegangen. Als weitere Gründe für den Wunsch, eine andere Schule zu besuchen, werden andere Leistungsanforderungen als auf der derzeitigen Schule und
Merkmale der Schule wie Ausstattung, Vorhandensein einer Cafeteria und der-
gleichen genannt (jeweils 9 %). Das Fächerangebot und der kürzere Schulweg
veranlasste jeweils 6 % aller Kinder zu einem entsprechenden Wunsch.

7.3.2 Der Wechsel auf die neue Schule aus Sicht der Eltern

Auch von den Eltern zeigt sich der Großteil als eher oder sehr zufrieden mit der
neuen Schule (vgl. Abbildung 41). Die Zufriedenheit mit der Schule fällt in der
5. Klasse am höchsten aus, liegt aber auch in der 6. Klasse noch über den Werten
der 4. Klasse. Interessanterweise fällt in der 1. Klasse – die ja ebenfalls das erste
Jahr nach einem Übergang (Kindergarten – Grundschule) darstellt – die Zufriedenheit geringer aus als nach dem Wechsel auf die weiterführende Schule. 89 %
der Eltern würde sich bei einer erneuten Wahl wieder für die bereits ausgewählte
Schule entscheiden. Die Leistungsanforderungen in der Schule werden von 69 %
aller Eltern als „gerade richtig" beurteilt, 23 % empfinden die Leistungsanforderungen für „etwas" oder „viel zu hoch". Zudem erachten 8 % der Eltern die Leistungsanforderungen als „etwas" oder „viel zu niedrig".

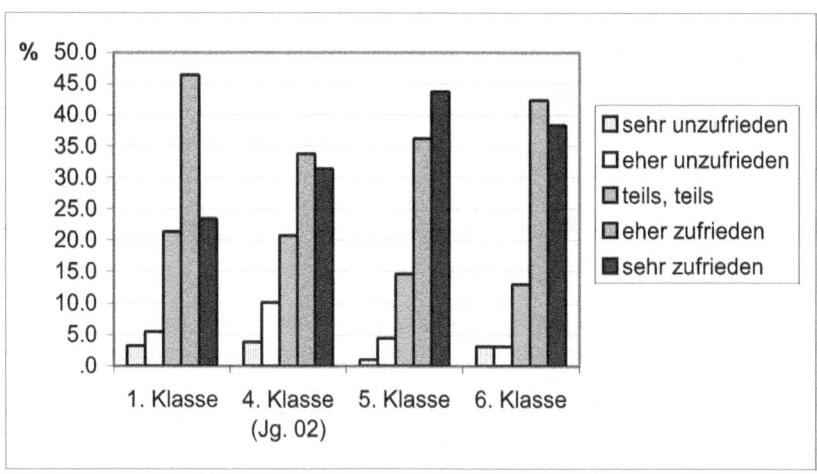

Abbildung 41   Zufriedenheit der Eltern mit der Grund- und weiterführenden
Schule

Befragt nach den Vor- und Nachteilen der Schule, zeigt sich, dass die
Schulleitung und Lehrkräfte von den Eltern als größter Vorteil gesehen werden
(vgl. Abbildung 42). Besonders häufig wird das hohe Engagement von Lehrkräften und Schulleitung genannt, auch deren soziale Kompetenz, nette Art und straf-
fe Führung der Schule. Auch die Kommunikation zwischen Schule und Elternhaus wird überwiegend positiv beurteilt. Eltern begrüßen es, wenn sie in engem
Kontakt mit den Lehrkräften stehen und über Schwierigkeiten und die Leistungsentwicklung der Kinder frühzeitig informiert werden. Von den Eltern der

Kinder in 5. Klassen wird das Schulprofil bzw. die Fächerauswahl sowie die Mittagsverpflegung mit anschließender Möglichkeit zur Nachmittagsbetreuung als Vorteil betrachtet (vgl. Abbildung 43). Die Eltern der Sechstklässler/-innen geben dies seltener als expliziten Vorteil an. Es kann davon ausgegangen werden, dass Eltern genau solche Merkmale bereits bei der Schulwahl als Kriterium berücksichtigen (vgl. Kapitel 6). Diese sind den Eltern in zeitlicher Nähe zum Schulwechsel eventuell präsenter als in der 6. Klasse.

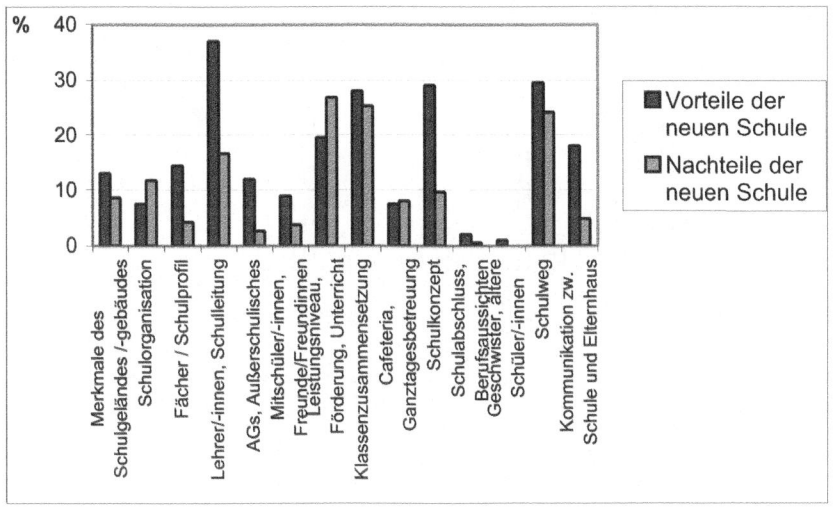

Abbildung 42 Vor- und Nachteile der neuen Schule aus Sicht der Eltern der Sechstklässler/-innen

Die Eltern der Sechstklässler/-innen betrachten das Schulkonzept als einen wesentlichen Vorteil der gewählten Schule. Häufig positiv genannt, wird die soziale Ausrichtung der Schule, die private/kirchliche Trägerschaft sowie ein Schulkonzept, das individuelle Entwicklung und „ganzheitliche Förderung" in den Vordergrund stellt. Die Klassenzusammensetzung wird von einigen Eltern gleichermaßen als Vorteil und Nachteil erlebt. Merkmale wie reine Mädchen- oder Jungenklassen und die Homogenität bzw. Heterogenität hinsichtlich der in der Klasse vertretenen sozialen Schichten werden sehr unterschiedlich beurteilt. Eindeutig als Vorteil werden kleine Klassen erlebt. Der Schulweg bzw. die Anbindung an den Öffentlichen Personennahverkehr (ÖPNV) wird von den Eltern der Sechstklässler/-innen eher als Vorteil, von den Eltern der Fünftklässler/-innen eher als Nachteil genannt. Wie schon bei den Kindern erfolgt auch hier eine

Gewöhnung an lange Schulwege, so dass dieses Merkmal nach einem Jahr auf der neuen Schule nur noch genannt wird, wenn der Schulweg außergewöhnlich kurz ausfällt. Das höhere Leistungsniveau wird im Hinblick auf „das Gefordertsein" ihrer Kinder von einem Teil der Eltern durchaus begrüßt, während es von einem anderen Teil der Eltern (wie auch vielen Kindern) negativ bewertet wird. Insbesondere Eltern der Sechstklässler/-innen berichten – meist in Verbindung mit G8 von Leistungsdruck, vielen Klassenarbeiten und „verkopftem Lernen".

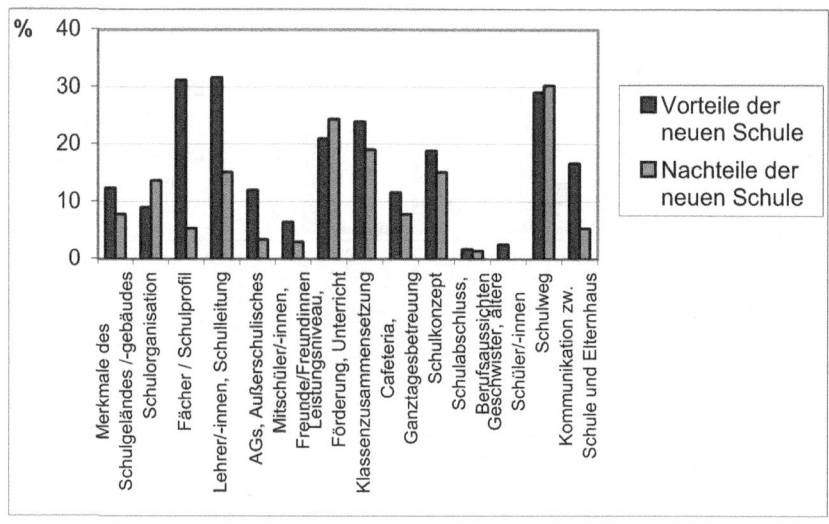

Abbildung 43   Vor- und Nachteile der neuen Schule aus Sicht der Eltern der Fünftklässler/-innen

Schwierigkeiten beim Übergang

78 % aller Eltern berichten, dass der Übergang auf die weiterführende Schule problemlos verlief. Bei einem knappen Viertel der Kinder kam es zu Schwierigkeiten beim Schulwechsel. In den meisten Fällen (61 %) beziehen sich die aufgetretenen Schwierigkeiten auf die Leistungsanforderungen, die Menge an Hausaufgaben und Klassenarbeiten sowie – damit verbunden – verringerten Freizeitaktivitäten. Eng damit zusammen hängt eine weitere Schwierigkeit, die von 16 % der Eltern angegeben wird: Die Schulen erwarten von den Kindern, dass sie selbstständig lernen und mit Lernaufgaben klar kommen, die sie nicht aus der Grundschule kennen (z. B. Vokabeln lernen). Schwierigkeiten bei der Integration in die Klasse berichten 16 % der Eltern, weil das Kind ohne Freun-

de/Freundinnen in die neue Klasse kam. Ähnlich viele Eltern (15 %) erzählen von Schwierigkeiten, die mit (einzelnen) Lehrkräfte entstanden: Kinder fühlten sich ungerecht behandelt, kamen mit der „erwachsenen Unterrichtsart" nicht zurecht oder litten unter der unpersönlichen Art der Lehrkräfte (dies waren sie aus der Grundschule, in der Klassenlehrerin die erwachsene Hauptbezugsperson darstellte, nicht gewohnt). 10 % aller Kinder entwickelten psychische Auffälligkeiten wie Schulangst, Schulverweigerung, Einschlafstörungen oder psychisch bedingte Kopf-/Bauchschmerzen, die z. T. therapeutisch behandelt werden mussten. Weitere berichtete Schwierigkeiten bezogen sich auf die Anfahrt zur Schule, die Orientierung in der Schule, das Zurechtkommen mit dem Stundenplan und damit verbunden die Schwierigkeit, jeweils die richtigen Materialien und Hausaufgaben einzupacken, sowie die Menge der Veränderungen im Gesamten.

Die Schwierigkeiten hoher Leistungsanforderungen spiegeln sich auch in der Häufigkeit von außerschulischer Unterstützung in einzelnen Fächern wider: 35 % der Eltern von Fünftklässlern und Fünftklässlerinnen sowie 38 % der Eltern von Sechstklässlern und Sechstklässlerinnen geben an, dass ihr Kind außerhalb der Schule Unterstützung beim Lernen erhält (in Form von Nachhilfe, Lernen mit den Eltern o. ä.; vgl. Abbildung 44). Am häufigsten findet diese Unterstützung im Rahmen der Fremdsprachen statt. Verglichen mit der Grundschule steigt die Häufigkeit außerschulischer Förderung deutlich an – in der 3. Klasse erhielten 28 % aller Kinder außerschulische Unterstützung.

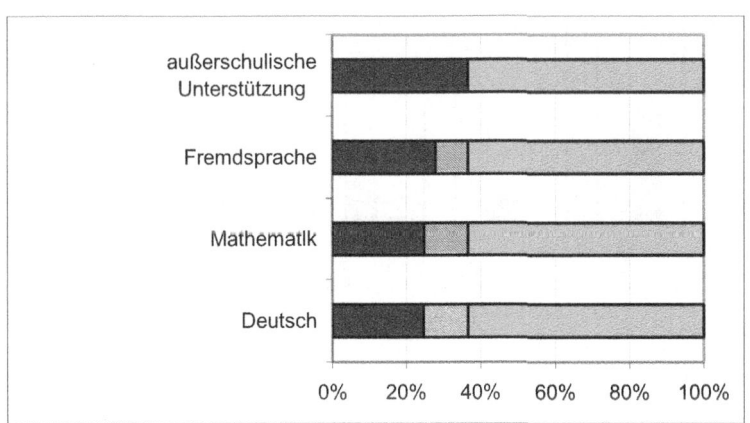

Abbildung 44 Häufigkeit der Unterstützung in einzelnen Fächern außerhalb des regulären Unterrichts (☐ keine Unterstützung, ■ Unterstützung, ▨ keine Unterstützung in diesem Fach)

Die Maßnahmen zur Unterstützung der Kinder verändern sich mit dem Übergang auf die weiterführende Schule: Das regelmäßige häusliche Üben wird verstärkt und bleibt bis Mitte der 6. Klasse die häufigste Form außerschulischer Unterstützung (vgl. Abbildung 45). Deutlich erhöht wird die Unterstützung in Form von Nachhilfe: Der Anteil erhöht sich von 4 % Kindern in der Grundschule bis Mitte der 6. Klasse auf 24 %. Der Förderunterricht in der Schule (zusätzlich zum „normalen" Unterricht) wird in der 5. Klasse etwas häufiger genutzt als in der Grundschule, in der 6. Klasse jedoch wieder deutlich seltener. Unklar müssen an dieser Stelle die Gründe für die seltenere Unterstützung durch Förderunterricht in der 6. Klasse bleiben. Es existieren keine Informationen darüber, wie die Schulen mit dem Förderunterricht umgehen bzw. ob tatsächlich weniger Kinder Bedarf an zusätzlichem Förderunterricht haben. Die Häufigkeit von LRS-Förderung steigt bis Mitte der 6. Klasse ebenfalls an. Dies könnte daran liegen, dass durch die etwas höheren Anforderungen in der weiterführenden Schule die Lese-Rechtschreibschwierigkeiten offensichtlicher werden als in der Grundschule. Dennoch ist es erstaunlich, dass zumindest in den 6. Klassen der Hauptschule 11 % der Kinder wegen einer LRS behandelt werden – liegt doch der Anteil in der Gesamtbevölkerung zwischen 5 % und 7 %.

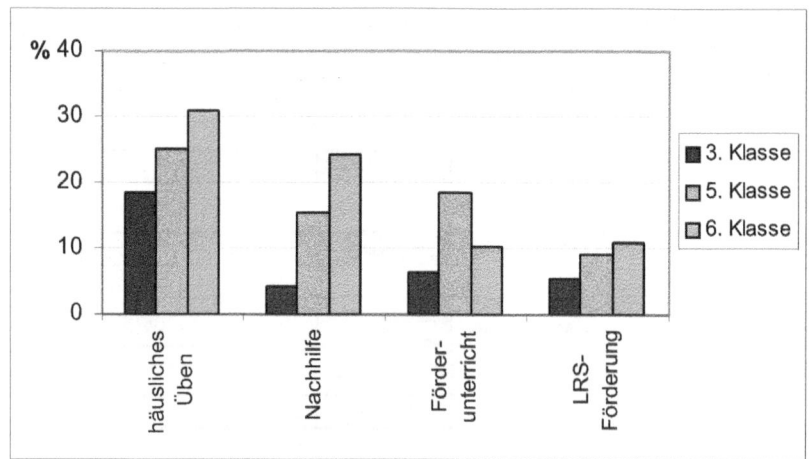

Abbildung 45   Form der außerunterrichtlichen Unterstützung vor und nach dem Übergang in die weiterführende Schule

Abbildung 46 zeigt, dass insbesondere die Realschüler/-innen nach dem Übergang deutlich mehr außerunterrichtliche Unterstützung in Anspruch nehmen. Alle Formen der Unterstützung kommen ihnen am stärksten zuteil. Aber

auch Gymnasiastinnen und Gymnasiasten sowie Hauptschüler/-innen erhalten
deutlich mehr Hilfe beim Lernen als noch in der Grundschule.

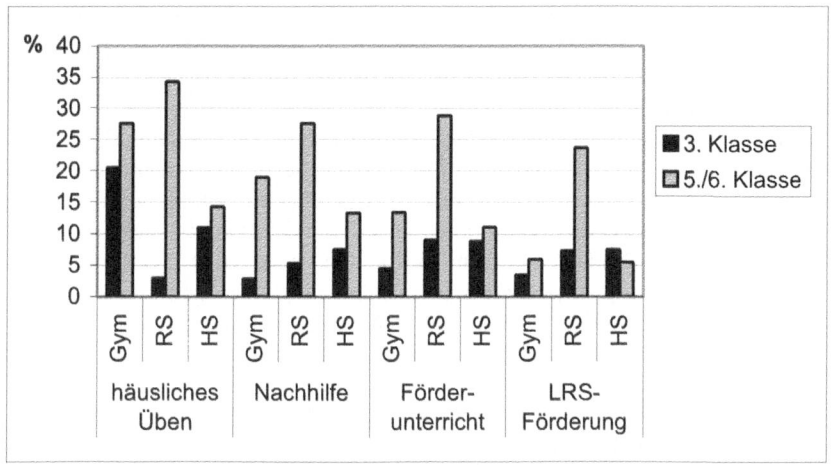

Abbildung 46   Außerunterrichtliche Unterstützung vor und nach dem Wechsel
in Abhängigkeit der Schulart

7.4 Diskussion

Der Übergang in die weiterführende Schule ist eine zentrale Status- und biogra-
phische Passage und bringt eine Vielzahl von Veränderungen mit sich. Auf der
einen Seite gilt es Abschied zu nehmen von gewohnten schulischen Strukturen,
aber auch von Menschen mit denen ein Schüler / eine Schülerin ca. 40 % sei-
ner/ihrer bisherigen Lebenszeit verbracht hat. Eine zunächst noch neue und un-
übersichtliche Lernumwelt mit anderen Unterrichtsstrukturen, sich steigernden
Leistungserwartungen und unterschiedlichen sozialen Anforderungen ist zu be-
wältigen. Schüler/-innen und Eltern erleben all diese Veränderungen wie erwartet unterschiedlich. Zudem sind für Eltern und Kinder unterschiedliche Merkmale bei der Bewertung des Übergangs von Bedeutung. Die Befragung von Kindern
und Eltern in 5. und 6. Klassen (z. T. auch in der 4. bzw. 7. Klasse) im Rahmen
des Projekts PRISE ermöglicht es, die subjektive Einschätzung des Übergangs
aus Sicht der Eltern und Kinder darzustellen.
    Zunächst lässt sich festhalten, dass Eltern und Kinder überwiegend mit der
aufnehmenden Schule zufrieden sind. Möglicherweise werden die vielen Veränderungen im Sinne eines Neuigkeitseffekts positiv interpretiert. Beim Vergleich

der Bewertung des Übergangs vom Kindergarten in die Grundschule stellt sich
ein solcher Effekt allerdings nicht in gleichem Ausmaß ein. Daher ist eher davon
auszugehen, dass beim Übergang auf die weiterführende Schule die Wahlmöglichkeit zwischen einzelnen Schulen einer Schulart eine Rolle spielt, die beim
Übergang in die Grundschule in der Regel nicht gegeben war. Eine bewusste
Entscheidung für eine bestimmte Schule bewirkt möglicherweise eine positive
Bewertung der neuen Schule. Bei einer erneuten Wahl würden sich die meisten
Eltern wie Schüler/-innen wieder für dieselbe Schule entscheiden. Direkt nach
dem Wechsel (in der 5. Klasse) werden v. a. die Schulfächer von den Kindern
besser als in der Grundschule bewertet. Dies beschränkt sich nicht auf neu hin-
zugekommene Fächer, sondern umfasst auch diejenigen Fächer, welche die Kinder bereits aus der Grundschule kennen. Ein Jahr später (6. Klasse) werden die
Fächer weniger häufig in positivem Licht gesehen – offenbar sind sie nun Teil
des Schulalltags geworden. Dafür ist ein Jahr nach dem Wechsel die Zufriedenheit mit Lehrkräften, Mitschülern und Mitschülerinnen höher als direkt nach dem
Übergang.

Kinder und Eltern messen unterschiedlichen Merkmalen bei der Bewertung
von Vor- und Nachteilen der weiterführenden Schule Bedeutung zu. Kindern fallen insbesondere Merkmale des Schulgebäudes und -geländes positiv auf. Auch
das Vorhandensein einer Cafeteria oder eines Bäckers in der Schule wird sehr
positiv wahrgenommen. Dagegen sind die Eltern eher über Schulleitung wie
Lehrkräfte, sowie die Kommunikation zwischen Schule und Elternhaus erfreut,
was dem in den Medien so häufig verbreiteten negativen Bild von Lehrkräften
widerspricht. Auch für die Schüler/-innen sind die neuen Lehrkräfte nicht ganz
unwichtig – dies zeigt die Tatsache, dass der wichtigste Wunsch der Schüler/
-innen vor dem Wechsel in die neue Schule der Wunsch nach netten Lehrkräften
ist. Auch das Schulkonzept wird von vielen Eltern eher lobend erwähnt. Interessanterweise stimmen Eltern und Kinder in ihren negativen Bewertungen der
Schule stärker überein: Neben dem Schulweg, der direkt nach dem Übergang in
die 5. Klasse noch als weit größerer Nachteil erlebt wird, als ein Jahr später, finden insbesondere die Leistungsanforderungen weniger Zuspruch. Dies trifft vor
allen Dingen für Kinder und Eltern der 6. Klassen zu. Schüler/-innen von Gymnasien müssen feststellen, dass sie sich für eine gute Note deutlich mehr anstrengen müssen als in der Grundschule; auch dass sie im Unterricht weniger gut mitkommen. So erstaunt es nicht, dass die Kinder die größte Enttäuschung beim
Wunsch nach guten Noten erleben, denn dieser in der vierten Klasse geäußerte
Wunsch erfüllt sich am seltensten. Die hohen Leistungsanforderungen schlagen
sich auch in vermehrter außerschulischer Unterstützung nieder: Neben häufige-
rem häuslichem Üben wird auch vermehrt Nachhilfe (v. a. in den Fremdsprachen) in Anspruch genommen. Zudem lassen sich Probleme beim Übergang häu-

fig mit den veränderten Leistungsanforderungen begründen. Damit verbunden sind Schwierigkeiten beim Lernen, das selbstständiger und in anderer Form erfolgen muss als in der Grundschule. Gymnasiastinnen und Gymnasiasten klagen am stärksten über den Leistungsdruck in der Schule. Obgleich Realschüler/ -innen diesen zwar auch, aber nicht im gleichen Ausmaß wahrnehmen, erhalten sie mehr außerunterrichtliche Unterstützung als Schüler/-innen der Gymnasien. Ob Eltern von Realschülern und Realschülerinnen diesen weniger zutrauen, durch Nachhilfe ein Übergang auf das Gymnasium ermöglicht werden, regelmäßiges Lernen mit Unterstützung ein „am-Ball-bleiben" sichern soll oder ob diese Eltern ihren Kindern weniger Unterstützung bei den Hausaufgaben geben können als diese es einfordern, bleibt an dieser Stelle ungeklärt.

Die Prüfungsangst fällt trotz allen Klagen über die Leistungsanforderungen im Allgemeinen eher gering aus. Während Hauptschüler/-innen ihre Angst vor Prüfungen auf der weiterführenden Schule zunehmend verringern, nimmt sie bei Schülerinnen und Schülern von Gymnasien zu. Dies scheint auch mit der höheren Anstrengung für eine gute Note zusammenzuhängen und der Befürchtung, diese womöglich nicht erreichen zu können. Bei Hauptschüler/-innen ist dies eher umgekehrt.

Vielleicht ist in diesem Zusammenhang auch die insgesamt eher geringe Lernfreude zu sehen, die zudem mit jedem Schuljahr nachlässt – ein Befund, der aufgrund anderer Studien erwartbar war. Das Gefühl des Angenommenseins durch die Lehrkräfte ist direkt nach dem Übergang etwas höher als am Ende der 7. Klasse. Auch der Wohlfühlfaktor in der Schule ist in der 5. Klasse am höchsten ausgeprägt. Diese Befunde können im Rahmen der Stage-Environment-Fit-Theorie (Eccles & Midgley, 1998, zit. nach Friedrich, 2009) erklärt werden. Danach wird im Laufe der Schulzeit die Passung zwischen den Bedürfnissen der Schüler/-innen und den Merkmalen der Schule bzw. des Unterrichts geringer. So nimmt die emotionale Unterstützung durch die Lehrkräfte ab und die Notengebung wird strenger. Beide Aspekte nehmen auch Schüler und Schülerinnen der vorliegenden Studie so wahr, ihr Gefühl des Angenommenseins sinkt im Laufe der Zeit und sie berichten, dass sich ihre Leistungen verschlechtern und sie sich stärker anstrengen müssen. Außerdem ist der Unterricht – insbesondere in höher qualifizierenden Schulen – mehr auf die Lehrkraft zentriert: Schüler/-innen wie Eltern berichten von einem „anderen Lernen" als in der Grundschule. All diese Merkmale bewirken offenbar eine geringere Passung mit den Bedürfnissen der Schüler/-innen, womit das Absinken der Lernfreude erklärt werden kann. Watermann et al. (2010) fordern vor diesem Hintergrund Lehrkräfte auf, sich ganz bewusst an den Bedürfnissen der Kinder zu orientieren, z. B. durch den Einsatz von kooperativen Lernformen und Möglichkeiten der Mitbestimmung im Unterricht.

Schwierigkeiten beim Übergang entstehen nach Elternangaben auch dann, wenn das Kind in seiner neuen Klasse niemanden kennt und ohne einen Freund oder eine Freundin in die neue Schule wechselte. Zwar kannten knapp 80 % aller Kinder zumindest ein Kind in der neuen Schule und viele vollzogen den Wechsel auch gemeinsam mit einem Freund oder einer Freundin. Dennoch wird der Wunsch, eine andere Schule als die gewählte besuchen zu wollen, am häufigsten damit begründet, dass ein Freund bzw. eine Freundin diese Schule besuche. Für die meisten Kinder erfüllt sich jedoch der Wunsch, in der neuen Schule schnell Freunde und Freundinnen zu finden. Ein Jahr nach dem Wechsel werden die Mitschüler/-innen zudem positiver erlebt, als direkt nach dem Übergang. Dies drückt sich auch in der hohen sozialen Integration und Akzeptanz aus. Für die Hauptschüler/-innen, die nach einem bzw. zwei Schuljahren aufgrund der Zusammenlegung der Hauptschulen in Heidelberg erneut mit einer neuen Klassenzusammensetzung konfrontiert wurden, trifft dies nicht zu – sie erleben nach erneutem Wechsel und Umstellung auf andere Mitschüler/-innen eine relativ geringe soziale Integration.

Zusammengenommen ergibt sich durch Eltern und Kinder eine recht positive Bilanz des Übergangsprozesses. Innerhalb des ersten Jahres in der weiterführenden Schule kommt es zu einer Gewöhnung an anfänglich eher negativ beurteilte Merkmale wie den Schulweg oder die neuen Mitschüler/-innen. Schwierigkeiten ergeben sich hauptsächlich durch die veränderten Leistungsanforderungen und – v. a. direkt nach dem Übergang – durch den Wegfall bisheriger Freundschaften. Für Kinder und Eltern sind zwar unterschiedliche Merkmale bei der Bewertung der Schule von Bedeutung – beide Seiten gelangen insgesamt aber zu einer recht hohen Zufriedenheit mit der neuen Schule.

7.5 Literatur

Büchner, D. & Koch, K. (2001). *Von der Grundschule in die Sekundarstufe. Band 1 Der Übergang aus Kinder und Elternsicht.* Opladen: Leske + Budrich.

Darge, K. (2008). *Und wo bleibt die Schulfreude? – Ergebnisse aus einer Längsschnittuntersuchung aus Berlin.* Vortrag auf dem Symposium der Universität Köln. Einsehbar unter: http://www.symposium2008.uni-koeln.de/uploads/media/vortrag_darge.pdf [16.4.09].

Elias, M., Gara, M. & Ubriaco, M. (1985). Sources of stress and support in children's transition to middle school: An empirical analysis. *Journal of Clinical Child Psychology, 14,* 112–118.

Fend, H. (2003). *Entwicklungspsychologie des Jugendalters. Ein Lehrbuch für pädagogische und psychologische Berufe.* Wiesbaden: VS.

Friedrich, K. (2009). *Unterrichtskonzept und Schriftspracherwerb. Zum Einfluss verschiedener pädagogisch-didaktischer Konzepte auf Lese- und Rechtschreibleistun-*

gen, soziale Kompetenzen und Leistungsmotivation. Unveröff. Dissertation, Pädagogische Hochschule Heidelberg.

Helmke, A. (1993). Entwicklung der Lernfreude vom Kindergarten bis zur 5. Klassenstufe. *Zeitschrift für Pädagogische Psychologie, 7,* 77–86.

Kurtz, T., Watermann, R., Klingebiel, F. & Szczesny, M. (2010). Das emotionale Erleben des bevorstehenden Grundschulübergangs und die Rolle der elterlichen Unterstützung. In K. Maaz, J. Baumert, C. Gresch & N. McElvany (Hrsg.), *Der Übergang von der Grundschule in die weiterführende Schule.* Verfügbar unter http://www.bmbf.de/pub/bildungsforschung_band_vierunddreissig.pdf [2.11.10]

Maaz, K., Hausen, C., Mc Elvany, N. & Baumert, J. (2006). Stichwort: Übergänge im Bildungssystem. Theoretische Konzepte und ihre Anwendung in der empirischen Forschung beim Übergang in die Sekundarstufe. *Zeitschrift für Erziehungswissenschaft, 9,* 299–327.

Mitzlaff, H. & Wiederhold, K. (1989). Gibt es überhaupt „Übergangsprobleme"? In R. Portmann, K. Wiederhold & H. Mitzlaff (Hrsg.), *Übergänge nach der Grundschule.* (S. 12–31). Frankfurt a. M.: Arbeitskreis Grundschule e. V.

Rauer, W. & Schuck, K.-D. (2003). *Fragebogen zur Erfassung emotionaler und sozialer Schulerfahrungen von Grundschulkindern dritter und vierter Klassen.* Göttingen: Hogrefe.

Valtin, R., Wagner, C., Ostrop, G. & Darge, K. (2000). *Das Forschungsprojekt SABA Plus: Schulische Adaptation und Bildungsaspiration (Fortsetzung im 7. Schuljahr).* Bericht für die an der Untersuchung beteiligten Schulen. Einsehbar unter: amor.rz.hu-berlin.de/~h0319kfm/saba_plus.html [23.04.09].

van Ophuysen, S., Harazd, B. & Schürer, S. (2006). Wie Schülerinnen und Schüler den Wechsel von der Grundschule zur weiterführenden Schule erleben – ein Zwischenbericht. *Forum Schule, 1,* 10–11.

Watermann, R., Klingebiel, F. & Kurtz, T. (2010). Die motivationale Bewältigung des Grundschulübergangs aus Schüler- und Elternsicht. In K. Maaz, J. Baumert, C. Gresch & N. McElvany (Hrsg.), *Der Übergang von der Grundschule in die weiterführende Schule.* Verfügbar unter http://www.bmbf.de/pub/bildungsforschung_band_vierunddreissig.pdf [2.11.10]

8 Gesamtdiskussion

Im Bildungssystem existiert eine Reihe von Übergängen, die an gesellschaftliche und gesetzliche Vorgaben geknüpft sind. Der Übergang von der Grundschule in die weiterführenden Schulen ist eine der wichtigsten Statuspassagen im Leben junger Menschen mit langfristigen Folgen für den Bildungs- und Lebensverlauf und rückte deshalb zu Recht verstärkt in den Fokus der Forschung. Für den Übergang von der Grundschule in die Sekundarstufe, der im Fokus dieses Buches steht, wird von Büchner und Koch (2001) treffenderweise das Bild eines Umsteigebahnhofs gebraucht: Beim Umsteigen kann der passende Zug erreicht, der Anschlusszug verpasst oder der falsche Zug bestiegen werden. Daher ist es eine herausfordernde Aufgabe für alle Beteiligten (Schüler/-innen, Eltern und Lehrkräfte), am Ende der Grundschulzeit die Weichenstellung für die weitere Schullaufbahn vorzunehmen.

Innerhalb unseres Bildungssystems sind Organisation und Bewältigung der Übergänge aber nicht nur bezüglich der individuellen Perspektive von besonderer Bedeutung. Gesellschaftlich betrachtet, gewinnen diese Gelenkstellen der Bildungskarriere auch durch die Tatsache Relevanz, dass sie als entscheidende Stationen für die Entstehung von Bildungsungleichheiten identifiziert werden können. Insbesondere die Entscheidung, welche weiterführende Schulart besucht wird, ist eng verknüpft mit dem späteren Schul- und Bildungsabschluss und damit auch mit der sozioökonomischen Stellung als Erwachsene/Erwachsener innerhalb der Gesellschaft.

Im Auftrag der Baden-Württemberg Stiftung wurde im Rahmen der PRISE-Studie untersucht, wie Schüler/-innen auf die mit dem Übergang in die Sekundarstufe I einhergehenden Veränderungen reagieren. Der Schwerpunkt lag dabei auf der Leistungsentwicklung, der Entwicklung von Motivation und Fähigkeitsselbstkonzept sowie den subjektiven Einschätzungen des Übergangs durch Schüler/-innen und Eltern. Die PRISE-Studie ergänzt die Forschungslandschaft zum Thema Übergang vom Primar- zum Sekundarbereich. Aufgrund der vielfältigen und je nach Bundesland unterschiedlichen Regelungen zum Übergangsverfahren können die Ergebnisse nicht als repräsentativ gelten – in der PRISE-Studie wurde erstmals das Thema des Übergangs nach der 4. Klasse in den Sekundarbereich in Baden-Württemberg untersucht.[16] Dieser Übergang erfolgte auf der Basis einer bindenden Bildungsempfehlung der Schule, wobei insbesondere die Schulnoten im Halbjahreszeugnis der 4. Klasse eine entscheidende Rolle spielten. In bisher vorliegenden Studien war der Fokus anders gesetzt: In der LAU-Studie in Hamburg wurde der Übergang nach der 6. Klasse, in den Dortmunder und Göttinger Studien in Bundesländern, in denen die Bildungsempfehlung der Lehrkräfte nicht bindend ist, und in der BiKS-Studie (8–14 Jahre) der Universität Bamberg u. a. der Übergang in Hessen und Bayern untersucht, zwei Bundesländern, in denen die Gewichtung von Elternwillen und Lehrereinschätzung sehr unterschiedlich bedient wird.

Ab dem Schuljahr 2012/2013 trennt sich Baden-Württemberg von der bisherigen Übergangspraxis. Die von den Lehrkräften auf Basis der Noten ausgestellte und für die Eltern bindende Bildungsempfehlung wird zugunsten einer Elternentscheidung aufgehoben. Nicht nach dem Elternwillen richten sich dann lediglich noch 5 von 16 Bundesländern, nämlich Bayern, Thüringen, Sachsen, Brandenburg und Sachsen-Anhalt, aber auch in Sachsen-Anhalt ist die stärkere Berücksichtigung des Elternwillens beabsichtigt.

In der Gesamtdiskussion werden die wichtigsten Ergebnisse der PRISE-Studie dargestellt und auf bisherige Befunde bezogen. Im Vordergrund der Studie stand die Entwicklung der Schülerinnen und Schüler auf den weiterführenden Schulen. Dabei galt das Interesse sowohl möglichen Einflussfaktoren auf die weitere schulische Leistungsentwicklung als auch persönlichen Erfahrungen im Umgang mit der veränderten Schulumwelt. Die eigentliche Übergangsentscheidung wurde dabei nur am Rande betrachtet. Ungeachtet der bevorstehenden Änderungen in der Übergangspraxis besitzen die Ergebnisse der PRISE-Studie daher weiterhin Relevanz – und dies gilt nicht nur für Bundesländer, die auch zukünftig an der besonderen oder ausschließlichen Berücksichtigung von Noten und Lehrkrafteinschätzungen beim Übergang auf die weiterführenden Schulen festhalten.

---

[16]   Die Erhebungen für die PRISE-Studie fanden in den Jahren 2007 (Klassen 5 und 6) und 2008 (Klassen 6 und 7) statt. Zwischenzeitlich wurde eine weitere Studie von Maaz et al. (2010) vorgelegt, in der zwar eine repräsentative Stichprobe untersucht wurde, aber weniger Informationen über die Schüler/-innen erfasst, sondern primär Eltern und Grundschullehrkräfte zu Merkmalen der sozialen Herkunft, zum elterlichen Unterstützungsverhalten, zur schulischen Beratung und zu institutionellen Vorgaben befragt wurden. Die Übergangsstudie ergänzt das Design von TIMSS 2007 und der BiSta-Studie. Die zusätzlich erhobene Eltern- und Lehrkraftdaten werden mit den Ergebnissen der standardisierten Tests in den Bereichen Mathematik, Naturwissenschaften und Deutsch verknüpft.

8.1 Determinanten der Schulleistung

Als mögliche Determinanten der Schulleistung wurden bezugnehmend auf die Befunde nationaler und internationaler Schulleistungsstudien in der PRISE-Studie individuelle Merkmale des Kindes (Geschlecht, kognitive Leistungsfähigkeit und Wortschatz) und als externer Faktor die Bildungsnähe des Elternhauses untersucht. Zudem wurde die Entwicklung schulischer Leistungen in Abhängigkeit von der besuchten Schulart (Hauptschule, Realschule, Gymnasium) analysiert.

Während sich in der PRISE-Studie (anders als etwa im Rahmen der PISA-Studie) keine bedeutsamen Leistungsunterschiede in Abhängigkeit vom Geschlecht finden ließen, erweist sich die kognitive Leistungsfähigkeit der untersuchten Schülerinnen und Schüler erwartungsgemäß als vorhersagestärkstes Merkmal: Im Vergleich zu Schülerinnen und Schülern mit niedrigeren Intelligenztestleistungen erzielen Schüler/-innen mit höheren Intelligenztestleistungen durchschnittlich bessere Schulleistungen. Die Leistungskurven der Schüler/-innen mit höheren und niedrigeren IQ-Werten driften aber nicht in allen untersuchten Leistungsbereichen auseinander. In den Bereichen Deutsch und Englisch findet sich kein Schereneffekt. Ein zentrales Ziel des gegliederten Schulsystems in der Sekundarstufe I ist die begabungsgerechte Unterrichtung der Schüler/-innen (vgl. Schulgesetz des Landes Baden Württemberg). Die Platzierung der Schüler/-innen beruht somit auf der Annahme, dass auf die spezifischen Lernvoraussetzungen und Bildungsbedürfnisse der unterschiedlich leistungsstarken Schülerinnen und Schüler in getrennten Lerngruppen besser eingegangen werden könne als bei gemeinsamer Unterrichtung (Baumert, Stanat & Watermann, 2006). Vor diesem Hintergrund überrascht das Fehlen des Schereneffektes, denn wenn die vermeintlich leistungsfähigeren Kinder das Gymnasium besuchen und dort entsprechend gefordert werden, sollten sie ihren Leistungsvorsprung gegenüber den Schüler/-innen der anderen Schularten nicht nur halten, sondern ausbauen können. Dies gelingt ihnen jedoch nur im Fach Mathematik. Entsprechend könnte das Ausbleiben eines Schereneffektes als Hinweis dafür gewertet werden, dass der Unterricht im Gymnasium gerade für begabtere Kinder zu wenig Anregung und Differenzierungsangebote bietet, sich eher an den durchschnittlichen oder schwächeren Schülerinnen und Schülern orientiert und damit eher auf Egalisierung als auf Leistungszuwachs auch der stärkeren Schülerinnen und Schüler setzt. Dies könnte allerdings durchaus beabsichtigt sein, um gerade in den unteren Klassenstufen eine gewisse Durchlässigkeit des Systems zu wahren und insbesondere Wechsel nach oben (also von der Realschule auf das Gymnasium bzw. von der Haupt- auf die Realschule) zu ermöglichen. Gegen diese Annahme spricht jedoch, dass sich im Bereich Mathematik durchaus ein Schereneffekt findet. In diesem Fach scheinen sich die Anforderungen auf Realschule und Gymnasium also zu unterscheiden und die durchschnittlich leistungsfähigeren Gymnasiasten/Gymnasiastinnen scheinen von den höheren Anforderungen zu profitieren. Im Fach Deutsch – nicht jedoch im Fach Englisch – ließen sich die Befunde eventuell damit erklären, dass die hier untersuchten Lese- und Rechtschreibkenntnisse in der Sekundarstufe I eventuell eher vorausgesetzt als weiter vertieft werden, im Deutschunterricht also andere Themen im Vordergrund stehen. Folglich wäre im Hinblick auf die Lese- und Rechtschreibleistungen auch kein Schereneffekt zu erwarten. Im Fach Englisch wurden sowohl die Kenntnisse grammatikalischer Regeln sowie Wortschatz und Leseverständnis verglichen. Das eingesetzte Verfahren orientierte sich dabei stark an den in den einzelnen Klassenstufen vermittelten Kenntnissen. Insofern ließe sich der fehlende Schereneffekt hier allenfalls über einen Deckeneffekt erklären: Gymnasiastinnen und Gymnasiasten könnten also von den Aufgaben des Englischtests unterfordert gewesen sein. Ein solcher Befund wird durch die vorliegenden Daten jedoch in keinem der genannten Leistungsbereiche belegt.

Bezüglich des Leistungsniveaus in der Unterrichtssprache Deutsch zeigt der Vergleich von Kindern mit einem sehr umfangreichen bzw. vergleichsweise geringen Wortschatz, dass Kinder mit umfangreicherem Wortschatz sowohl vor als auch nach dem Übergang und prinzipiell in allen untersuchten Fächern deutlich bessere Leistungen erzielen. Die Leistungsunterschiede sind jedoch zumindest teilweise darauf zurückzuführen, dass ein enger Zusammenhang zwischen Intelligenz und Wortschatz besteht und Leistungsunterschiede daher nicht ausschließlich einem unterschiedlichen Sprachleistungsniveau, sondern auch den damit einhergehenden Intelligenzunterschieden zuzuschreiben sind.

Die sozioökonomische Stellung der Familie beeinflusst erwartungsgemäß die schulischen Leistungen der Kinder: Die durchschnittlichen Leistungen von Schülerinnen und Schülern aus bildungsnahen Familien sind sowohl vor als auch nach dem Übergang besser als die Leistungen der Kinder aus bildungsfernen Familien. Merkmale des familiären Hintergrundes haben allerdings eine geringere Bedeutung als kognitive Leistungsfähigkeit und Sprachleistungsniveau.

In Widerspruch zu den Ergebnissen anderer Studien unterscheiden sich in Heidelberg die schulischen Leistungen von Jungen und Mädchen nicht. Tendenziell erzielen zwar auch in der PRISE-Studie Mädchen im sprachlichen Bereich (Deutsch: Lesen, Rechtschreiben; Englisch: Grammatik, Leseverstehen) und Jungen im mathematischen Bereich höhere Leistungen. Diese sind statistisch jedoch nicht bedeutsam. Dieser Befund steht zumindest teilweise im Einklang mit den PISA-Ergebnissen. Auch dort ergab der Ländervergleich für das Bundesland Baden-Württemberg im Bereich Lesen vergleichsweise geringe Leistungsunterschiede in Abhängigkeit vom Geschlecht (Drechsel & Artelt, 2008). Eine günstige Interpretation dieses Befundes könnte so aussehen, dass Lehrkräfte in Heidelberg/Baden-Württemberg eventuell in besonderem Maße auf Chancengleichheit von Jungen und Mädchen achten. Möglicherweise werden Geschlechtsunterschiede, wie sie sich laut der PISA-Untersuchungen in den meisten deutschen Bundesländern finden lassen, aber auch erst in höheren Schulklassen sichtbar. Die größten Unterschiede zwischen Jungen und Mädchen finden sich bei PISA im Bereich der Lesekompetenz: Mädchen erweisen sich dort als signifikant lesekompetenter als Jungen. Begründet wird dieser Unterschied in erster Linie mit einer geringeren Motivation der Jungen zum Lesen, wobei sich ein „Leseknick" insbesondere im Verlauf der Pubertät finden lässt (vgl. u. a. Brügelmann, 1994; Garbe, 2003; Hannover, 2004; Stanat & Kunter, 2001, 2002, 2003; Zimmer, Burba & Rost, 2004).

8.2 Lern- und Leistungsmotivation

Während sich die Leistungsmotivation erwartungskonform vom Ende der 3. bis zum Ende der 5. Klasse stetig verringert, bleibt die Lernmotivation, die innere Bereitschaft, ein bestimmtes Wissen oder Können zu erlernen und damit verbundene Aufgaben zu erledigen (vgl. Bovet, 2008), in allen Schularten, für Jungen und Mädchen sowie intelligente und weniger intelligente Schülerinnen und Schüler auf hohem Niveau stabil. Selbstbestimmtes Lernen ist nach Deci und Ryan (1993) eine wichtige Voraussetzung für effektives Lernen und Kompetenzerwerb. Eine gelingende Bildung und Aufrechterhaltung der Lernmotivation ist daher ein zentrales Ziel von Schule, dessen Umsetzung den PRISE-Ergebnissen zufolge gut gelingt.

Damit scheinen Umweltbedingungen, die inkompatibel zu individuellen Bedürfnissen sind und negative Effekte auf subjektive Maße des Wohlbefindens, motivationale Variablen und leistungsthematisches Verhalten haben, zumindest zu Beginn der Sekundarstufe eine weniger große Rolle zu spielen als im angloamerikanischen Sprachraum. Mit einsetzender Pubertät steigt allerdings meist das individuelle Bedürfnis nach Autonomie und Identitätsbildung (Eccles et al., 1993), und Schulen bzw. Lehrkräften gelingt es in dieser Phase weniger, die Balance zwischen den Bedürfnissen der Schülerinnen und Schüler nach Autonomie und den institutionellen, einschränkenden Vorgaben herzustellen.

Gruppenunterschiede zeigen sich hinsichtlich Zielorientierungen von Schülerinnen und Schülern. Zukünftige Realschülerinnen und -schüler verspüren offensichtlich eher den Wunsch, kompetent zu erscheinen als solche im Gymnasium. Sie schützen damit vermutlich ihren Selbstwert. Insbesondere die Bildungsempfehlung scheint ihnen vor Augen zu führen, dass sie zu den weniger guten Schülerinnen und Schülern gehören, und suggeriert ihnen, weniger kompetent zu sein. Bei Schülerinnen und Schülern von Haupt- und Realschulen scheint zudem die Tendenz zur Arbeitsvermeidung höher ausprägt zu sein als bei denen von Gymnasien.

Die Ergebnisse der PRISE-Studie bestätigen nicht, dass Lernziele Lernhandlungen fördern und den Lernerfolg erhöhen, während Leistungsziele die Lernqualität vermindern. Vielmehr stellt die Motivation nur eine von vielen Leistungsdeterminanten dar und hat keinen so großen Einfluss auf die schulischen Leistungen bzw. den Schulerfolg eines Individuums, wie dies oft angenommen wird.

8.3 Fähigkeitsselbstkonzept

Gemäß der Motivationstheorie von Deci und Ryan (1993) ist auch das Kompetenzerleben ein wichtiger Faktor für motiviertes Lernen. Ob sich jemand als kompetent erlebt, drückt sich im Fähigkeitsselbstkonzept aus.

Das Selbstkonzept beinhaltet Vorstellungen einer Person über sich selbst und ihre eigenen Fähigkeiten (Shavelson, Hubner & Stanton, 1976). Es wird als hierarchisches, multidimensionales Konstrukt betrachtet, an dessen Spitze das allgemeine Selbstkonzept steht, welches sich in unterschiedliche Facetten unterteilt. Eine dieser Facetten ist das akademische Selbstkonzept oder Fähigkeitsselbstkonzept, bei dem es sich um die Einschätzung der eigenen akademischen Leistungsfähigkeit handelt. Das Fähigkeitsselbstkonzept lässt sich noch einmal in verschiedene fachspezifische Selbstkonzepte und diese jeweils in aufgabenbezogene Selbstkonzepte unterteilen (für einen Überblick s. Randhawa, 2012). Beeinflusst wird das Fähigkeitsselbstkonzept von sozialen und dimensionalen Vergleichen. Beide Arten von Vergleichen können nach dem Übergang in die Sekundarstufe I zu anderen Resultaten führen als noch während der Grundschulzeit.

Mit dem Übergang in die Sekundarstufe I werden Heranwachsende nicht nur mit veränderten Bewertungsmaßstäben, sondern durch die Leistungsgruppierung auch mit einer neuen Bezugsgruppe konfrontiert. Die veränderte Leistungsgruppierung nach dem Übergang bewirkt, dass die in der Grundschule gewonnenen Erfahrungen zur Einordnung der eigenen Fähigkeiten in leistungsbezogene Rangreihen z. T. widerlegt werden. Aufgabe der Schülerinnen und Schüler ist es, mit ihrer neuen Position in der leistungsbezogenen Rangreihe der Sekundarstufe I klarzukommen. Die PRISE-Ergebnisse zeigen insgesamt, dass sich das Fähigkeitsselbstkonzept der Schüler/-innen an ihre neue Position anpasst.

Gleichleistende Schüler/-innen können auf unterschiedlichen Schularten (aber auch schon in unterschiedlichen Schulklassen) zum oberen oder unteren Ende der leistungsbezogenen Rangreihe gehören. Dies bedeutet auch, dass gleichleistende Schüler/-innen einmal ein positives, das andere Mal ein negatives Fähigkeitsselbstkonzept ausbilden können. Vor diesem Hintergrund stellt sich die Frage, ob es sinnvoll ist, den sozialen Kontext eines Schülers / einer Schülerin so zu beeinflussen, dass er/sie möglichst zu einem positiven Fähigkeitsselbstkonzept gelangt. Soll also ein Kind im Zweifelsfall auf die Realschule geschickt werden, damit es dort eher zu den Leistungsstärkeren gehört als zu den Leistungsschwächeren im Gymnasium und damit womöglich auch ein positiveres Fähigkeitsselbstkonzept erwirbt? Da zwischen Fähigkeitsselbstkonzept und Leistung ein wechselseitiger Zusammenhang besteht, ist eine generelle Empfehlung eher schwierig. Die jeweils individuell zu beantwortende Frage könnte auch so formuliert werden: Soll ein Kind eher zu einem möglichst „großen Fisch im kleinen Teich" werden oder doch besser „im großen Teich schwimmen" und die Chance zum Erreichen eines höheren schulischen Leistungsniveaus erhalten?

Auf diese Frage gibt es keine pauschale Antwort. Soziale Vergleiche bewirken meist, dass es „Verlierer/-innen" und „Gewinner/-innen" gibt. Soziale Vergleiche können zudem in jedem Schulfach unterschiedlich ausfallen, d. h. ein Kind, das beispielsweise in Deutsch eher zu den „Verlierern/Verliererinnen" gehört, kann möglicherweise in Mathematik „Gewinner/-in" sein und umgekehrt. Demnach wäre es möglich, dass Schülerinnen und Schüler zumindest in einzelnen schulischen Bereichen zu den „größeren Fischen" gehören. Die PRISE-Ergebnisse legen zudem nahe, dass einzelne Fächer von den Jugendlichen als unterschiedlich schwierig wahrgenommen werden. Besonders günstig könnte also sein, in einem als schwierig eingeschätzten Fach zu den „größeren Fischen" zu gehören. In den subjektiv schwierigen Fächern ist die Gefahr zu scheitern höher als in den subjektiv einfacheren Fächern. Wird diese Gefahr erfolgreich gebannt, sind die Schüler/-innen (zu recht) besonders stolz auf ihren Erfolg, wie die PRISE-Ergebnisse zeigen. So wirkt sich eine gute Leistung im Fach Mathematik positiver auf das Fähigkeitsselbstkonzept aus als eine gute Leistung im Fach Deutsch oder Englisch, eine gute Leistung in Englisch wirkt sich positiver aus als im Fach Deutsch.

Auch außerschulisch kann es Bereiche geben, in denen Kinder zu den eher „größeren Fischen" gehören, z. B. wenn sie erfolgreich bei künstlerischen, musisch-ästhetischen oder sportlichen Aktivitäten sind. Problematisch wird es, wenn Kinder weder schulische noch außerschulische Erfolge erleben und sich selbst nirgendwo als zu den „größeren Fischen" zugehörig wahrnehmen können. In diesem Fall ist der Wechsel in einen leistungsschwächeren Kontext zu erwägen, wobei ein leistungsschwächerer Kontext unter Umständen auch in Schulen/Klassen derselben Schulart zu finden ist – denn selbst innerhalb einer Schule und Schulart unterscheiden sich die Leistungsniveaus einzelner Klassen beträchtlich, wie die EVES- (Roos & Schöler, 2009) und die vorliegende PRISE-Studie belegen.

Wie die Entwicklung des Fähigkeitsselbstkonzepts von leistungsstarken Hauptschüler/-innen zeigt, kann ein Kind bei einem Wechsel der Referenzgruppe sein Fähigkeitsselbstkonzept positiv oder negativ ändern: Die in der Grundschule leistungsschwächeren Schülerinnen und Schüler profitieren in ihrer Fähigkeits-selbsteinschätzung durch einen Wechsel auf die Hauptschule, da der ungünstige Leistungsvergleich mit sehr viel besseren Schülerinnen und Schülern nun ent-fällt, was sich positiv auf das fähigkeitsbezogene Selbstkonzept auswirkt (vgl. auch Buff, 1991; Valtin & Wagner, 2004). In der Grundschule leistungsstärkere Schülerinnen und Schüler hingegen erleben nach dem Übergang auf das Gymna-sium mitunter den umgekehrten Effekt: Während sie in der Grundschulzeit zu den besten Schülerinnen und Schülern gehörten, stellen sie nach dem Wechsel auf das Gymnasium fest, dass ein höherer Anteil von Mitschülerinnen und Mit-schülern zu vergleichbaren oder gar besseren Leistungen fähig ist. Gelegenheiten zu häufigeren Aufwärtsvergleichen führen dann zu einem Absinken des fähig-keitsbezogenen Selbstkonzepts und des Selbstwertgefühls (vgl. auch Köller, 2004).

Die sozialen Vergleichsprozesse der Schüler/-innen werden nach Filipp (2006) durch das Interaktionsverhalten der Lehrkraft beeinflusst. Insbesondere die durch die Lehrkräfte vermittelten sozialen Bezugsnormen können Fähig-keitsunterschiede zwischen Schülern und Schülerinnen verstärken und individu-elle Fortschritte vernachlässigen. Durch entsprechende Leistungsrückmeldungen und -vergleiche, aber auch durch Erwartungen, Sanktionsstrategien sowie das Ausmaß an individualisierten Aufgabenangeboten und Kausalattribuierungen können die Selbsteinschätzung und -bewertung der Schüler/-innen moderiert werden (Jerusalem, 1993). Eine Reduktion oder Änderung sozialer Vergleiche untereinander könnte daher durch eine Variation der sozialen Bezugsnormen der Lehrkräfte bewirkt werden.[17] So konnte Filipp (2006) zeigen, dass sich ein Trai-ning zur Veränderung von Selbstkonzepten, welches an den Kausalattributionen der Schüler/-innen ansetzt und zudem eine individuelle Bezugsnorm über Lern-fortschritte beinhaltet, positiv auf das Fähigkeitsselbstkonzept – also das Kompe-tenzerleben – auswirkt und damit nach Deci und Ryan (1993) auf die Vorausset-zung für Motivation sowie zeitverzögert auch auf die Leistungen.

---

[17] Es wird spannend zu beobachten sein, wie diese Problematik in den inklusiven Kontexten gelöst werden wird.

8.4 Elterliche Kriterien bei der Schulwahl

Kinder wie Eltern werden von Beginn der Bildungsbiographie an mit Entschei-
dungssituationen konfrontiert (vgl. Maaz et al., 2006). Die Wahl einer Schulform
in der Sekundarstufe I ist für Eltern eine komplexe und verantwortungsvolle
Aufgabe, die nicht nur durch die Schulleistungen der Kinder und die elterlichen
Bildungsvorstellungen, sondern auch durch die Schulstruktur der Sekundarstufe
beeinflusst wird. Beim Übergang von der Grundschule in die weiterführenden
Schulen hat das Schulangebot in der Sekundarstufe I zweifellos einen Einfluss
auf die Wahl der Schule. Sowohl die Schulstruktur (die Gliedrigkeit) der Sekundarstufe als auch das örtliche Schulangebot spielen dabei eine bedeutsame Rolle.
Ein zweigliedriges System oder eine Gesamtschule scheint Schülerinnen und
Schülern, die sich in ihren Leistungen verbessert haben, eine größere Chance zu
bieten, einen höheren Schulabschluss zu erreichen. So können Eltern, die beispielsweise für ihr Kind das Abitur anstreben, über den Besuch einer Gesamtschule (mit integrierter Oberstufe) ihr Ziel auch ohne entsprechende Empfehlung
für das Gymnasium erreichen, sofern sich das Kind in seinen Leistungen entsprechend verbessert. Ergänzende Angebote wie die Orientierungsstufe oder die
beruflichen Schulen (berufliche Gymnasien usw.) bieten ebenfalls die Möglichkeit der nachträglichen Korrektur einer Entscheidung. Durch ein erweitertes
schulisches Angebot wird auch der Entscheidungsspielraum der Eltern erweitert
und bei den Lehrkräften die Verantwortung gemindert, die mit der Vergabe der
Übergangsempfehlung einhergeht. Im dreigliedrigen Schulsystem Baden-
Württembergs waren die Abschlüsse bislang eher eng an die entsprechende
Schulform geknüpft.

Bedeutsam für den Übergang und das elterliche Schulwahlverhalten ist auch
die Reputation der einzelnen Schulformen, die wiederum von der Nachfrage und
dem tatsächlichen Übergangsverhalten abhängt (vgl. Füssel et al., 2010). Aber
auch durch die Vielzahl an Schulen gleicher Schularten ergibt sich für die Eltern
die Notwendigkeit, eine für ihr Kind passende Schule zu wählen. Während die
Auswahl in Heidelberg bei den Hauptschulen vergleichsweise gering ist, gibt es
eine große Anzahl an Gymnasien, zwischen denen gewählt werden kann. Die
Ergebnisse der PRISE-Studie zeigen, dass der Ruf der Schule bei Gymnasien
wie auch Hauptschulen wichtiger zu sein scheint als bei Realschulen. Bei der
Wahl des Gymnasiums orientieren sich Eltern darüber hinaus besonders am Fächerangebot – damit berücksichtigen sie implizit Aspekte der Begabungen ihrer
Kinder. Die vor ein paar Jahren im Zuge der Einführung des Bildungsplans 2004
angestoßene verstärkte Profilbildung der Schulen beeinflusst offenbar die Entscheidung für oder gegen eine Schule.

Bei der Wahl des Gymnasiums spielt der Schulweg eine größere Rolle, als bisherige Studien nahe legten, was in den deutlich verlängerten Unterrichtszeiten von G8[18] begründet sein könnte. Ein kurzer Schulweg gewinnt dadurch für die Wahl des Gymnasiums an Bedeutung. Am bedeutsamsten ist der Schulweg allerdings bei der Wahl der Hauptschule, während er bei der Realschule eine untergeordnete Rolle zu spielen scheint. Bei der Wahl der Realschulen spielen Aspekte wie Klassengröße und Organisationsform eine Rolle. Interessanterweise stimmen Schülerinnen und Schüler bei der Wahl der Schule häufig mit ihren Eltern überein. Das spricht dafür, dass eventuell ähnliche Kriterien die Auswahl beeinflussen.

8.5 Einschätzungen des Übergangs durch Schüler/-innen und Eltern

Der Übergang von der Grundschule in die weiterführende Schule wird in der Literatur als ein einschneidendes Ereignis für Heranwachsende verstanden, das – je nach theoretischem Hintergrund – als „kritisches Lebensereignis" (Filipp, 1995), als „Entwicklungsaufgabe" (Havighurst, 1971) oder als „ökologischer Übergang" (Bronfenbrenner, 1981) beschrieben wird.

Diese „Entwicklungsaufgabe" wird offenbar von den meisten Schülerinnen und Schülern nicht als „kritisch" bewertet: Die Schilderungen zu den Auswirkungen des Übergangs von Schüler/-innen und Eltern sind überwiegend positiv. Direkt nach dem Übergang beklagen sich noch relativ viele Kinder über längere Schulwege, das damit verbundene frühere Aufstehen oder darüber, dass sie weniger Freunde und/oder Freundinnen haben als in der Grundschule. Ein Jahr später wird dies bereits weniger negativ erlebt – die Kinder haben sich offenbar an diese Veränderungen gewöhnt. Allerdings gibt es für viele Kinder auch eine Veränderung, die bereits direkt nach dem Schulwechsel negativ wahrgenommen wird und deren Bewertung sich mit der Verweildauer auf der weiterführenden Schule nicht verbessert, nämlich die veränderten Leistungsanforderungen, insbesondere im Gymnasium, z. T. auch in der Realschule. Schüler/-innen berichten, dass sie sich mehr als in der Grundschule anstrengen müssen, um eine gute Note zu erzielen, und es schwieriger als in der Grundschule ist, dem Unterricht zu folgen. Die hohen Leistungsanforderungen zeigen sich nicht nur in den Berichten, sondern auch in den Zahlen zur Inanspruchnahme von Nachhilfe oder sonstiger außerschulischer Unterstützung. Lediglich Hauptschüler/-innen können den (verringerten) Leistungsanforderungen (verglichen mit der Grundschule) mehr Positives als Negatives abgewinnen. Sie scheinen zu genießen, im Unterricht besser mitzukommen und leichter gute Noten zu erhalten als in der Grundschule.

---

[18]   Das achtjährige Gymnasium ist seit dem Schuljahr 2004/2005 in Baden-Württemberg eingeführt – beide untersuchten Jahrgänge waren davon betroffen.

Aus der Übergangsforschung der 1980er Jahre stammt das Schlagwort des „Sekundarstufenschocks" (Helsper et al., 2009), durch das auf große Umstellungen und Brüche im Vollzug des Übergangs in die Sekundarstufe hingewiesen wurde. Die Ergebnisse der PRISE-Studie weisen darauf hin, dass durch den Übergang zwar veränderte Anforderungen und Umstellungen von den Schülerinnen und Schülerinnen verlangt werden, diese aber keineswegs als Schock und als unbewältigbar wahrgenommen werden.

8.6 Ausblick – Akzeptanz empirischer Bildungsforschung

Die PRISE-Studie wurde unter besonderen Rahmenbedingungen durchgeführt: Zum einen gibt es in Heidelberg nur wenige Hauptschulen, deren Zahl sich während der Studie aufgrund schwindender Schüler/-innenzahlen weiter reduzierte. Zum anderen konnte ein Teil der Schüler/-innen trotz vorliegenden Einverständnisses der Eltern nicht untersucht werden, da die meisten staatlichen Gymnasien den Erhebungen an ihrer Schule nicht zustimmten. Die Schulleitungen befürchteten, dass Vergleiche zwischen den staatlichen sowie staatlichen und privaten Gymnasien möglich würden. Auch wenn die erhobenen Daten einen solchen Vergleich eventuell zugelassen hätten, war ein solcher Vergleich oder gar die Erstellung eines Schulrankings zu keinem Zeitpunkt Ziel der Untersuchung und hätte auch den Datenschutzauflagen widersprochen. Insofern waren die Befürchtungen der betroffenen Schulleitungen unbegründet, ließen sich aber trotz vielfältigen Bemühens nicht ausräumen. Selbst wenn das Ziel ein Ranking gewesen wäre, was definitiv nicht der Fall war, bleibt die Frage bestehen, warum sich Schulen einem solchen Ranking, wie es in anderen europäischen Ländern üblich ist, nicht zu stellen bereit sind. Im Kontext eines Rankings erhobene Informationen, können für Schulen wertvolle Hinweise und Steuerungswissen liefern.

Die großen nationalen und internationalen Bildungsstudien hatten und haben zur Folge, dass in den letzten Jahren nicht nur in den Medien, sondern auch in der Politik verstärkt über die Qualität von Bildungseinrichtungen diskutiert wird. Das öffentliche Interesse ist gestiegen und damit auch die Sensibilität bei den Betroffenen (Schülerinnen und Schülern, Eltern, Lehrkräften etc.) für eventuelle Probleme und Missstände. Aufgrund des teilweise mäßigen Abschneidens deutscher Schülerinnen und Schüler stehen Schulen stärker denn je unter Druck, zu beweisen, dass sie ihren Bildungsauftrag hinreichend erfüllen. Mit dem verstärkten Druck sind daher vielfach auch Befürchtungen gestiegen, den vielfältigen Erwartungen eventuell nicht genügen zu können. Betrachtet man die Situation in Heidelberg, so wurde von Seiten der staatlichen Gymnasien etwa mehrfach darauf hingewiesen, dass sie sich ihre Schülerinnen und Schüler nur bedingt aussuchen könnten, während die privaten Einrichtungen die besten Bewerber/-innen abschöpfen. Ein höheres durchschnittliches Leistungsniveau der Schüler/-innen privater Gymnasien könne daher nicht auf eine vermeintlich höhere Unterrichtsqualität zurückgeführt werden, sondern in erster Linie auf die Besonderheiten der Klientel. Für Außenstehende entstünde im Falle von Schulvergleichen jedoch leicht ein falscher Eindruck, sodass man an derlei Studien „zum Schutze" von Schul-Image sowie Lehrerinnen und Lehrern nicht teilnehmen würde.

Diese Probleme seien nur beispielhaft genannt und veranschaulichen Schwierigkeiten im Kontext empirischer Bildungsforschung. Helmke und Schrader (1998) schrieben bereits vor vielen Jahren im Zusammenhang mit der Scholastik-Studie, dass das Betreiben von Schulforschung ein gewisses Maß an Leidensfähigkeit erfordere. Es wäre nicht nur aufwändig und teuer, eine größere Zahl von Klassen über einen längeren Zeitraum zu untersuchen, sondern auch ein hohes Ausmaß an Feldpflege, Kontakten und Präsenz an den Schulen sei erforderlich, um Studien am Leben zu halten. Zur Teilnahme an den Untersuchungen wäre zudem die Zustimmung der Eltern erforderlich. In diesem Zusammenhang würden einem Zweifel am Datenschutz – allemal bei längsschnittlich angelegten Studien – Skepsis bezüglich bestimmter Inhalte sowie Bedenken gegenüber Unterrichtsausfall begegnen. Schließlich wird in einigen Publikationen (vgl. etwa Reinmann & Sesnik, 2011) die Gestaltung der Praxis auf der Basis wissenschaftlicher Erkenntnisse generell problematisiert. Obgleich der Anspruch steigt, dass Resultate empirischer Bildungsforschung möglichst zu einer „evidenzbasierten" Bildungspraxis führen sollten (vgl. Böttcher et al., 2009) bzw. „wissenschaftlich fundierte Innovationen" (Gräsel, 2010) im Bildungssystem bewirken mögen, bleibt empirisch produziertes Wissen allzu häufig folgenlos und wird von Politik und Praxis wenig beachtet.

Bildungsforschung ist jedoch ein für Gesellschaft und Schule wichtiges Feld in Deutschland und wird auch zukünftig nicht an Bedeutung verlieren. Die empirische Bildungsforschung untersucht Voraussetzungen, Prozesse und Ergebnisse von Bildung über die Lebensspanne hinweg. Ihr übergeordnetes Ziel ist es, die Bildungswirklichkeit besser zu verstehen und weiter zu entwickeln. Gerade Studien wie PISA oder IGLU zeigen wiederholt, dass offenbar noch viele Bereiche existieren, in denen die Arbeit an Schulen verbessert und erleichtert werden kann, um eine möglichst gute Ausbildung von Schülerinnen und Schülern zu gewährleisten. Nicht nur in Heidelberg besitzt Bildungsforschung für Schulen, deren Kollegien und Schulleitungen aufgrund vielfältiger Befürchtungen aber eher geringe Attraktivität. Häufig interessiert sich diese wichtige Zielgruppe der Forschung nicht einmal für deren Ergebnisse oder betrachtet diese als wenig nützlich für den Schulalltag. Ein wichtiges Ziel im Rahmen der Bildungsforschung besteht folglich darin, die Attraktivität dieser

Forschung zu steigern, indem der Nutzen und die Bedeutung von Bildungsforschung herausgestellt sowie die Vorbehalte und Ängste der Betroffenen ernst-
genommen und durch eine möglichste hohe Transparenz der Ziele und Folgen
gemildert werden. Um Forscherinnen und Forschern den Zugang zu Schulen zu
erleichtern und auf Seiten der Schulen die Fülle an Anfragen zu verringern,
erscheint es zudem sinnvoll, Netzwerke zu bilden, d. h. verschiedene Projekte
bzw. Forschungsteams zu vernetzen und Anfragen an Schulen zu bündeln. Mit
dem von der Baden-Württemberg-Stiftung initiierten „Netzwerk Bildungsforschung" besteht künftig eine solche Möglichkeit.

8.7 Literatur

Baumert, J., Stanat, P. & Watermann, R. (2006). Schulstruktur und die Entstehung differenzieller Lern- und Entwicklungsmilieus. In J. Baumert, P.
Stanat & R. Watermann (Hrsg.), *Herkunftsbedingte Disparitäten im Bil-
dungswesen: Differenzielle Bildungsprozesse und Probleme der Vertei-
lungsgerechtigkeit* (S. 95–188). Wiesbaden: VS.

Böttcher, W., Dicke, J. N. & Ziegler, H. (2009). *Evidenzbasierte Bildung. Wir-
kungsevaluation in Bildungspolitik und pädagogischer Praxis.* Münster:
Waxmann.

Bovet, G. (2008). Lernmotivation. In G. Bovet & V. Huwendiek (Hrsg.), *Leitfa-
den Schulpraxis* (S. 299–321). Berlin: Cornelsen.

Bronfenbrenner, U. (1981). *Die Ökologie der menschlichen Entwicklung.* Stuttgart: Klett-Cotta.

Brügelmann, H. (1994). Wo genau liegen geschlechtsspezifische Unterschiede
beim Schriftspracherwerb? In S. Richter & H. Brügelmann (Hrsg.), *Mädchen lernen anders lernen Jungen* (S. 14–26). Konstanz: Libelle.

Büchner, P. & Koch, K. (2001). *Von der Grundschule in die Sekundarstufe.
Band 1: Der Übergang aus Kinder- und Elternsicht.* Opladen: Leske +
Budrich.

Buff, A. (1991). Schulische Selektion und Selbstkonzeptentwicklung. In R.
Pekrun & H. Fend (Hrsg.), *Schule und Persönlichkeitsentwicklung: Ein
Resümée der Längsschnittforschung* (S. 100–114). Stuttgart: Enke.

Deci, E. & Ryan, R. M. (1993). Die Selbstbestimmungstheorie der Motivation
und ihre Bedeutung für die Pädagogik. *Zeitschrift für Pädagogik, 39,* 223–238.

Drechsel, B. & Artelt, C. (2008). Lesekompetenz im Ländervergleich. In PISA-
Konsortium Deutschland (Hrsg.), *PISA '06 in Deutschland – Die Kompe-
tenzen der Jugendlichen im dritten Ländervergleich* (S. 107–126). Münster:
Waxmann.

Eccles, J. S., Midgley, C., Buchanan, C. M., Reuman, D., Flanagan, C. & Mac Iver, D. (1993). Development during adolescence: The impact of stage-environment fit on adolescents' experiences in schools and families. *American Psychologist, 48*, 90–101.

Filipp, S.-H. (2006). Entwicklung von Fähigkeitsselbstkonzepten. *Zeitschrift für Pädagogische Psychologie, 20*, 65–72.

Filipp, S.-H. (1995). *Kritische Lebensereignisse* (3. Aufl.). Weinheim: Beltz.

Füssel, H.-P., Gresch, C., Baumert, J. & Maaz, K. (2010). Der institutionelle Kontext von Übergangsentscheidungen: Rechtliche Regelungen und die Schulformwahl am Ende der Grundschulzeit. In K. Maaz, J. Baumert, C. Gresch & N. McElvany (Hrsg.), *Der Übergang von der Grundschule in die weiterführende Schule. Leistungsgerechtigkeit und regionale, soziale und ethnisch-kulturelle Disparitäten. Bildungsforschung Band 34* (S. 87–106). Bonn: Bildungsministerium für Bildung und Forschung.

Garbe, C. (2003). Mädchen lesen ander(e)s. *JuLit. Informationen des Arbeitskreises für Jugendliteratur, H. 2*, 14–29.

Gräsel, C. (2010). Transfer und Transferforschung im Bildungsbereich. *Zeitschrift für Erziehungswissenschaft*, 13, 7–20.

Hannover, B. (2004). Gender revisited: Konsequenzen aus PISA für die Geschlechterforschung. *Zeitschrift für Erziehungswissenschaft, 7*, 81–99.

Havighurst, R. J. (1971). *Developmental tasks and education* (3rd ed.). New York: Longman.

Helmke, A. & Schrader, F.-W. (1998). Entwicklung im Grundschulalter. Die Münchner Studie „SCHOLASTIK". *Pädagogik, 6*, 24–28.

Helsper, W., Kramer, R.-T., Hummerich, M. & Busse, S. (2009). *Jugend zwischen Familie und Schule. Eine Studie zu pädagogischen Generationsbeziehungen.* Wiesbaden: VS.

Jerusalem, M. (1993). *Die Entwicklung von Selbstkonzepten und ihre Bedeutung für Motivationsprozesse im Lern- und Leistungsbereich. Antrittsvorlesung Humboldt-Universität Berlin.* Verfügbar unter http://edoc.hu-berlin.de/documents/ovl/jerusalem-matthias/PDF/Jerusalem.pdf [08.12.09].

Köller, O. (2004). *Konsequenzen von Leistungsgruppierungen.* Münster: Waxmann.

Maaz, K., Baumert, J., Gresch, C. & McElvany, N. (2010). *Der Übergang von der Grundschule in die weiterführende Schule. Leistungsgerechtigkeit und regionale, soziale und ethnisch-kulturelle Disparitäten.* Verfügbar unter http://www.bmbf.de/pub/bildungsforschung_band_vierunddreissig.pdf [08.12.09].

Maaz, K., Hausen, C., McElvany, N., & Baumert, J. (2006). Stichwort: Übergänge im Bildungssystem. Theoretische Konzepte und ihre Anwendung in der empirischen Forschung beim Übergang in die Sekundarstufe. *Zeitschrift für Erziehungswissenschaft, 9,* 299–327.

Randhawa, E. (2012). *Das frühkindliche Selbstkonzept. Struktur, Entwicklung, Korrelate und Einflussfaktoren.* Unveröff. Dissertation, Pädagogische Hochschule Heidelberg.

Reinmann, G. & Sesnik, W. (2011, November). *Entwicklungsorientierte Bildungsforschung.* Diskussionspapier vorgestellt auf der Herbsttagung der Sektion Medienpädagogik, Universität Leipzig.

Roos, J. & Schöler, H. (Hrsg.). (2009). *Schriftspracherwerb in der Grundschule. Längsschnittanalyse zweier Kohorten über die Grundschulzeit.* Wiesbaden: VS.

Shavelson, R. J., Hubner, J. J. & Stanton, G. C. (1976). Self-concept: validation of construct interpretations. *Review of Educational Research, 46,* 407–444.

Stanat, P. & Kunter, M. (2001). Geschlechterunterschiede in Basiskompetenzen. In J. Baumert, E. Klieme, M. Neubrand, M. Prenzel, U. Schiefele, W. Schneider, P. Stanat, K.-J. Tillmann & M. Weiß (Hrsg.), *PISA 2000 – Basiskompetenzen von Schülerinnen und Schülern im internationalen Vergleich* (S. 249–269). Opladen: Leske + Budrich.

Stanat, P. & Kunter, M. (2002). Geschlechterspezifische Leistungsunterschiede bei Fünfzehnjährigen im internationalen Vergleich. *Zeitschrift für Erziehungswissenschaft, 4,* 28–48.

Stanat, P. & Kunter, M. (2003). Kompetenzerwerb, Bildungsbeteiligung und Schullaufbahn von Mädchen und Jungen im Ländervergleich. In J. Baumert, C. Artelt, E. Klieme, M. Neubrand, M. Prenzel, U. Schiefele, W. Schneider, K.-J. Tillmann & M. Weiß (Hrsg.), *PISA 2000 – Ein differenzierter Blick auf die Länder der Bundesrepublik Deutschland* (S. 211–242). Opladen: Leske + Budrich.

Universität Bamberg. (2012). *BiKS.* Verfügbar unter http://www.uni-bamberg.de/biks/ [17.07.12].

Valtin, R. & Wagner, C. (2004). Der Übergang in die Sekundarstufe I: Psychische Kosten der externen Leistungsdifferenzierung. *Psychologie in Erziehung und Unterricht, 51,* 52–68.

Zimmer, K., Burba, D. & Rost, J. (2004). Kompetenzen von Jungen und Mädchen. In PISA-Konsortium Deutschland (Hrsg.), *PISA 2003 – Der Bildungsstand der Jugendlichen in Deutschland – Ergebnisse des zweiten internationalen Vergleichs* (S. 211–223). Münster: Waxmann.

The manufacturer's authorised representative in the EU is Springer
Nature Customer Service Centre GmbH, Europaplatz 3, 69115 Heidelberg,
Germany. If you have any concerns regarding our products, please
contact ProductSafety@springernature.com

Printed and bound by CPI Group (UK) Ltd, Croydon, CR0 4YY
28/04/2026
02098468-0003